JN028257

日本人にどうしても伝えたい

教養としての国際政治

戦争というリスクを見通す力をつける

豊島晋作

Shinsaku Toyoshima

KADOKAWA

はじめに

月曜日から木曜日の夜、私はテレビ東京の経済ニュース番組「WBS（ワールドビジネスサテライト）」のキャスターを担当しています。最近、番組で日々のニュースを伝えていて感じるのは、**世界のビジネスや企業の活動において、もはや「経済」こそが最も重要だった時代は終わったということです。**

これまで、世界経済のニュースでは、ある意味で当然のことながら「経済」という要素が重要であり続けてきました。**しかし、今の世界では「政治」、特に「国際政治」が多くの場面でより重要だと考えられるようになっています。**WBSはあくまで経済ニュースが中心ですが、近年は国際政治の話題が大幅に増えています。

かつて企業にとっては、世界で最も安く製品を作れる中国などに工場を建て、最も高く売れる先進国の店舗で売ることが当たり前の戦略でした。経済的に考えて、それが最も利益を上げられたからです。

しかし、世界各地で戦争や内戦が勃発し、アメリカと中国の対立が激しくなる中で、そうした経済のグローバル化の時代は終わりを迎えました。

一〇年ほど前、「アジア最後のフロンティア」として日本を含む世界中の企業が殺到したミャンマーは、今や国軍や民族が入り乱れて殺し合う戦場へと変わり果て、多くの企業が撤退に追い込まれました。遠くの国で起こった紛争の影響で、製品が作れなくなったり、製品を予定通り店舗まで運べなくなったりする事態も起きています。いわゆるサプライチェーンの寸断です。

企業は過去のように自由に中国の工場を拡張したり、先端技術を用いた製品を中国に輸出したりすることはできなくなりました。逆に、人件費の高いアメリカなどに生産拠点を移すように促されています。

サプライチェーン寸断のリスクを抑えるため、そして敵対的な国家に資源を依存しないようにするため、「経済安全保障」の名のもと、自国の産業を保護する動きが強まっています。重要な物資は自国で生産して消費する、いわば「地産地消」を目指す動きが、半導体はもちろん、鉄鋼などの重工業分野でも起こっています。

企業や株式市場はアメリカの個人消費の動向より、二〇二四年一一月の大統領選挙の結果が気になります。自社の商品が店頭で売れるかどうかより、それらを運ぶコンテナ船が予定通り、かつ無事に港に着くかどうかを心配しなければなりません。世界的な原油の需給動向に加え、中東のガザ戦争がいつまで続くのか、あるいは中国やインドがロシアからどれぐらいの量の原油を買い続けるのかにも注意が必要です。

これらは多くの場合、「政治」、特に「国際政治」の問題です。企業や投資家にとっては、製品やサービスの需要と供給よりも、政治の動きが重要になっているのです。もはや経済的な合理性ではなく、国家や政治家、さらには武器を持った集団がどう判断するかの問題になっており、戦争や政治対立などの「地政学リスク」を考慮する必要に迫られているのです。

グローバル企業で働くビジネスパーソンにとって、マーケティングの知識、そして欧米のビジネススクールで取得したMBAなどの学位、あるいは経済学などの基本的な理解が重要なスキルでした。

しかし現在は、対立を深める世界の政治問題についても、教養レベルで適切な知識を持つことが求められています。突き詰めて言えば、国家や企業活動、ビジネスにとって究極的なリスク要因である「現在の戦争」と「将来の戦争」についてリアリティを持って考える力です。

そうした力は、海外のビジネスパーソンの方が高い場面があります。軍務に就いた経験がある企業幹部もいれば、自国や隣国が戦争状態にある人もいるからです。

このため本書は、日本のビジネスパーソンにとっても必要な教養となりつつある現代の国際政治の基本的な要素を、世界の視点を交え、分かりやすく解説することを意図しています。

ウクライナ戦争に直面した世界は、二〇二三年に中東でのガザ戦争を目撃しました。

ガザでは、中東最強の軍事力を誇るイスラエルの火力の強さが際立ち、戦いは一方的なものとなりました。こうした戦争、つまり人間集団の殺し合いは、ミャンマーで、アフリカのスーダンで、中東のシリア、イエメンで、なお続いています。

歴史を振り返ると、人類にとって最大の敵は飢饉と疫病、そして戦争の三つでした。人類はこのうち、多くの犠牲を出しながらも飢饉と疫病には何とか打ち勝ってきました。しかし、数千年の時を経て、経済的に豊かになり、食べ物を奪い合う必要がなくなって、さらにワクチンの開発で伝染病を撃退した後でも、人類はなお戦争を続けています。

新型コロナによる世界全体の死者は二〇二四年前半時点で七〇〇万人を超える程度で、世界人口八一億人の〇・〇八六％程度です。一方、第二次世界大戦は、その約一〇倍にあたる約七〇〇〇万人が死亡したとの見方もあり、当時の世界人口二三億人の約三％を殺しました。人口比率でいえば、コロナの三五倍近い死者を出したことになり、その後も世界各地で数え切れないほどの戦争が続きました。

また、核戦争のリスクは、人類が数億人単位で瞬時に死亡する可能性を突き付け続けています。そして戦争は飢饉や疫病を引き起こします。二〇二四年の二～三月時点で、イスラエル軍の軍事侵攻により、ガザ地区では六八万人のパレスチナ人が壊滅的な飢餓状態に追い込まれました。この数は夏頃には一〇〇万人を超えると危惧されています。

地球全体をまとめる中央政府が存在しない国際社会は、いわば警察官のいない町のようなものです。そこでは、国家は自分の力で身を守るか、あるいは他国と団結することで身を守るかという、二つの方法しか自衛手段がありません。〝他国との団結〟の一つの形態が国連ですが、加盟する地球上のほぼ全ての国家の利害は常に対立しており、中央政府や警察官の役割を果たすことはできていません。

そして、戦争が人間集団と別の人間集団の戦いであるという事実は、結局のところ、歴史のあらゆる場面において、人間の最大の敵は常に人間自身であることを意味しています。

人類にとって最も難しいことは、異なる言語や宗教や肌の色の人々と「一緒に仲良く暮らす」ことです。つまり、他者と平和に暮らすことであり、人類は今なお世界的な平和を実現できないままです。こうした歴史を謙虚に振り返らずに、いたずらに平和を唱えるのは空虚なことだとも言えます。

地震などの自然災害でも、多くの人が亡くなっています。しかし、戦争での人間の死は、別の人間によって意図されたものであり、遥(はる)かに理不尽かつ残酷です。戦争は究極的には人間から全てを奪います。痛みと苦しみを与えながら莫大(ばくだい)な数の人を虐殺し、二度と治らない傷を負わせ、財産を奪い、環境汚染を引き起こします。

どんなに幸せな男女であっても、どんなにお金持ちであっても、全く関係ありません。また、歴史を振り返れば、社会の貧富の差を縮める最大の原動力は常に戦争でした。

さらに、人間集団の大量殺害も戦争で始まり、戦争で終わることがほとんどでした。六〇〇万人を虐殺したヒトラーのホロコーストは、第二次大戦とほぼ時を同じくして始まり、終戦により終わりました。一九九〇年からのルワンダ紛争は、その後、犠牲者が一〇〇万人近いとも言われるルワンダ虐殺を引き起こし、一九九一年からのユーゴスラビア紛争でも集団虐殺が起こりました。

　こうした戦争の巨大な力の前に、そして殺し合う集団の論理の前に、ひとりひとりの個人は無力です。国家が本気で暴力を行使すると決断したとき、その破壊力は凄まじいということです。たった一発のミサイルで、一瞬にして多くの命が奪われます。人間の運命など一瞬にして変えられてしまいます。つまり戦争は、大勢の人間の運命を決定づける、最も大きな、そして抗えない力でもあります。

　この戦争と平和の問題を扱うのが国際政治という学問分野です。国際政治とは、学術的には国家間の政治であり、国家間の権力闘争であり、戦争と平和の歴史を記述し権力の配分関係や意思決定について考察してきた研究領域のことです。世界でこれだけ戦争が相次ぎ、私たちの社会に影響を与える中で、戦争と平和の問題をより真剣に考えることがますます重要になっています。

　世界が概ね平和だからこそ、国家間の貿易、つまり通商関係が成り立ち、企業も人も自由に国境を越えて活動できます。ソマリア沖や紅海など一部の海域を除いて、世界の貿易航路は概ね平穏です。天然ガスや原油を満載したタンカーやコンテナ船は売り手の国と買い手の国を自由に行き来しています。だから私たちはガソリンスタンドで車に給油でき、遠く離れた国で作られた果物や電気製品を毎日買うことができます。国際政治における平和と安定は、私がWBSで伝える日々の経済ニュースの基本的な前提を作り上げているとも言えます。

身近な例で言えば、私たちが学校で学ぶ英語もそうです。日本政府は英語教育を国民に義務付けていますが、これは国際政治において英語という言語が最も優勢だからです。正確に言えば、英語を使う国家群が国際政治において優勢な立場にあるからです。私たちテレビ東京は日本語でニュースを伝えますが、その次に放送で使用する機会が多い言語もやはり英語です。取材相手の母国語が英語でない場合でも英語でインタビューすることが多く、こうした場面にも英語を使う国家群の力は影響を与えているのです。

一方で、国際政治は矛盾に満ちた現実を私たちに突きつけます。

今まで述べた通り、国際政治は地上における究極的な悪である戦争を引き起こします。そして、国内では絶対に許されない大量殺人でも、国際政治では戦争の名の下に正当化され、ときには〝愛国者〟たちによって美化されることすらあります。多くの場合、殺した側の人間が罰を受けることもありません。そして、どの国も表向きは平和と共存を語りながら、同時に相手をなるべく多く殺すという残酷な目的のために、持てる富とその時代の最先端技術を惜しみなく軍事分野に注いでいます。

こうした矛盾と現実から目を背けることなしに、平和の重要性を唱えても、やはり意味がないことを歴史は教えています。

だからこそ、国際政治の分析枠組みは、善悪や道徳、〝平和主義〟などの主義主張といった個人の説得力に依存するものを主題に据えることはしません。あくまで、各国が戦争を起こす能力と意図、そして過去の戦争や外交の事実関係を記述し、分析し、再現されたパターンや将来

のリスクを冷静に考える試みが重要だと考えられています。疫病から人々を守るための科学である公衆衛生学や原爆を生んだ物理学などを除けば、これほど大勢の人間の生死に関わる学問分野は他にありません。

この国際政治という言葉あるいは分野が、近年ほど大きな意味をもつ時代は過去にもあまり例がないでしょう。特に私たち日本を含む極東アジア地域においてはそうです。二〇二二年からのウクライナ戦争は世界を大きく変え、日本人の世界に対する理解も大きく変えたからです。具体的には、台湾をめぐる戦争がより現実味を帯びて認識されるようになったのです。

ウクライナ戦争の次は台湾戦争なのでしょうか。

台湾をめぐる戦争が起これば、日本も交戦国となる可能性が出てきます。このため、ウクライナ戦争をもとに台湾での戦争リスクを論じることについて、日本では、時折「戦争を煽る」という批判が出てきます。

しかし、私はこうした考え方には反対です。

眼の前の危機から冷静に教訓を引き出し、次の危機を防ぎ、そして備える行動は不可欠だからです。さらに、国際政治の分析枠組みは、「能力」と「意図」を区別することだからでもあります。

国際政治では、移り変わる人々の「意図」よりも、まず戦争を引き起こす可能性がある軍事力や経済力などの「能力」に着目します。そこに戦争を引き起こす「能力」があれば、戦争の

脅威が存在すると考えるのです。

世界では多くの国が戦争を始める「能力」を保有しています。具体的には軍事力です。よって、世界には戦争を起こす十分な軍事的能力があるため、戦争が現実のリスクとして存在していることになります。

台湾については、中国が軍事侵攻を行うための「能力」、つまり軍事力を構築している以上、戦争が起こるリスクは明らかに存在すると言えます。ウクライナ戦争の次は、台湾戦争になる可能性が十分にあるということです。「戦争を煽る」という論争の類の問題ではありません。

道徳的な観点から平和主義を唱える人々は、往々にしてこうした「能力」の問題を無視し、過去の歴史から学ぼうとしないようにも思えます。また平和主義を唱える人々の一部は、「戦争は将来的に起こり得ない」とも主張しますが、これも正しい態度ではありません。

戦争が発生するか、しないかを予見することは不可能です。アメリカの国家安全保障問題担当大統領特別補佐官のジェイク・サリバンは二〇二三年九月末、「中東地域は過去二〇年間でもっとも静かな環境にある」と述べました。しかし、そのわずか一週間後、イスラム武装勢力ハマスがイスラエルを攻撃し、ガザで大規模な戦闘が始まり、さらに史上初めてイスラエルとイランが直接互いを攻撃する事態にまで発展したことは周知の通りです。

つまり現代の国際政治では、機密情報も含めた多くの情報を的確に分析し、アメリカ合衆国大統領という世界最高の権力者の意思決定を支える立場の人間であっても、近い将来の戦争を予期することなどできないのです。人類は二度にわたる世界大戦やウクライナ戦争の勃発も予見できませんでした。

それが私たち人類の過去です。このため、私たちは未来に対して謙虚でなければなりません。その上で、互いに協力して未来の戦争を防ぐという課題に向き合う必要があります。二〇二四年四月にイスラエルとイランが史上初めてミサイルやドローン攻撃によって直接戦火を交えたとき、欧米各国が事態の鎮静化を強く呼びかけたのは、彼らが一〇〇年近く前に大戦争を防げなかったという痛烈な失敗体験があるからです。

また、戦争の可能性についての議論が、戦争を起こしてしまうという批判もあります。しかし国家を戦争へと煽り立てることと、戦争のリスクを冷静に検討してそれに備えることは全く異なります。また、こうした批判は「火事のことを考えているから火事が起こる」と言っているようにも聞こえます。これこそが、日本が戦後の長い期間にわたって陥ってきた思考停止でもあります。

日本は、戦争をめぐる具体的で現実的な対応策について長年にわたって真剣に考えてきませんでした。戦争が巨悪であるが故に、そして約八〇年前に自らがその戦争の惨禍により多大な犠牲を出したが故に、戦争を「絶対悪」とし、それ以外の考え方はタブーにしてきたからです。

しかし実際のところ、戦争を防ぐという課題は極めて複雑で困難です。単に戦争反対を繰り返し唱えていれば防げるものではありません。平和主義は平和を実現するものではないからです。

戦争を防ぐための解決策の一つは矛盾を孕(はら)むものです。この矛盾は「汝(なんじ)、平和を欲するなら

ば、戦の備えをせよ」という古代ローマの軍事学者ウェゲティウスの言葉に集約されています。端的には、戦争を防ぐために軍事的な抑止を用いるべきだという意味です。この言葉の通り、戦争を防ぐために戦争の準備をせざるを得ないということです。

多くの日本人がこれに嫌悪感を抱くのも理解できます。しかし、いつしかその嫌悪感は思考停止をもたらし、冷静な議論ができない環境を作り上げてきました。戦後七〇年間にわたって、日本が平和だったのは、日本が平和主義だったからではありません。どの国も日本を攻撃してこなかったのは、つまり攻撃することができなかったのは、同盟国であるアメリカの圧倒的な軍事力がそれを許さなかったからです。

地震などの自然災害は今後、何度も私たちを襲い続けるでしょう。それを防ぐことはできないし、被害が何度出ても私たちは何度も立ち直るしかありません。しかし戦争だけは、決して何度も経験すべきではないし、何度もそこから立ち上がるべきものでもありません。戦争は人間が引き起こす暴力に過ぎず、防ぐことが可能だからです。

では、なぜ世界ではこれだけの戦争が起こり続けるのでしょうか。

先ほど、国際政治における「意図」と「能力」の区別について説明し、世界には戦争を起こす能力があると書きましたが、ここで重要になるのが、それぞれの国や集団が持っている、戦争を起こす「意図」です。

戦争が起こる理由は、戦う人間集団は互いに矛盾するそれぞれの「言い分」を持っていて、さ

らに深い部分では、歴史に根ざした内在的な「論理」に基づいて行動しているからです。つまり人々に、この論理＝戦う理由があるからです。まさにこの論理こそが、国際政治における「意図」を作り上げるものです。

それらの論理は、国や民族がそれぞれの歴史や経験を通じて形成してきた考え方であり、現在の戦争を正当化し、ときに将来の戦争をもたらしうるものです。

一方、この論理を知ることで、世界の国や人々が背負ってきた現実を理解することができ、今後の世界を見通すヒントを得ることができます。これらの論理について、歴史をさかのぼって読み解き、現在と将来の戦争や危機への対処について考えることが本書の大きなテーマでもあります。私たちが平和を語るためには、まず国際政治の冷酷な現実と、こうした世界に存在する論理を十分に知っておく必要があるからです。

日々のニュースでは、戦争と平和の問題は「地政学リスク」という原稿上の一つの言葉で片付けられがちです。しかし「地政学リスク」がニュース原稿に登場する頻度は急増しています。いったい、この「リスク」を生んでいるものは何なのか。突き詰めて考えると、それは、世界各地の人間集団が持つこの「論理」にたどり着きます。

本書の構成は以下の通りです。

第一章では、**今の世界が置かれた基本的な状況を整理します**。今の世界は、これまでの覇権国とその覇権国に挑む国家が衝突している状態です。世界にとって、そして特に日本にとって最大かつ最悪のリスクは、両者が戦争を始めてしまうことです。**具体的には、アメリカと中国が戦争に突入してしまうリスクです。**アメリカと中国は本当に戦うのでしょうか。いわゆる米中戦争の論理です。実は歴史を紐解(ひもと)けば、覇権国と新興大国は何度も戦いを繰り広げ、その度に人類は酷(ひど)い目に遭ってきたことが分かります。「トゥキュディデスの罠(わな)」とも呼ばれるこれらの経験をもとに、現代の最大の危機、米中衝突を考えます。

第二章では、その米中戦争の発火点となる可能性がある台湾をめぐって、中国は何を考えているのか、中国人民解放軍の軍人が書いた本を中心に読み解きます。いわゆる中国による「台湾侵攻の論理」です。**中国はなぜ台湾を支配下に置こうとしているのか。中国が考える「平和」とは何なのか。そこで見えてくるのは、日本のそれとは完全に真逆の論理です。**

第三章では、中国の侵略の脅威に向き合う台湾の論理を説明していきます。中国が中台両岸の現在の秩序を変えようとしているのに対し、台湾が求めるのは「現状維持」です。**世界最大の半導体供給地としての台湾の立ち位置もふまえながら、民主主義（台湾）と権威主義（中国）が対峙(たいじ)する最前線の論理を考えます。**

第四章では、ガザへの軍事侵攻とパレスチナ人への苛烈(かれつ)な報復攻撃でかつてないほど強い批判を浴びるイスラエルの論理を読み解きます。**イスラエルは国際政治の残酷な現実を誰よりも知る国家でもあります。**イスラエルを建国したユダヤ人たちは、長い歴史において、何度も迫害され虐殺される苦しみを味わってきました。彼らがどんな考えに基づき、イスラエルという重武装の国家を建設し、**なぜ、世界から強い批判を浴びてもパレスチナ人に対する攻撃と虐殺**

を続けるのか、世界を敵に回しても戦い続ける人々の論理を探ります。

続く第五章では、そのイスラエルから苛烈な暴力を受け続ける「パレスチナの論理」について解説します。**ユダヤ人が国を作ると決めた土地に「ただ住んでいただけ」で、パレスチナの人々は、イスラエルに支配され、攻撃され、苛酷な運命を背負わされています。**その中でイスラム武装勢力のハマスが生まれました。イスラエルに対するテロ攻撃で非難されるハマスですが、この「ハマスの論理」についても、最重要文書とされる「ハマス憲章」を読みながら取り上げます。

第六章では、現在も進行中の戦争であるウクライナ戦争の現在地とロシアの論理をあらためて考察します。国際政治の残酷な現実を最も象徴的に表す、ロシアとウクライナの殺し合いです。三年目に突入した戦場から見えてきた現実や教訓とは何なのでしょうか。見えてきたのは、いくつかの〝不都合な真実〟とも呼べるものでした。**戦争ではやはり物量が重要だったこと、民主国家は専制国家に比べて戦争に弱い面があること、そしてプーチン大統領による核兵器の脅しが機能したことなどを、一つひとつ検証していきます。**

第七章のテーマは核兵器です。核兵器はいかなる国家の論理も、物事の道理も一瞬で吹き飛ばす悪魔の兵器です。世界に推定で一万二〇〇〇発を超える核弾頭が存在する中、この核という悪魔は、どんな論理を持ち、どんなリスクを私たちにもたらすのでしょうか。人類は常に核戦争のリスクを抱えてきましたが、その可能性は極めて低いともされてきました。しかし最近、今まで考えられていたよりも頻繁に、人類は全面核戦争の危機に直面していたことが分かっています。**知られざる危機の歴史と、核戦争つまり人類の終末を阻止した人々がいたことを紐解いていきます。**

第八章で取り上げるのは、次の〝超大国〟「インドの論理」です。現代世界において、急速に台頭しているのが、世界最大となった一四億人超の人口を抱えるインドです。ウクライナ戦争をめぐるロシアと欧米の対立、そして米中衝突をも、ある意味〝冷めた目〟で見つめる将来の〝超大国〟はいったい何を考えているのでしょうか。**かつてイギリスの植民地支配に苦しんだものの、その怒りを国民を結束させる負のエネルギーには使わず、インドは世界最大の民主主義国家として力を蓄えてきました。**インドの動向は今後の世界を左右すると言われますが、現在のモディ首相の側近であり、インド外交の司令塔が書いた本を読み解きながら、知られざるその論理の内実を探ります。

終章では、**なお未完といえる私たち「日本の論理」について考えます。**私たち日本は今後、アメリカと中国の衝突や、世界の戦争にどう向き合うべきなのでしょうか。**日本はかつて戦略なき国家として失敗を重ねてきた過去があります。**勝てる見込みのない戦争に突入し、自国民を三〇〇万人以上も死に追いやった第二次世界大戦です。日本にとって現時点で「最後の戦争」となっているこの大戦争を振り返り、それまで見てきた世界の論理から日本が何を学べるのか考えます。さらに、その理論を世界にどう伝えるのか、**ナラティブ・パワーと呼ばれる国家の発信力についても見ていきます。**

目次

日本人にどうしても伝えたい 教養としての国際政治
戦争というリスクを見通す力をつける

第二章

習近平は侵略戦争を始めるか
──中国と台湾侵攻の論理

第三章

中国の圧力に耐えられるか
──台湾の論理

第四章 世界を敵に回しても戦う暗殺国家——イスラエルの論理

第五章

世界に見捨てられた抵抗者たち
――パレスチナとハマスの論理　155

第六章 ウクライナ戦争の現在地
――ロシアの〝侵略三年目〟の論理 189

第七章

世界の終末を阻止した人々

第八章

西側のストーリーと対峙する

終章 世界に通用するナラティブとは——日本という〝未完の論理〟 275

装幀　新井大輔
DTP　エヴリ・シンク

韓国・釜山に入港した米海軍の原子力空母ロナルド・レーガン　©共同通信社

第一章

次の大戦は起こるのか
——米中戦争の論理

世界が最も恐れる大戦争リスク

まず、現代世界の平和と安定に対する最大のリスク要因は何でしょうか。

それは二〇世紀を支配してきた覇権国アメリカと、二一世紀の覇権獲得を目指す中国が戦争に突入してしまうことです。これは日本が最も恐れる事態でもあります。

米中は世界GDPの四割を占める世界経済のエンジンであり、世界中のモノやサービスの巨大な売り手として、同時に買い手として、共に最も重要な国家です。

一方で、政治体制は民主主義と専制主義で、全く別の体制であり、国内統治をめぐる考え方や各国との付き合い方も全く異なっています。

現状をより正確に言えば、アメリカは民主政治ですが、政治的意見の対立が激しくなっており、異なる意見を持つ人々が敵対し、話し合いや妥協が難しくなっています。やや混乱した状態にあります。

一方、中国では習近平(しゅうきんぺい)主席への権力集中がかつてないレベルで進んでいます。共産党のリーダーたちが集団で話し合い、物事を決めていた過去の時代は終わり、より完成された専制独裁国家に近づいています。

国内政治の混乱も、独裁も決して平和にとって好ましいものではありません。どちらも戦争の要因となる場合があります。このように、それぞれの事情を抱えた米中の衝突が、将来的に多くの人々が殺し合う大戦争のリスク要因になり得ると危惧されています。まさに二一世紀の国際政治の最大の焦点でもあります。

台湾をめぐる戦争が、両者の戦いの最も大きな火種です。そして歴史を念頭に考えると、両者の対決は、過去に使われた表現である「長距離マラソン」の段階から、現在は「短距離走」に変化しています。また、これまで米中衝突は力が衰えたアメリカに、台頭する中国が挑戦するという文脈で語られていましたが、最近では、中国の方が既に衰退し始めていて、さらに衰退が進む前にアメリカに戦いを挑む危険性があるという見方も有力になっています。

まず米中の「長距離マラソン」という考え方ですが、もとはアメリカ政府で対中政策の立案に関わってきたマイケル・ピルズベリーの二〇一五年の著作のタイトル「一〇〇年マラソン」（『The Hundred-Year Marathon』）に由来します（邦訳は『China２０４９　秘密裏に遂行される「世界覇権１００年戦略」』〈野中香方子訳、日経ＢＰ社〉）。

ピルズベリーは、中国が一九四九年の建国から一〇〇年目の節目にあたる二〇四九年までにアメリカを政治・経済・軍事の全ての面で凌駕することを狙っていると主張しました。もともとピルズベリー自身は親中派で、中国は経済発展にともなって平和的に台頭すると考えていました。**しかし実際はそうではなく、一〇〇年という長い期間をかけて、中国はアメリカを世界の覇権国から追い落とすつもりであると気付き、アメリカに警鐘を鳴らすためにこの本を書いています。**

中国を世界貿易機関（WTO）に加盟させ、グローバル経済に取り込んでいけば、中国は経済的に豊かになり、社会は穏健な民主主義に近づいていくと、アメリカの当局者たちは長年にわたって考えていました。本書は、そうした人々に衝撃を与え、アメリカの対中認識を一変させるきっかけになりました。

「トゥキュディデスの罠」で米中衝突を考える

新興大国の中国が、アメリカを追い越し覇権国の地位から追い落とそうとすれば、実際に戦争のリスクが大きく高まってしまう。次にこう警告したのが、ハーバード大学のグレアム・アリソン教授でした。

アリソンは、中国のような新興大国とアメリカのような覇権国の戦いは、歴史の中で何度も繰り返されてきたと指摘し、両者が大戦争に陥ることを、古代ギリシャの都市国家アテネとスパルタの戦争をもとに「トゥキュディデスの罠（わな）」と名付けました。数年前から、世界各国の外交・安全保障担当者が恐れているのが、米中がこの「トゥキュディデスの罠」に陥ってしまうことです。米中が衝突するとき、地理的にその最前線にあるのは日本です。「トゥキュディデスの罠」は日本が直面し得る国家的な危機となります。アメリカと日本は同盟国であり、法的な制約条件はありますが、米中が戦争となった場合は共に戦うことが想定されています。

一方の中国も、日本にとっては経済的に非常に重要な国であり、一万三〇〇〇社近い日本企業が現地に進出しています。日本に友好的な中国の人々も大勢います。しかし、共産党指導部は日本に敵対的で、日本の尖閣（せんかく）諸島を自国の領土だと主張しています。このため米中の戦争は、必然的に日本を中国と敵対する交戦国に変える可能性が高いでしょう。

この最悪の事態を避けるために何を考えていけばいいのか。まず最初に、アリソンの著作『米中戦争前夜　新旧大国を衝突させる歴史の法則と回避のシナリオ』（藤原朝子訳、ダイヤモンド社）を参考にしながら、「トゥキュディデスの罠」を詳しく紐解（ひもと）いていきます。

先ほども述べた通り、アリソンによれば、この「罠」は世界で支配的な地位にいる覇権国と、新たに台頭してくる新興国（反覇権国）が戦争に陥ってしまう歴史的な現象のことです。

紀元前五世紀の古代ギリシャでは、当時の覇権国だった都市国家スパルタと台頭してきた新興の都市国家アテネが、ペロポネソス戦争というおよそ三〇年にわたる大戦争に突入し、互いの存亡をかけて殺し合う大惨事に発展しました。戦争は結局スパルタの勝利に終わりましたが、双方ともに大きな傷を負い、歴史的にはギリシャ世界全体の衰退につながります。このペロポネソス戦争を記述した歴史家トゥキュディデスの名前にちなんで「トゥキュディデスの罠」と名付けられています。

つまり、人類の歴史を振り返ると、覇権を持つ国家に、別の新興国家が挑戦しようとするとき、これら二つの国家は対立し、最悪の場合は戦争になってしまうというのです。国家間のパワーシフトが戦争を生むという人類史の経験則です。

ここで重要なのは、たとえ互いに望んでいなくても、最終的には酷（ひど）い殺し合いになってしま

うということです。そういう「罠」に国家というものは陥る危険があるので「注意せよ」というアリソンの警告でもあります。

もちろん、歴史がそこまで単純に繰り返すのか、といった批判はあります。トゥキュディデスの書いた歴史書の「戦史」についても多くの歴史家が様々な解釈を加えています。

そこでアリソン教授らの研究チームは、過去五〇〇年の歴史を詳しく調べています。古くは一五世紀末のポルトガル対スペイン、一六世紀前半のフランス対ハプスブルク家の戦いなどです。近現代では、第一次世界大戦と第二次世界大戦を引き起こした対立、具体的には日本とアメリカの太平洋戦争直前の対立も含め、覇権国と新興大国の合計一六の対立を分析しています。

その結果、アリソンは一二件がこの「トゥキュディデスの罠」に嵌り、大戦争に陥ったと結論付けています。つまり一六件中一二件と、七五％の確率で戦争になっているというのです。比較的高いといえるでしょう。

アリソンは、現実問題として、米中対立は戦争に陥るリスクがあり、そうなれば互いに核保有国なので第三次世界大戦を誘発するリスクがあると、強い危機感を表明しています。アリソンの著作『米中戦争前夜』の原著の副題には「アメリカと中国はトゥキュディデスの罠を避けられるか？」(Can America and China Escape Thucydides's Trap?) とあります。

同書でのアリソンの主張は大きく二つです。

１　数十年以内に米中戦争が起こりうる可能性は、ただ「ある」というだけでなく、現在考え

られているよりも非常に高い。
2 戦争は不可避ではない。つまり、リスクを十分に知った上で、なんとかして戦争回避へと動くべきである。

スパルタ vs アテネ／アメリカ vs 中国

では現代のアメリカと中国も、古代スパルタとアテネのように本当に戦争に突入してしまうのでしょうか。まずは歴史を振り返ります。今から約二五〇〇年前、トゥキディデスの罠の原点でもある古代スパルタとアテネの対立はなぜ起こったのでしょうか。

スパルタは軍人文化が支配する国家であり、男の子は七歳になると家族から引き離され、軍事訓練を受ける義務がありました。ペルシャ帝国との戦争では、わずか三〇〇人の精鋭部隊が数万人のペルシャ軍を迎え撃って自分たちが全滅するまで戦い抜いたことでも知られますが、兵士たちの高い身体能力と勇猛果敢さは広くギリシャ世界に轟(とどろ)いていました。二〇〇六年の「300〈スリーハンドレッド〉」というエンターテイメント色の強いアクション映画をご存じの方もいるかもしれません。アテネとの比較においても、軍事的には圧倒的にスパルタが優位だったとされています。

スパルタの政治体制は王政で、貴族に支配されていました。社会としては保守的な傾向があり、他の都市国家にスパルタ式の文化などを強要することはなかったようです。

一方のアテネは、自由な文化が特徴であり、新しい考え方を取り入れる気風がありました。そのアテネは急速に国力を伸ばし、軍事力を拡大させていきます。同書でも、政治制度も比較的〝新しい〟制度とも言える民主制を取り入れ、スパルタとは対照的に、他の都市国家の政治に介入し、〝新しい〟民主制を押し付けていったとされています。

アテネの文化や歴史は、現在のギリシャの首都アテネに残されたパルテノン神殿をはじめ荘厳な建物で知られています。一方、かつてスパルタがあった場所、ギリシャのスパルティにはそうした目立つ遺跡は残っておらず、観光地として地味な場所になっているのとは対照的です。

これをアメリカと中国との関係において見てみると、覇権国と新興大国という関係性では、アメリカ＝スパルタであり、中国＝アテネなのですが、現代世界での両者の気質は逆になっているようです。

一九九〇年代から民主主義や自由貿易のルールなど自国の考え方を各国に押し付け、世界経済の秩序を作ってきたアメリカとアテネは重なる部分がありそうです。中国の政治体制はスパルタに近い部分があるかもしれません。もっとも、中国による少数民族への強権的な支配や拡張主義的な傾向を見ると、単純な比較はできません。

一方、アメリカと中国の対立の根源には、スパルタとアテネが戦争に至ったのと同じ要因があるように見えます。つまり互いの根源的な考え方、性質の違いです。

アメリカは自由民主主義国家であり、秩序よりも自由を重んじる国家です。しかし中国は一党独裁の専制国家であり、自由よりも秩序を重んじる国家です。アメリカは大西洋と太平洋を

股（また）にかける海洋国家として発展してきましたが、中国は歴史的に陸地の支配を重視する大陸国家としての伝統を持っています。つまり両者は、自己認識が根本的に異なるのです。

性質の面では、先ほどアメリカがアテネに、中国がスパルタに近い部分があると書きました。しかし、国家間のパワーシフトという観点で考えると、言うまでもなく覇権国家のスパルタがアメリカであり、台頭する新興大国アテネが中国ということになります。

アメリカにとって中国は、全く異質な国家であり、自分の秩序を脅かす存在です。一方の中国にとってアメリカは、自分の勢力拡大を邪魔する存在でしかありません。こうして両者は互いに敵対心を抱いています。

中国は特に、アメリカ発二〇〇八年のリーマンショック（世界金融危機）が世界同時不況を引き起こしたのを見て、「アメリカはもはや見習うべき国家ではない」、あるいは「アメリカに世界経済は任せておけない」との認識を持つに至ったとも言われています。リーマンショック当時、中国の巨額の財政出動が世界経済を下支えしたのは事実です。この〝功績〟で中国は自国の経済力と世界における存在感に自信を深めました。もっとも、そのせいで中国経済は過剰な債務を抱えるようになり、現在では逆に世界経済の大きなリスク要因になっています。いずれも中国の世界での存在感の高まりがもたらした現象です。

中国の考え方の根本については、アリソンも指摘していますが、**アメリカは建国されて二五〇年程度であるのに対し、中国は自分たちには四〇〇〇年の歴史があると考えています。多くの中国人にとって、中国とは王朝や政治体制を超え連続して存在してきた世界史の主人公であ**

り、人類史的な発明である火薬や紙を生み出し、アメリカよりも遥かに歴史の長い大国なのです。つまり、アメリカとの間には三七〇〇年以上もの経験と実績の差があり、国力でも歴史を通じて中国は欧米を凌ぎ世界トップクラスだったと考えています。

実際、今から約二〇〇〇年前の紀元元年の時点では、中国の経済規模はローマ帝国の約二倍あったと見られ、ヨーロッパで産業革命が起きる一九世紀まで実に一八〇〇年近くにわたって、中国は世界ＧＤＰの三分の一か四分の一を占める超大国だったと分析されています。このため多くの中国人にとって、自国が台頭することは、世界史の本来あるべき地位に戻るに過ぎないのです。

では、なぜ二つの国家が戦争にまで突き進んでいく恐れがあるのでしょうか。

具体的な歴史を振り返り、なぜスパルタとアテネは最悪のシナリオとして殺し合ったのか、つまり戦争に突入していったのかを考えます。

これには両国の同盟関係が大きく影響しています。当時から、両方とも多くの都市国家を従える同盟を形成していました。同盟国が多いこともあり、互いに戦争に陥らないように不戦条約を結んでいた時期もありました。

しかし紀元前四三一年、つまり今からおよそ二五〇〇年前、ついにその同盟国が原因となって両者は戦争に突入します。スパルタの同盟国だった都市国家コリントスと、当初は中立の都市国家だったケルキラが戦争に突入したのです。このケルキラが助けを求めてアテネと防衛同盟を締結した結果、アテネとスパルタが対立する構図が出来上がります。

覇権国スパルタの〝恐怖〟とアテネの誤算

歴史家トゥキュディデスはアテネとスパルタの間の最大の戦争原因をスパルタが抱いた「恐怖」だった、と結論付けています。つまり新興大国のアテネが強大になり、スパルタがそれに恐怖を抱いたというわけです。

両国とも当初から戦争を望んでいたわけではありません。しかし、スパルタ国内では「いい加減にアテネを攻撃しないと、ますますアテネは増長し、より大きな脅威になるだろう。だったらいま戦争すべきだ」との世論が勢いを増していきます。スパルタの恐怖心を刺激したのは、結果としてアテネの誤算でした。

同時にアテネもスパルタも、自国内で「相手に弱さを見せてはならない」「国益と名誉を守らなければならない」という意見が支配的になっていきます。トゥキュディデスによれば、アテネの指導者ペリクレスは、ここでスパルタに対して譲歩したら「スパルタは我々がひるんだと見て、さらなる要求を突きつけてくるだろう」と演説で述べたとされています。

逆にペリクレスがスパルタに対して融和的だったら、アテネ国内で「手ぬるい」との批判が出ていたかもしれません。**これは現代の民主主義国家でも、敵対国家に融和的な首相や大統領が、野党から「弱腰だ」と批判されるのに似ています。先ほどのアテネの「誤算」とスパルタの「恐怖心」に加え、こうしたタカ派的な国内の雰囲気やプライドが対立をエスカレートさせ**

たとも言えます。

さらに、戦争になったもうひとつの要因についてアリソンは、アテネもスパルタも「戦争になれば自分たちが勝つ」と考えたことも原因だとしています。実際は両者ともに戦力では他方に対し圧倒的な優位にはありませんでしたが、自分たちの国力と軍事力が相手を上回っていると過信したのです。自分自身の力を見誤る「過信」は国家にとって重大な過ちの一つです。実際、戦争が始まると、どちらも決定的な勝利を得ることはできず、無益な殺し合いが三〇年近く続きました。

結局のところ、戦争の原因というのは、「恐怖」「誤算」「プライド」、そして自らへの「過信」だったようです。

では、再びアメリカと中国の対立に視点を戻します。

米中が互いを自分たちとは相いれない「異質なもの」と認識していることは既に述べました。では「同盟」という要因はどうでしょう。この点、かつてアテネとスパルタの同盟国が戦ったように、現在、米中の同盟国が交戦状態になっている事実はありません。

台湾という戦いの発火点

しかし、ここで問題になるのが「台湾」です。

中国は長年にわたって「台湾を統一する」と繰り返し主張し、近年は武力行使も辞さない構えを示すなど、ますます強硬になっています。一方のアメリカにとって、台湾は国際法上の厳密な意味での同盟相手ではありませんが、長い間、同盟関係に近い立ち位置であり続けています。

かつてアメリカは台湾海峡に空母艦隊を派遣し、また近年も台湾近海で艦艇を航行させるなど、台湾を中国から守る姿勢を示してきました。またアメリカは台湾に戦闘機などの武器を売却したり、有力議員が訪問して「支援する」という発言を繰り返したりしています。

アメリカ軍が直接的に台湾を防衛するかどうかは、アメリカ政府の公式見解では「曖昧（あいまい）」なままです。しかし近年、バイデン大統領は公式見解に反してまで、台湾を防衛する意思を繰り返し明言しています。中国に対して、もはや従来の曖昧戦略は通用しなくなったことをアメリカは理解しているからです。

台湾人の多くも、そして二〇二四年五月に就任した民進党の頼清徳（らいせいとく）新総統も、アメリカの軍事力の後ろ盾がなければ身を守れないことは理解しています。台湾軍の基本的な防衛方針というのは、仮に中国軍が着上陸侵攻してきても、アメリカ軍の来援までは何とか持ちこたえるという戦略です。

一方で、中国にとって台湾は自国の領土の一部であり、他国がこれに介入するのは内政干渉だと見なしています。このため台湾統一のため軍事侵攻する場合、自国内の反乱勢力を鎮圧するという論理になります。

もし台湾をめぐる米中戦争＝台湾戦争が起こったらどうなるか。中国が軍事侵攻してアメリカと日本が台湾側について戦う戦争シナリオは前著『ウクライナ戦争は世界をどう変えたか「独裁者の論理」と試される「日本の論理」』（KADOKAWA）の第六章に記述しました。

ただ、**戦争とは人為的に作り出されるカオス（無秩序）であり、そのシナリオを描くのは極めて困難です。**多くの軍事・安全保障専門家も、緻密なシナリオを明らかにすることを避けています。私は平時から少しでも具体的なイメージを持ってもらうため前著で書いたものの、戦時に事態がどう展開するのかの予測は不可能でしょう。

もっとも、台湾戦争で確かなことが一つあります。

それは米中ともに、決して無傷ではすまないということです。それどころか、互いにとって致命傷にすらなりかねない戦いとなるでしょう。

中国は、台湾統一は死活的な利益だと考えています。そして何より中国の習近平主席にとって台湾の統一は自らの権力と国家の威信をかけた最も重要な目標であり、絶対に負けられない戦いでもあります。これまで何度も国民や党幹部に対して「台湾を統一する」と表明してきたからです。つまり、習近平としては完全に勝利して台湾を支配するまで戦わなければなりません。一度戦いが始まれば、どんなに犠牲を払っても、勝利して占領することが最終目標になります。

同時に、アメリカにとっても負けられない戦いになる可能性があります。太平洋を支配しつづけるという戦略の上でも台湾防衛は不可欠であり、かつてのスパルタのように、他の同盟国の信頼も維持しなければならないからです。

アメリカは第二次大戦でのミッドウェー海戦で日本海軍に勝利して以降、八〇年近く太平洋を支配してきました。そして台湾はライバルの中国がこの縄張りに入って来るのを阻止する地理的な「蓋（ふた）」の位置にあります。台湾とその両側に位置する同盟国の日本とフィリピンによって、中国の太平洋への進出は阻まれているのです。逆に台湾とその周辺海域が中国に支配されれば、中国は台湾を軍事拠点に変え、何の制約もなく自由に太平洋に出ていくことができるようになります。逆に、アメリカ海軍は西太平洋に展開するのは極めて難しくなるでしょう。だからアメリカとして台湾の防衛は譲れない一線です。

また、一度中国に台湾を奪われてしまえば、奪還するのは極めて困難です。中国の支配下に入った台湾島への上陸作戦は、許容できないほどの甚大な人的、軍事的コストがかかります。政治的には実行不可能な作戦となるでしょう。

アフガニスタンからの撤退や、イラク統治の失敗と中東での影響力の低下でアメリカに対する同盟国の信頼は揺らいできましたが、台湾の防衛に失敗して同盟国の信頼を失えば、アメリカの威信は地に落ちるでしょう。そして台湾が中国の手に落ちれば、軍事力の弱い同盟国であるフィリピンの防衛も困難になります。台湾の次にフィリピンが標的になることをアメリカは危惧しています。アメリカから見れば、太平洋支配を目指す中国にとって台湾は「最初の目標」に過ぎないのです。

米中どちらが「負けられない」のか

では、米中どちらの方が、より「負けられない」のでしょうか。

おそらく中国の方が「負けられない」との決意は強いでしょう。台湾統一戦争での敗北は、習近平はおろか中国共産党の威信を失墜させ、体制不安につながる懸念があるからです。少なくとも習近平は失脚に追い込まれる可能性もあり、自らの地位を守るためにも負けられません。

一方のアメリカにとって、台湾戦争で敗北しても、その時の政権は倒れるかもしれませんが、政治体制そのものが崩壊することはありません。仮に、台湾防衛戦争が起こり、アメリカ兵に多数の戦死者が出た場合、大統領が政治的に耐えられないと判断してアメリカが軍事的に撤退することはあり得るでしょう。

しかし逆に、大統領が自らの政権を守るために戦うと決断するか、あるいはアメリカの世論が激昂（げきこう）し「中国を罰しなければならない」と考えれば、大統領は政治的に引けなくなり、戦争続行が決断されるでしょう。最終的には台湾を一方的に「国家」として承認する可能性も高まります。米兵の血が流れ、大きな犠牲を払った以上、その「代償」が必要になるからです。少なくとも台湾を国家として認めない方針を主張し続けるのは難しくなります。

しかし、中国にとっては台湾が国家になることこそが全く容認できない一線であり、こうなると戦争は本当に終わりが見えなくなります。

何がアメリカの「撤退」と「戦争続行」を分けるのか予測は困難ですが、一つの要素は〝戦争の始まり方〟かもしれません。中国が先制攻撃などでアメリカ海軍の艦艇などを沈めて多数の死者が出てしまえば、アメリカの世論は沸騰し、戦争を続けさせる要因になるでしょう。

歴史を振り返ると、海洋国家であるアメリカは〝船が沈められると大きな戦争を始める〟傾向があります。一八九八年にキューバのハバナ港でアメリカ海軍のメイン号が爆破されたことをきっかけにスペインと戦争を始め（米西戦争）、一九一五年にドイツの潜水艦の魚雷で豪華客船ルシタニア号が沈められ自国民が死亡した後の一九一七年、第一次世界大戦への参戦を決めました。また、一九四一年の真珠湾攻撃で戦艦アリゾナなど複数の軍艦が沈められ、日本との太平洋戦争に突入しています。さらには一九六四年のトンキン湾事件で北ベトナムから海軍の駆逐艦が攻撃されたことを口実にベトナム戦争を始めた過去もあります（ただ、このとき駆逐艦は沈んでいません）。

いずれにせよ、仮にアメリカが断固として参戦か戦争継続を決めれば、米中は互いに限界まで戦わなければならないでしょう。この戦いは、まずは核兵器を使わない通常戦力による戦闘になる可能性が高いと考えられます。特にアメリカにとって、中国の核報復を考えると核兵器を使用するコストがあまりに大きいからです。それでも、米中はサイバー攻撃などにより、互いの経済社会を混乱させる力を持っており、さらには互いを核攻撃する力も持っているのは事実です。万が一、戦いの無秩序なエスカレーションが核の応酬となり、事実上の第三次世界大戦を誘発する事態になれば、人類の破滅につながりかねません。

仮にそうした究極的に悪いシナリオが回避されたとしても、地球上で一位と二位の経済大国が戦争を始めれば、世界経済が大混乱に陥るのは確実です。アテネとスパルタの戦いはギリシャ世界を衰退させましたが、世界経済も前例のない規模の打撃を受け、かつてないほど深刻な世界同時不況に陥るでしょう。もちろん米中経済も、そして日本経済も致命的な傷を負います。

アメリカが抱く恐怖心とは

では、台湾が発火点となって米中戦争が火を吹くシナリオは具体的にどうやって起こるのでしょうか。少し細かく考えてみます。

かねてアメリカ海軍が南シナ海で実施している「航行の自由作戦」がひとつの偶発的な火種になり得ると指摘されてきました。台湾海峡でアメリカの艦艇と中国海軍の艦艇が偶発的な戦闘に陥り、それが局地的な軍事衝突に発展し、エスカレートするリスクのことです。

しかし実際には、航行の自由作戦が南シナ海で展開されてきた二〇〇七年以降、戦闘は起こっていません。確かに米艦艇と中国艦艇、あるいは航空機などの接触事故などは何度か起こってきました。二〇二三年にも互いの作戦機が南シナ海上空でニアミスし、駆逐艦が一四〇メートルの距離まで接近しています。ただ、それでも直接的な戦闘は控えられてきました。二〇一三年に米海軍の巡洋艦カウペンスが中国軍の艦艇に進路を譲ったことが知られている通り、長年にわたりアメリカ海軍艦艇の艦長は、中国海軍との偶発的な緊張を高めないよう厳命されています。

また、偶発的な衝突を避けるため、二〇二三年にようやくバイデン大統領と習近平主席は首脳間の直通電話＝ホットラインの開設で合意しました。偶発的な事態が起こるリスクは一定程度はコントロールされています。

ただ、過去に戦闘が起こらなかったから今後も起きないわけではなく、むしろ偶発的事態のリスクは高まり続けるでしょう。そして米中のホットラインも、つねに電話に出る「義務」があるわけではないのです。意思疎通の仕組みが機能するかどうかは、あくまで両国指導者の判断次第です。

また、アメリカ海軍の艦長らが緊張を高めないよう厳命されているのとは異なり、中国海軍の艦長や空軍のパイロットには、挑発的な行動がとれる一定の裁量権が与えられていることも気がかりです。中国軍からすれば、遥か遠くからやってきたアメリカ軍の艦艇や航空機が、自分たちの領土・領海のすぐ近くで行動しているわけですから、感情的にも攻撃的になりやすいと言えます。それでも、近年見られる中国軍の挑発的な行動は偶発的衝突を高めるリスクでしかありません。

では、次に考えるべきは戦いの「勝算」です。古代ギリシャのスパルタとアテネは、互いに「自分が勝つ」と考えていました。米中はどうでしょうか。互いに台湾をめぐる戦いに「勝てる」と思っているのでしょうか。

幸いにも、その答えは今のところ「ノー」です。特に中国は二〇二四年時点では、仮に軍事

侵攻しても台湾を手に入れられるとは思っていません。つまり、まだ勝てるとは思っていないようです。物理的に言えば、台湾に部隊を上陸させるための揚陸艦の数が十分ではないのです。またアメリカ海軍太平洋艦隊の抑止力もある程度は機能していると見られます。

しかし、これはあくまで「今のところ」の話にすぎません。中国人民解放軍は台湾への上陸侵攻と制圧を可能にすべく軍事力の増強を急ピッチで進めていて、アメリカの「恐怖心」は既に強まっています。中国の通常戦力と核戦力の構築スピードが過去に例を見ないほど速いからです。一〇年前であれば、米軍の通常戦力で台湾は十分に防衛できました。アメリカの空母打撃群の戦場での優位性は明らかだったからです。しかし、台湾を確実に防衛できるかどうか、現在ではアメリカに完全な自信はなくなっています。

ではアメリカの核兵器は中国を抑止できるのでしょうか。おそらく、これも答えは「ノー」です。破壊力の大きな核兵器は米中の全面戦争は抑止できたとしても、台湾での戦争は抑止できない可能性が高いでしょう。アメリカが台湾を防衛するためだけに核兵器を使用することは、先ほど述べた通り、中国の核報復を誘発するリスクを考えればあまりにコストが大きいからです。

このためアメリカでは、破壊力の小さい低出力の核兵器を配備し、「使用はあり得る」と中国に思わせて抑止を機能させるべきだとの意見もあります。ただ低出力であれ核は核です。あくまで中国がどう受け止めるか次第であり、当面は核による戦争あるいは全面戦争ではなく、通常兵器による限定戦争を現実問題として想定する必要があると見なされています。

その通常兵器による戦争を考えても、全体としてパワーバランスはますますアメリカに不利になっています。実際、台湾をめぐる戦いを想定したウォーゲーム＝図上演習では中国に負け続けていると言われて何年も経ちます。もちろんアメリカの軍部がより大きな防衛予算を獲得するため意図的に情報発信している面もあるでしょう。しかし平時にそれだけ巨額の予算を求めるほど、アメリカの軍人たちはスパルタが抱いた「恐怖」に近いものを感じているとも言えます。

アメリカが戦争を始める理由

かつてアメリカは、ヨーロッパの覇権を目指したドイツを叩き潰して分割し、アジアの覇権を目指した日本も打ち負かして全土を占領しました。それ以来、大西洋も太平洋もアメリカのものになりました。その後、世界の覇権をめぐって争ったソ連との冷戦にも勝利しています。つまり歴史上の大きな戦いには常に勝利してきました。

では同じようにアメリカは中国に勝てるのでしょうか。人口で言えばソ連が約二億八〇〇〇万人だったのに比べ、中国はその五倍の一四億人と桁違いに多く、しかも経済成長や軍事力の増強スピードなどを見ると、ソ連より手強い相手だと言えます。コロナ危機と現在の景気低迷の影響はありますが、経済はなお成長していて、幅広い分野で先進的な技術を持つに至っています。

またソ連との全面戦争は、互いが保有する数万発の核兵器で抑止されていました。しかし中国との対立では先ほども述べた通り、核抑止の果たす役割が小さいため、通常兵器での戦いが起こる可能性が高いと言えます。その意味でも、アメリカにとって中国はソ連よりも現実的な脅威と言えるでしょう。

しかし中国は、アメリカという国家の存亡にとって差し迫った脅威ではありません。また核抑止の役割が小さいとは言え、それでも厳然とした核保有国である中国との戦争は破滅的な選択肢です。少なく見積もっても犠牲があまりに大きいため、政治的に「あり得ない決断」です。

ただ今後、台湾への圧力も含め、中国の台頭を放置すれば、いずれアメリカの国益を大きく脅かす可能性は高まるでしょう。であればアメリカは「後で状況が不利になって戦うよりも、いま戦った方がいい」と判断することもあるでしょう。正直、これが直接的な米中戦争の引き金になるとは思えませんが、政治指導者やアメリカ世論が、かつてのスパルタと同じように戦争に前向きになるリスクは決して無視すべきではありません。

実際に今のアメリカ議会では、中国に強気に出た方が有権者から支持されやすい政治状況があります。二〇二三年四月にアメリカ議会上下院は中国の動画アプリTikTokの禁止法案を圧倒的な賛成多数で可決しました。こうしたアメリカ国内の対中強硬姿勢は、中国への抑止力になる可能性はあるものの、逆に中国の反感を招き、さらに中国を攻撃的にしてしまうリスクもあります。物事には〝作用〟と〝反作用〟があるからです。

本書は、概ね（おおむ）「合理的に考えればこうだ」という議論を中心に書いていますが、現実の国際

政治は「感情」や「誤算」でも動きます。アメリカの政治家も世論も感情で動く以上、合理性の範囲を超えて攻撃的になることは十分にあり得るのです。もちろん中国の共産党指導部や世論もそれは同じです。

そして先ほど述べた通り、一方の強硬な姿勢が意図せず他方の敵意を増幅させることもあり得ます。二〇二二年八月にアメリカ大統領継承順位二位のナンシー・ペロシ下院議長（当時）が台湾を訪問したことは、アメリカの支援が中国への抑止力になるとして台湾の蔡英文（さいえいぶん）政権（当時）を勇気づけましたが、同時に習近平政権の怒りを呼び起こし、中国に大規模な軍事演習の口実を与えました。

また二〇二四年五月の頼清徳新総統の就任式の直後にも、中国は同じく台湾を包囲するような大規模軍事演出を実施しました。こうした中国軍の演習と台湾周辺への展開が常態化すれば、戦時と平時の見分けがつきにくくなり、台湾を防衛する軍事的ハードルが上がってしまいます。

そもそも戦争は何がきっかけで起こるか予測がつかないものです。日本人としては中国の脅威が目の前にあるので、「戦争を始めるのは中国ではないか」という先入観が強いと思います。私も個人的にはその可能性が高いと考えます。ただ、歴史の文脈に照らせば日本の同盟国であるアメリカも戦争を始める理由を内在的に持っていることを忘れてはなりません。

過去五〇年を振り返れば、アメリカは自国が直接攻撃されていなくても、先に戦争を始めています。ベトナム戦争もイラク戦争も、先に戦いをしかけたのはアメリカです。ベトナムもイラクも、決してアメリカを攻撃したわけでありません。

逆に、過去一〇〇年でアメリカを直接攻撃して真正面から戦争を挑んだのは、一九四一年一二月にハワイの真珠湾を攻撃した日本と、二〇一一年九月にニューヨークの世界貿易センタービルを攻撃したテロ組織＝アルカイダだけです。

何より、トゥキュディデスが伝えているのは、ギリシャにおいては覇権国が新興国を攻撃して戦争が始まったということです。ペロポネソス戦争は紀元前四三一年、スパルタ王アルキダモス二世がアテネの領土に侵攻して始まりました。現代に置き換えれば、アメリカが中国を攻撃して戦争が始まる展開です。

「トゥキュディデスの罠」は誤りか?

しかし、アリソンが指摘したような「トゥキュディデスの罠」を前提とした考え方は「誤解を招くもので、単純に誤っている」という別の主張があります。トゥキュディデスは、戦争を引き起こしたのは、覇権国スパルタの恐怖だったと結論づけましたが、実は戦争を引き起こしたのはアテネだと言うのです。この議論にしたがえば、米中対立では中国の方が戦争を始める危険性が高いという結論になります。

これはハル・ブランズとマイケル・ベックリーというアメリカの二人の安全保障研究者が打ち出した「デンジャー・ゾーン（危険領域）」という戦略論で語られた内容です（ハル・ブランズ、マイケル・ベックリー『デンジャー・ゾーン　迫る中国との衝突』〈奥山真司訳、飛鳥新社〉）。**二人は、古代アテ**

ネは確かに台頭していたものの、実際の国家というのは「台頭すると同時に衰退し始めることもあり得る」として、スパルタではなくアテネが「衰退への恐怖」を感じ、戦争の原因になったと主張しています。

二人はギリシャ戦争研究で知られるアメリカの歴史学者ドナルド・ケーガンの分析に従い、世界史の教科書で「ペロポネソス戦争」と呼ばれる戦いの前に起きた前哨戦（「第一次ペロポネソス戦争」と呼ばれる戦い）は確かにアテネの台頭が引き起こしたと認めます。しかし、アテネはペロポネソス戦争が起きた当時には既に国家としての台頭を終え、むしろ衰退し始めていたというのです。このためアテネは自らの急速な衰退を恐れ、そうなる前に戦争に打って出たと結論付けています。

そして、中国という国家も、大勢の専門家が考えているより遥かに早く衰退に向かっていると主張します。このため古代アテネと同じように、自分たちが衰退する前に、戦争に打って出るべきだと考える可能性が高いと警告しているのです。中国が予想より早く衰退するならば、米中戦争はより早期に起こるリスクがあることになります。この早期に訪れる危機が高まる期間こそが「デンジャー・ゾーン」（危険領域）だというのです。

確かに現在の中国は、二〇一四年まで続いた「一人っ子政策」の影響で、前例のないほど急激な少子高齢化に直面しています。出生率は日本よりも早いペースで低下していて、一五歳以上六五歳未満の生産年齢人口は二〇〇七年をピークに減少し、総人口も二〇二二年から減少局面に入っています。さらに男性の数が女性よりも約三〇〇〇万人も多く、これが社会を不安定にするとも指摘されています。

人口が急激に減少することは経済成長の大きな制約要因になります。これに加えて、既に中国経済は二〇二三年から二四年に入っても深刻な低迷が続いています。不動産バブルは崩壊し、建設が止まって廃墟(はいきょ)と化したマンションは中国全土で見られる光景となりました。一六歳から二四歳の若者の失業率も二〇二三年六月の時点で二〇%を超える水準まで上昇し、当局は統計の公表を一度やめてしまいました。その後はデータから職探しをしている学生を除くなど、統計を意図的に操作しています。消費も民間投資もかつてのレベルには遠く及ばなくなっており、物価の下落も顕著で、かつての日本のようなデフレに陥っています。上海(シャンハイ)総合指数などの株価は低迷し、海外への資本流出が止まりません。最近は経済に持ち直しの動きも少し見られるものの、状況はなお深刻です。

政治面では習近平への権力集中が進んできましたが、それと同時に人々や民間企業の活動も共産党や政府の指導のもと一層制約されるようになりました。学習塾は突然の営業停止を命じられ、ジャック・マーが経営権を持っていた金融会社=アント・グループの株式公開は強制的に延期させられました。こうした民間企業への当局の介入は長期的な中国の経済的活力を奪っています。

また二〇二三年頃から、メキシコ国境からアメリカに不法入国しようとする大勢の中国人移民の存在に注目が集まっています。経済的な苦境や政治的な抑圧から「中国に未来はない」と感じ、アメリカに逃げ込む人が増えているのです。逃げ出しているのは長引く景気低迷で経済的に行き詰まった〝普通の人々〟が多いとも報じられています。

〝新興大国〟から、衰退しつつあるとされる〝覇権国〟に人が逃げていくのは、直感的に理解しにくい事態です。ましてや広い太平洋を越え、敵対国家でもあるアメリカに国民が逃げていくというのは、やはり中国の衰退を強く印象付ける現象でもあります。

そもそも、世界経済における勢力図を見ても、中国はアメリカに追いつくことが全くできていません。イギリスのシンクタンク、キャピタル・エコノミクスの分析によると、アメリカを中心とした経済ブロック（イギリス、EU、日本、オーストラリア、ニュージーランド）は世界GDPの六七％を占めるのに対し、中国を中心とした経済ブロックは二七％に過ぎないのです。

さらにアメリカと比較した場合の経済データの将来予測でも、中国の勢いの衰えが見て取れます。数年前、日本経済研究センターは、中国のGDPが二〇三〇年代にアメリカを超えると予測していました。しかし、同センターの最新の予測は、成長の鈍化により、もはや中国の経済規模がアメリカを超えることはないと判断しています。つまり中国は台頭しても、経済的に覇権国アメリカを超えることはないというのです。

このように中国が急成長した後に急減速に陥っているのは事実です。ブランズとベックリーは、経済的に行き詰まると政治的な緊張が高まりやすいため、対外政策において中国がより無謀になる可能性があると警告しています。

そして二人は、過去一五〇年間に、一人当たりGDPが七年間にわたり世界平均の少なくとも二倍の速さで成長し、その後七年間で少なくとも五〇％減速した全ての大国の例を調査した

ところ、多くの国が軍事力を積極的に行使し、大戦争の引き金になったケースがあったと結論づけています。これから自分が衰退してしまうと悟った国家は、「やるなら今しかない」と目の前の「チャンスの窓」に無謀にも飛びつくというのです。つまり中国が「台湾を獲るなら今しかない」と考えてしまう事態です。

かつて太平洋戦争を戦った日本も、アメリカに石油の輸出を止められ、「このまま座して死を待つわけにはいかない」との判断から戦争に踏み切っており、この例に当てはまるとも指摘されています。もっともアメリカの国力は日本の一〇倍を超えていて、この戦争が三〇〇万人以上の国民を死に追いやるだけの完全に無謀な試みだったことは、今では多くの日本人が知っています。しかし、追い詰められた日本は実際に無謀な賭けに打って出ました。

このように衰退に直面した中国が、より危険な国になるというリスクは、最近はより頻繁に指摘されるようになっています。ウクライナ戦争はロシアという衰退する帝国が引き起こした戦争ですが、急成長した中国が急速な衰退に直面しているとなれば、同じように戦争を引き起こすリスクがあるというのです。戦争は国内の経済的な困難から国民の目をそらすのにも役立ちます。

この「デンジャー・ゾーン」という戦略論では、急激な経済成長は国家に大胆に行動する能力を付与する一方、経済停滞に陥ると攻撃的に行動する動機が付与されると分析されています。そして、現代の中国もそれらの先例の通り、自分たちの衰退を恐れており、衰退が本格的に訪れる前に、すべきことをする、つまり台湾を手に入れようとする可能性があるというのです。

ブランズとベックリーは、台湾をめぐる中国とアメリカの戦争は二〇二〇年代に起こり得ると警告しています。このため、より短期的な中国の「チャンスの窓」を閉じるべく早期に中国を抑止する必要があると説くのです。

本章の最初に述べた通り、かつてアメリカは中国に対抗する上で、長期間の備えを想定していました。二〇四九年という中国建国一〇〇年を念頭にした「一〇〇年マラソン」です。

しかし、もし中国が予想よりも早く急激に衰退するのなら、今後一〇年間の猛烈な短距離走に打ち勝たねばならないという結論が導かれます。つまり「ゴール」は想定より早くやって来るのであり、「短距離走」という観点からの対中抑止戦略が必要だと考えられているのです。

二〇二三年二月、アメリカのウィリアム・バーンズCIA長官は中国の習近平国家主席が「二〇二七年までに台湾への軍事侵攻を成功させるための準備を人民解放軍に指示したという情報を把握している」と述べています。ほぼ一年後の二〇二四年三月には、米インド太平洋軍のジョン・アキリーノ司令官も同じく中国が二〇二七年までに台湾侵攻の能力を構築する方針を維持し、準備を進めているとの見解を議会で示しました。この年に習近平は七四歳ですが、自分の年齢や権力の持続期間を意識せざるをえなくなっているでしょう。同時に「衰退への恐怖」を感じる国家としての中国も同じ時間軸で動くのかもしれません。

ただ、現実のアメリカ軍は二〇三〇年代以降に必要となる能力の構築に集中しています。これは短距離走ではなく、なお長距離マラソンを走ることを前提にした戦略です。アメリカのような民主主義国家では、軍事予算の獲得には議会の承認が不可欠で、軍事力の向上は短期間では実現できません。このため二〇二七年など早期に戦争が起こる場合は対応できないとの危惧は強いのです。

具体的な対応として二〇二〇年代の中国の侵略を抑止するため、軍の能力強化を担当する専任の台湾担当官を任命すべきとの意見もあります。先ほどのアキリーノ司令官の議会での証言も、政治に警鐘を鳴らす狙いがあるのでしょう。

ここまで述べると、長距離マラソンにせよ、短距離走にせよ、米中戦争は不可避のような印象を受けるかもしれません。

しかし、最も重要なのはあくまで戦争を回避することです。

戦争は一度起こってしまえば、制御は不可能か、あるいは致命的に困難なものになります。戦争は巨大な予測不可能性を生み出します。しかも前述した通り、台湾戦争は始まったら終わりが見えません。兵士でも民間人でも、膨大な数の死傷者が出るでしょう。そして日本の自衛隊員、国民にも死傷者が出る可能性もあります。

最悪の事態は、「米中はトゥキュディデスの罠に陥る」から「戦争は不可避だ」と政策決定者が思い込んでしまい、それによって最悪のシナリオが実現してしまう事態です。

しかし歴史を振り返れば、トゥキュディデスの罠に陥った大国間でも、戦争を回避した事例はあります。戦争は不可避ではありません。アリソンも「戦争は不可避ではない」と指摘しています。世界史に出てくる多くの大国と新興国が、戦争に至らず平和的に覇権を交代しています。何より私たちは、歴史上の人々よりも多くの先例から学ぶことができます。

もっとも、台湾をめぐる米中の軍事バランスを過去に戻すことは不可能です。少なくとも今後数年間において配備可能なアメリカ軍の戦力では、台湾海峡の軍事バランスを根本的に変えることは不可能でしょう。このため、現実問題として政治的・外交的手段を排除することはできません。純粋に軍事的な対応だけに焦点を絞るのは危険です。互いの過剰反応を招くリスクがあるからです。実際にアメリカは国務長官などの政府高官が頻繁に北京（ペキン）を訪問し、緊張緩和に努めようとしています。

アメリカが短期間で軍事力を増強することができない以上、台湾統一を宣言している習近平に、ある程度は国内で面子（メンツ）を保たせるような対応も必要でしょう。習主席が「台湾統一への道は残されている。いずれは統一できる」と国内で説明し続けられる余地を残しておくための対処です。台湾侵攻が最終的には習近平の意思決定に左右される以上、彼を政治的に追い込むことは決して得策ではありません。

同時に、習近平が台湾侵攻のコスト計算を行う際、常にコストが許容できないほど大きいと思わせておかなければなりません。つまり抑止することです。現在アメリカと日本が行っている中国への軍事的な抑止がやはり現実的かつ不可欠な手段となります。

いま必要なのは当面の危機を先送りするため、軍事的な抑止を機能させながら、経済的な抑止を含めた、あらゆる外交努力を続けることです。これは長期的に忍耐が必要な戦略です。習近平が高齢になり、次の穏健なリーダーが登場するまで粘り強く待つことを意味するからです。

近年アメリカで注目を集める防衛アナリストのエルブリッジ・コルビーは、中国の台湾支配という野望を阻止するための「拒否戦略」に焦点をあてるべきだと主張しています。あくまで、アメリカの軍事的・外交的資源を、中国の目標達成を阻止（＝拒否）するために集中すべきだというものです。中国の勢力拡大を阻止すれば目標は達成されるという意味で、受動的かつ現実的な対応で戦争を抑止する戦略です。

いずれにせよ米中戦争の防止は二一世紀の国際政治において最大の課題です。簡単に解決策が見出（みいだ）せるような問題ではありません。

このため次章からは、戦争を抑止するための大前提として、まずは中国がそもそも何を考えているのか、「中国の論理」、ひいては「台湾侵攻の論理」を詳しく見ていくことにします。

北京でロシアのプーチン大統領（左）と握手する中国の習近平国家主席　©新華社／共同通信イメージズ

第　二　章

習近平は侵略戦争を始めるか

——中国と台湾侵攻の論理

中国社会はどうなっているか？～急激なデジタル発展と危機的な停滞

本章では、台湾侵攻を狙う習近平と中国の意図を読み解いていきたいと思います。

二〇二三年の夏に北京と天津を訪れました。その際に抱いた中国の印象は「発展」と「停滞」の強烈な混在でした。近年、中国を訪れた日本人なら誰でも、日本より遥かに進んだデジタル化社会に少なからず驚かされるでしょう。もはや五、六年前の中国とは別の国になっています。

現金は都市部では本当に使われていません。日本でもキャッシュレス決済は普及しましたが、全くその比ではなく、中国はほぼ完全なキャッシュレス社会です。ほぼ全ての支払いはアリペイなどのアプリで行われます。決済アプリに比べて手数料が高いクレジットカードもあまり使われず、**もはやカードは〝旧世代のシステム〟とすら見なされています。**地方でもキャッシュレス化は相当程度進んでいるようです。

これは、商売をする中小零細企業には便利な環境です。クレジットカード会社に高い手数料を払わずに済みますし、小さな個人商店でも、QRコードが描かれた紙を一枚だけ店先に出しておき、スマホのカメラで客がスキャンすれば代金が受け取れます。クレジットカード用の端末を買ったり、リースしたりする費用もかかりません。現金を口座に振り込むためにATMに並ぶ必要もありません。

そんな中国で、私のような外国からやってきた人間が現金を使うとどうなるか。現金を何年も見たことがない若い店員も多く、不衛生ということで嫌がられたり、怪訝（けげん）な顔をされたりします。細かい硬貨は、価値がいくらなのか店員が確認するのを待つことすらありました。

一方、ここまでキャッシュレス化が進むと脱税は不可能です。決済が電子化されれば、政府がお金の流れを完全に把握できるからです。税務署の仕事も効率化されていると推測されます。さらに中国政府は〝デジタル人民元〟の流通を進めており、なかなか浸透はしていませんが、将来的には政府が全ての金の流れを把握し、完全に近い徴税力を得ることもあり得るでしょう。

また、中国人は流しのタクシーを拾うことはしません。全て配車アプリDiDi（滴滴出行）で呼びます。DiDiは高級車からリーズナブルな車両まで価格の異なる四つぐらいのオプションがあり、しかも選択すればDiDiと契約したスーツ姿の専属ドライバーがやって来て、目的地までスムーズに運転してくれます。不当な料金を請求される恐れもありません。さらに、来客を送る「高級車両」のオプションも便利です。欧米のウーバーもそうした機能は実装されていますが、かつてウーバーは欧州でタクシー業界を敵に回して大論争を引き起こした一方、中国のDiDiはまずタクシー会社を囲い込んで着実に利用者を拡大してきました。

日本にもタクシー会社などの配車アプリはありますが、中国のDiDiやウーバーのような高機能は実装されておらず、世界からは何周も遅れている状況です。「日本版ライドシェア」などの議論はありますが、日本ではそもそも、自動車によってお金をとって人を運べるのは基本的にタクシー会社などに限定されており、一般人が他人を運ぶウーバーのようなビジネスモデルは違法です。

やってはいけないこと以外は全部やる国

では、街を走る自動車の市場はどうなっているのでしょうか。天安門に掲げられた毛沢東の肖像画の下をテスラのモデルXが颯爽と走り抜けていきます。テスラもよく見ますが、車両の多くは中国の国産ＥＶです。政府の手厚い支援により、二〇二三年段階で、新車販売に占めるＥＶなどの新エネ車両の比率は北京で約三割、上海では五割近くに上っています。

中国ではＥＶは緑のナンバープレートを、ガソリン車やハイブリッド車は青のナンバープレートを割り当てられます。ただし、青のナンバープレートを取得するにはオークション制が採用されており、例えば上海では二〇〇万円ほどかかってしまいます。逆に緑ナンバーの取得には費用はかかりません。つまりガソリン車を買う方がＥＶを買うより最低でも二〇〇万円ほど高くなるのです。それほどＥＶが優遇されています。

日本車はどうでしょう。トヨタが開発した世界最高性能のハイブリッド車であるプリウスも、中国では青ナンバーとしてしか登録できません。もちろん日本車も走っています。しかしＥＶのラインナップが少ない日本勢は出遅れた格好で、急拡大する市場では存在感を低下させています。

二〇二四年に入ってから、主に北米などでは、ＥＶよりも日本メーカーが得意なハイブリッド車の優勢が顕著です。確かに中国でもプラグインハイブリッド（ＰＨＥＶ）は伸びていますが、それでも成長著しい新興EVメーカーであるBYDなどの存在感はますます高まっています。**中国ではEVが競争過多になっていて、各社が海外市場の開拓を進めているため、東南アジアでは中国製のEVやモーターとエンジンを組み合わせた同じく中国製のPHVが日本車の市場を奪うのでは、とも言われています。**

都市にあるショッピングセンター一階の好立地な場所にショールームを開いているのも新興EVメーカーです。どれも巨大化したスマホのようで、タッチするとドアが開くようなものばかり。車内も、動画を撮影してSNSにアップできるカメラや、派手派手しいランプなど、ここまで必要かというような機能も付いています。当時はこうした五〇〇万円超から二〇〇〇万円近い高級EVが都市部の富裕層や中間層に売れているとのことでした。もちろん充電走行距離もテスラに負けていません。

日本とは買い物の傾向も異なります。中国のショッピングセンターは、もはやモノを買う場所というよりは実際に商品やイベントを体験する場所、つまりコト消費の場所になっています。中国人はモノはもっぱらアリババなどのECサイトで購入し、服はあえて二つのサイズの商品を買い、合わない方は返品するのが普通だと言います。「購入と返品」はルーティンの消費行動になっているようです。

先ほどクルマでの移動について書きましたが、中国の鉄道も大きな進化を遂げています。高速鉄道の北京南駅はスタジアムのような大きさで、発車時刻のたびに大勢の人々がホームに整然と下りていきます。都市部の駅では人々はきちんと列を作りマナーの悪さは感じません。天津へと向かう高速鉄道の最高速度は時速三四八キロで、日本最速の東北・秋田新幹線の最高運転速度＝時速三二〇キロを超えるスピードです。振動も少なく日本の新幹線よりも乗り心地はよいのではと思ってしまいました。日本が世界に誇った新幹線技術は川崎重工などを通じて中国に渡ったと見られますが、もはや完全に現地中国のものになっていると感じました。

時折、事故は起きているようですが、安全への懸念はどこ吹く風で、技術の進歩を最優先にする中国の高速鉄道は広大な中華の大地を走り続けています。とにかく安全重視でリスクを取らない日本と比べ、中国のようにリスクを厭わず技術の発展を最優先させる国家は、競争相手として非常に手強いと感じました。

また私のような海外からの訪問客はホテルでも衝撃を受けることになりました。部屋に料理などを届けるのは全てロボットというホテルが増えているのです。ロボットがエレベータに乗り込んできて上層階に移動するのですが、エレベータのほぼ真ん中で停止するので客には少し迷惑にも感じられます。しかし、これで厨房の料理を部屋に運ぶ単純労働者は不要で、地元の中国人客は慣れているのか気にもしません。日本のホテルでも導入事例はあるかもしれませんが、ごくわずかでしょうし、中国では一般的なレベルに近いところまで普及しているようでした。

こうした自動化や省人化は港湾などの物流施設でも徹底されています。世界屈指（八位）のコンテナ港である天津港のコンテナヤードを走り回る車両は全て自動運転のＥＶ車両です。静かなモーター音しか発しないため、トラックが行き交う日本のコンテナ港と比べても圧倒的に静かです。当然ヤードにほとんど人はいません。クレーンなども全て指令センターから遠隔制御されており、基本的に人は不要なのです。

そして航空機です。天津港からクルマで三〇分ほどの場所には、欧州の航空大手エアバスの航空機組み立て工場があります。ベストセラー機であるA三二〇旅客機が次々と組み立てられ、月に五～六機が出荷されていました。

このエアバスだけでなく中国は国産ジェット旅客機も製造しています。日本の三菱重工が初の国産ジェット旅客機（旧ＭＲＪ）の開発に失敗する一方、中国は既に中国商用飛機（ＣＯＭＡＣ）が二〇〇座席近い中型機Ｃ九一九の開発に成功し、既に国内での商業運航を始めているのです。

アメリカでの型式証明は取れておらず、ほぼ中国国内でしか飛行できませんが、日本にはこのC九一九やA三二〇のようなサイズの旅客機を製造する企業も組み立て工場も全く存在しません。

二〇二四年三月に日本政府は改めて旅客機の開発を目指す方針を掲げましたが、MRJの失敗のように、小型の商用旅客機ですら二〇年近くかけても開発できませんでした。中国はさらに大きな中型機の開発に成功しているのです。それだけの技術をどこからどう入手したかの問題はあるにせよ、航空技術の分野でも国力の伸長は明らかでした。

こうした中国の急激な技術的進歩、社会のデジタル化はなぜ実現したのでしょうか。

外国からの技術の輸入、盗用など既に多くの指摘がなされていますが、私が現地で感じた理由は一つです。中国は「やってはいけないこと以外は全部やる」からです。これは「やってはいけないことしかやらない日本」とは決定的に異なります。やはり、リスクを厭わず「やれることは

全部やる」国は強いと痛感しました。

日本は、経験則上もほぼ起きない「万が一の事故」などのリスクを常に心配し、〝完全な安全〟が担保されない限り物事は進まないことがあります。そんなリスクを取れない日本にとって中国との競争は相当厳しいでしょう。

こうした日本より遥かに進んだデジタル化と急激な成長を実現する一方、中国は超監視社会でもあります。完成したデジタル社会は、全てが政府に完全に監視されていることをも意味します。

監視カメラの数が非常に多いので、交通違反は少なくなっています。逆に、適切な速度で運転すれば、多くの信号が青になるような交通管制が実施されているエリアもあるそうです。

ただ、そうした便利さの裏で、ある人がどこを運転したか、どこを歩いたか、どの店で何を買い物したかという日々の行動から、どのウェブサイトを見たかというネット空間での動きも、全て監視カメラやデジタルデータで監視されているのです。

中国の高速鉄道での移動はパスポートかＩＤカードが必要です。このため誰がどこに移動したのかは政府によって完全に把握されています。また私たちのような日本人記者が目的地に行くと、中国の治安機関である公安が駅で待っていて、取材班の後をついてくる場合もあります。

つまりは、人類史上初の〝デジタル独裁監視国家〟がほぼ完成しているのです。これでは、民主化などの体制を変革するための人々の組織的な運動は極めて困難です。「網格化管理」という地域レベルでの住民の相互監視システムや、隣人の密告に使えるアプリも稼働しています。中

央政府がこれだけの監視能力を持った以上、中国における自由な社会の実現や民主化は実際問題として不可能だと考えざるを得ませんでした。

停滞する中国経済の景色

一方で、中国経済の低迷ぶりも顕著でした。特に二〇二三年から中国経済の停滞・低迷懸念が強まりましたが、現地で見える〝経済停滞の景色〟も凄(すさ)まじいものがありました。

中国の「不動産バブルの崩壊」を伝えるニュースでは、誰も住んでいない高層マンションがどこまでも立ち並ぶ光景が日本でも映像で伝えられていましたが、それらは地方都市の多くで見られる日常的な光景の一部です。天津市内では一一七階建ての超高層ビルの建築が途中で止まり、数百メートル上空で骨組みが無惨にさらされていました。**現地では「中国には人口の二倍の家がある」という冗談を聞くほど、マンション開発が盛んに行われ、多くが誰も住まない廃墟(はいきょ)になっていました。**

なぜマンションばかり建てたのでしょう。理由の一つは、不動産を建てれば、建設業者はもちろん、内装業者、家具メーカーも含めて幅広い産業が潤い、その地域を担当する共産党幹部の成績表である地域ＧＤＰが増加するからです。また不動産価格の値上がりが長い期間にわたって続いたため、投機目的でのマンションの購入も増えていました。このためマンションの建設ラッシュに支えられて経済の過度な不動産依存が起こり、結局はバブルが崩壊して多くの人々が財産を失いました。

先ほども述べたように、中国では二〇二三年夏に一六歳から二四歳の若年失業率が二〇%を超えています。内需が弱く、世界がインフレなのに中国の物価は下がり続け、過去の日本のようなデフレに陥っています。中国は経済の「日本化」を恐れており、ある外資系コンサルティングファームの幹部は、中国の大手企業から「日本は長年のデフレにどう対応したのか教えてほしい」という趣旨の問い合わせが急増していると語っていました。

私が出席した天津での世界経済フォーラム主催の国際会議「サマーダボス」会議では、共産党ナンバーツーの李強(りきょう)首相が出席し、繰り返し中国経済の強さを語り、国内への投資を呼びかけました。しかし、真に受ける海外の投資家はほとんどいませんでした。経済の停滞に加え、共産党の強権支配が強まり、特に「反スパイ法」の改正で自社の駐在員が拘束されるリスクも出る中で、中国への見方は厳しさを増しています。

中国国内でも経済停滞への危機感は強いのですが、財政出動による景気の下支えなどのテコ入れも、政府債務や地方債務の大きさを考えると簡単には実行できないと見られています。「サマーダボス」会議でも、コロナの影響を過小評価すべきではなく、コロナからのリオープンで経済のリバウンドが起こるなどは「現実的ではない」という悲観的な意見が中国人の出席者からも出ていました。

こうした〝内憂〟をかかえる中国ですが、習近平体制はますます権力の集中を進め、対外的には強硬な姿勢を強めています。台湾への姿勢も例外ではありません。中国経済の停滞は世界経済にとってのリスクですが、それで大勢の人が死傷するわけではありません。しかし前章で述べた通り、中国が台湾に軍事侵攻するかどうかは、大勢が死傷する可能性を秘めた国際政治の巨大リスクです。

中国経済の低迷と対外的な強硬姿勢は、まさに前章で述べた「デンジャー・ゾーン」の議論、つまり「自らが衰退する前に台湾を獲りに行く」危険性を十分に想起させるものでした。

中国の軍人が書いた〝侵略の教科書〟を読み解く

では、もし中国が台湾に軍事侵攻するならば、そもそもいかなるロジックで侵攻を正当化するのでしょうか。中国が抱く「台湾侵攻の論理」とは何なのか、基本的な考え方を探ってみたいと思います。

習近平主席は「台湾の祖国からの分裂を断固として阻止し、祖国は再統一されなければならず、必然的に再統一される」などと、台湾を中国に組み入れる意思を何度も強調しています。「必然的に」という言葉に強い決意が滲み出ており、怖さも感じます。

いつ台湾統一を実現するつもりなのか。前章で示した通り、アメリカの情報機関が把握しているとする時期は二〇二七年です。一方で中国側から見ると、この二〇二七年というのは中国人民解放軍の創設一〇〇年の節目であり、習近平主席にとっては中国共産党総書記として三期目の最後の年にあたります。もっとも実際は、二〇二七年に直ちに侵攻が起こるというより、二〇二七年以降はいつ起こってもおかしくない状態だと捉えるべきかもしれません。

中国にとって台湾は「国の一部」なので、軍事的な手段を含め台湾を統一することは、あくまで国内問題への対処であり、当然ながら中国の自由だと主張しています。建前としては、平和的な統一が第一であり、軍事的な統一を強調することはほぼありません。

しかし、本章で見ていく「台湾侵攻の論理」とは、中国が繰り返し主張するこうした平和的な統一の論理ではありません。ある意味で、その基本的なロジックを突き詰めた本音の部分、つまり武力統一の論理です。

注目するのは、習近平主席の考え方のもとを作ったとも見られる軍人の本です。中国国防大学教授で人民解放軍の上級大佐でもある劉明福の書いた『中国「軍事強国」への夢』（峯村健司監訳、加藤嘉一訳、文春新書）を中心に読み解いていきます。

劉大佐は今から一〇年以上前の二〇一〇年に『中国の夢』という本を書いて中国でベストセラーになっています。中国はアメリカを追い越し、打ち勝って世界一の大国になるという内容でしたが、当時の胡錦濤政権が国外の反発を嫌ったのか、この本は発禁処分にされています。

しかし二〇一二年、習近平政権が発足すると発禁は解除され、さらに習近平はこの「中国の夢」に重要な会議で繰り返し言及し、最も重要な政治スローガンに位置付けました。このため劉大佐は習近平の軍師の一人、戦略ブレーンなどと言われ、二〇二〇年にはさらに『新時代中国　強軍の夢』という本を出版しました。

ただ、〝習近平の軍師〟の本ですら共産党の検閲は逃れられなかったのか、新しい本でも台湾統一に関する内容は削除され、劉大佐は言いたいことが十分に言えなかったようです。

そこで、朝日新聞記者だった峯村健司（みねむらけんじ）氏が大佐と交渉して草稿を入手し、その主張を『中国の夢』のいわば続編として日本語でまとめたのが『中国「軍事強国」への夢』という本です。この本には中国語版では記述がない台湾問題も含まれています。

もとは中国の国内向けに書かれたもので、習近平政権への忖度（そんたく）や配慮はある程度割り引くとしても、非常に端的で分かりやすい内容の本です。私個人として内容には全く賛同できませんが、正直に言うと、この本の論理展開は、中国の論理を明快かつ率直に説明していて、「見事」と思えるほどでした。

言論の自由がない中国では、当局の公式発表はどこまでが建前で、どこからが本音なのか推し量るのが難しい時があります。しかし、この本には率直な中国の本音と戦略が赤裸々に書いてあります。日本の自衛隊にとって最大の仮想敵は今や中国人民解放軍ですが、少なくとも現代中国の軍人がここまで率直に書いた日本語の書籍は他に例がなく、その〝敵〟を知る上でも非常に重要な本だと言えるでしょう。

国力なくして平和なし

まず、この本で劉大佐は「軍事闘争の重点と重心を海洋に移さなければならない」「強大な制

海権を手にするために、強大な海軍が必要」だと中国の海軍力の増強を説いています。古くから中国は陸上において国力を伸ばしてきた国家であり、海戦より陸戦が得意な「ランドパワー」＝「大陸国家」でした。このため台湾をはじめ太平洋に進出していくにあたって、海軍力を増強して「シーパワー」＝海洋国家へと自らを変貌させようとしているのです。

日本やアメリカは、歴史的に海を国力伸長のために活用し、海軍の力が強い海洋国家です。今の東アジアの状況は、このシーパワーとしての日米と、ランドパワーからシーパワーへの変貌を遂げようとする中国が睨み合う構図になっています。そもそも台湾をめぐる戦争は、主に海が戦場になるでしょう。もちろんサイバー戦や情報戦、航空戦、ミサイル戦、海岸での戦闘を含む陸上戦など、様々な戦いが想定されます。ただ、台湾島という物理的な土地の制圧を目指す以上、やはり戦いは海が中心です。

そうは言っても、中国も兵士の犠牲は避けたいので、台湾をまずは平和的に統一するのが理想です。習近平主席も基本的には「平和統一」を掲げています。香港に対してそうしたように、大砲の弾は一発も撃たず、兵士の犠牲を一人も出さず、共産党独裁の一部に組み込むのです。

もちろん「平和統一」と言っても、あくまで軍事力や警察力などの物理的暴力に裏打ちされた統一であり、武力での強制です。この点、劉大佐は本の中ではっきりと、海軍力を中心とした軍事力が必須であり、「武力という手段がなければ、平和的統一を実現することは難しい」と「平和統一」の内実を率直に書いています。

そもそも「平和」についての劉大佐の考え方が、日本人のそれとは全く異なります。中国政

府も建前として平和の重要性を強調していますが、実は、根底には極めて現実主義的な「平和」認識があるのです。劉大佐は「『利益』と『国力』こそが、国際関係の本質なのだ。国力を持たずして、誰が平和を与えてくれるだろうか？」と問い、日本のいわゆる「平和主義」とは、いわば真逆の論理を展開します。もはや台湾統一にあたっては、平和は優先されないとすら言い放つのです。少し長いですが、引用します。

「中国は平和的統一を堅持するが、統一は平和よりも尊い」

「平和的統一を堅持するために、台湾独立勢力による分裂と独立を容認するわけにはいかないのだ」

つまり台湾統一のために平和を犠牲にすることも必要だと、はっきりと言っています。そして、中国が定義する「平和」について最も率直に書かれた部分が「平和の区分」という考察です。

「平等、公正、正義の原則に基づいた平和もあれば、妥協、譲歩、屈服、売国、投降によって得られる平和もある。挑発者を前にして、闘争しなければ平和は生まれる。圧迫者を前にして、抗争しなければ平和は生まれる。侵略者を前にして、抵抗しなければ平和は生まれる。つまり、すべての平和が栄光あるものではないということだ。原則を失った平和は屈辱でしかないのだ」

最後の文章は、台湾が統一できていない現状での平和は、中国にとっては「屈辱でしかない」という意味でしょう。その意味では完全に独善的な〝平和〟の定義ですが、一方で、ここまではっきり言われると、どこかすっきりするような感覚も抱いてしまいます。劉大佐が述べるこの「平和の区分」は、率直に言えば国際政治のリアリズムを反映した正論でもあり、反論が難しいからです。

同時に、中国は日本が考えるような「平和」より優先すべき論理を抱えているのが分かります。日本にとって国家間戦争のない今の東アジアは「平和」ですが、中国にとって現状は「屈辱」であり、真の意味での「平和」ではないのです。

国際政治において戦争が起こる大きな原因は、現状のままで良いと考える勢力＝「現状維持勢力」と、現状を変えたいと願う勢力＝「現状変更勢力」の対決です。

「現状維持勢力」は、現在の世界の状態に満足し利益を得ている国々です。「現状変更勢力」は、逆に今の世界に満足せず、現状を変えることで利益が得られると考える国々です。大佐の文章を読むと、まさに中国が「現状変更勢力」であることが分かります。逆に、日本や台湾は「現状維持勢力」です。

こうした中国の論理に、日本のいわゆる「平和主義」がどれだけ対抗できるのか、疑問も湧きます。そもそも日本と中国で「平和」の定義が異なるからです。

一方で、この中国の論理、特に平和の「性質的区分」には、中国自身が侵略者、圧迫者となって台湾の人々に「屈辱的な平和」を押し付けるという視点は完全に欠けています。香港やチベットで自分たちが人々の自由を抑圧する圧迫者であるという視点も全くありません。

そうなると、この区分は、将来、中国の軍事侵攻を受けるかもしれない台湾の人々が「中国に屈服した平和」を選ぶのか、つまり「屈辱的な平和」を選ぶのかの区分にも見えてきます。二〇二三年の総統選挙で台湾独立派の頼清徳新総統を誕生させた民意を見れば、台湾の答えは明らかに「ノー」でした。

〝敵国〟アメリカの歴史を称賛

台湾だけでなく、中国の「平和」統一路線や強硬姿勢は、日本やアメリカから見ても、東アジアの安定という現状を変更する試みでもあり、決して認められるものではありません。このため日本や欧米は中国への批判と牽制を強めています。

ただ、これに劉大佐は強く反論していきます。

「歴史を振り返ると、世界の大国は、分裂勢力を阻止して国家の統一を死守する際、平和的手段によって問題が解決しない場合は、武力行使をしてきた」

つまりお前たちも過去に同じことをやってきたはずだ。だから自分たちを批判する権利はないと言っているのです。確かに、イギリスは近隣の北アイルランドで分離独立の動きを武力で抑え込んで国家の統一を維持してきましたし、フランスもアルジェリアの分離独立を軍事力で阻止しようとした過去があります。植民地支配も含め、特に西側諸国が過去に行ってきた「国家の統一のための武力行使」の実例というのは、枚挙に暇がありません。

ただ、劉大佐が特に注目するのは何より中国の最大のライバルであるアメリカの歴史でした。台湾への軍事侵攻において中国の最大の壁になるのがアメリカですが、意外にもそのアメリカの歴史を大佐は「称賛」しています。

劉大佐が引き合いに出すのは、一八六一年から六五年のアメリカの南北戦争です。これはアメリカの南部、サウスカロライナ、ジョージア、フロリダ、アラバマ、ミシシッピ、ルイジアナ、テキサス州が合衆国連邦から離脱し「アメリカ連合国」（CSA＝Confederate States of America）の建国を宣言して始まった戦争です。開戦後には同じく南部のバージニア、アーカンソー、ノースカロライナ、テネシー州が連合国に加わります。

当時のアメリカの国土の四分の一と人口の三分の一近くを擁する南部が分離独立を宣言するという非常事態で、北部はエイブラハム・リンカーン大統領を総司令官として南部と戦いました。南北あわせて六〇万人超の犠牲を出しながら最終的に北部が勝利し、アメリカは二つに分離せず「一つのアメリカ」にとどまりました。

劉大佐は、アメリカが内戦という多大な犠牲を払いながらも、国家の統一を維持したことで「その後の世界における地位を大幅に向上させた」と評価しているのです。

つまり台湾の武力統一に強く反対するアメリカも、かつては祖国統一戦争で武力によって国の統一を守ったのだから、中国も同じことをやる権利があるという論理です。アメリカ南北戦争がアメリカの内戦だったように、台湾との戦争は、戦闘の性質としても、やはり中国の「内戦」だというのです。

アメリカ南北戦争を詳細に研究した劉大佐は、「戦争を率いたリンカーンは米国の統一を死守した偉大なる大統領だ」とも称賛しています。この論理に従えば、習近平主席がもし台湾統一を成し遂げれば、偉大なる指導者として称賛されることになるでしょう。

実際、習近平は自らの指導者としての地位を過去の鄧小平や毛沢東と並べ、さらには彼らを超えようとしているようです。実は今の習近平には反腐敗運動や、それを利用して自らの権力基盤を強化したこと以外、目立った業績がありません。逆に、極端な「ゼロコロナ政策」の導入や企業活動への介入で経済の活力を奪ったのは大きな失点でもあり、「改革開放」で中国の急成長をもたらした鄧小平とは対照的です。その鄧小平は習近平の父親である習仲勲を権力から排除したとされる人物です。もし台湾統一を成し遂げれば、先人たちがなし得なかった誰も文句を言えない〝偉業〟となり、父の仇でもある鄧小平を〝超えた〟と主張できるでしょう。

では、台湾統一が「平和的な統一」ではなく、戦争による統一なのか、という点はどうでしょうか。六〇万人を超える多大な犠牲を出したアメリカ南北戦争のように中国の台湾侵攻、いわゆる台湾戦争について、大佐は「中国統一戦争」と呼んだ上で、それは「大規模な戦闘になることが必至だ」と言い切ります。なぜか。秦の始皇帝の統一から、漢、隋、唐、宋、元、明、清の時代まで歴史的にも中国では「戦争による統一」が常道で「平和的統一」は稀有だったからだとしています。実際、中国のほとんどの王朝は武力によって打倒されてきました。

中国の武力行使は歴史的に少ないが……

劉大佐は中国の古代王朝の話を持ち出していますが、本書では、あくまで現代の中国について考えてみます。現代中国も、やはり戦争ばかりで本当に妥協はしなかったのでしょうか。先行研究をもとに中国の領土紛争を振り返ると、中国はインド、旧ソ連、モンゴル、ベトナムなどと非常に多くの領土紛争を抱えてきた歴史があり、今も抱えていることが分かります。

現代中国の紛争研究で有名なマサチューセッツ工科大学のテイラー・フレイヴェル教授は、中国は一九四九年以降、二三の領土紛争に関わり、そのうち一七の事例で妥協を追求し、譲歩してきたと結論づけています。つまり現代中国に関しては、大佐の言っていることと実態は少し異なるようです。

フレイヴェルは「中国が領土紛争で武力を行使する傾向が他国と比べて特別強いというわけではない。むしろ中国は、領土紛争において、多くの政策アナリスト、国際関係論や中国の専門家が主張するよりも頻繁に妥協してきたし、武力を行使することも少なかった」と指摘しています。特に九〇年代、国内での社会不安、体制不安がある場合は、より妥協する傾向があったと指摘します。国内が安定していない場合、国家権力は国民の目をそらすため外に敵を作り出して戦争をしやすいという、歴史の直感に反する結論です。意外に感じる方も多いと思いますが、現代中国は領土紛争において、そこまで好戦的ではなかったようです。

そして、当然気になるのが、台湾問題でも妥協の可能性はあるかどうかです。

実は、フレイヴェルも台湾問題については、過去の領土紛争の事例とは全く異なる見方をしています。「中国の指導者たちにとって、国家統一の問題は他のいかなる領土紛争よりも重要なものである。その重要性ゆえに、これらの領域に関して妥協は有効なオプションとは見なされない」と言い切っています。さらに「台湾問題は、中国が関係する領土紛争の中でも、最も軍事衝突に発展する可能性の高いものである」と警告すらしています。つまり台湾問題はやはり特別で、劉大佐の主張のように戦争のリスクは現実のものだと分析されているのです。

「無血の台湾侵攻」と「一国二制度」

では、どのように台湾へ侵攻するのでしょうか。軍事侵攻の方法について劉大佐は、意外にも「上陸作戦は必ずしも必要ない」と書いています。ただ、どういう作戦や戦術ならば上陸作戦がいらないのか、全く明らかにしていません。二〇二四年四月の文藝春秋への寄稿でも、上陸作戦モデルを「超克」し「死者ゼロ」の戦い方でなければならない、などと主張していますが、それまでのリアルな「中国の論理」を聞いた後では、どうしても現実味に欠けた議論に思えてしまいます。

台湾の人々は中国本土の人々からすれば「同胞」であり、軍事侵攻によってその同胞を殺す可能性があるという残酷な真実は、なるべく語りたくないのかもしれません。何より手の内を見せたくないのでしょう。

ただ戦闘による死者を可能な限り出すことなく、台湾を制圧するシナリオこそが、中国が最も好ましいと考えているのは事実です。例えば以下のようなシナリオがあり得るでしょう。

第一に、中国共産党は台湾の独立勢力の動きはもはや無視できないなどと主張し「独立勢力の策謀を阻止する」という実力行使のための大義名分を打ち立てます。

第二段階として、サイバー攻撃で台湾の通信インフラを麻痺(まひ)させて情報を混乱させ、海底ケーブルを切断し外界との意思疎通を遮断します。「中国と戦っても勝てない」「中国による統一は避けられないという」などと、台湾世論を動揺させる認知戦も展開されるでしょう。交通インフラなどへのサイバー攻撃で社会を混乱させることも考えられます。

第三段階として中国の空母艦隊が周辺海域を取り囲んで海上封鎖を行い、台湾へのエネルギーや食料の供給、その他全ての物流を遮断します。台湾はエネルギーの九五%以上を輸入に頼っており、天然ガスの備蓄は二週間程度しかもたないと見られます。海上封鎖によって国内ではモノの買い占めが起こり、ガソリンスタンドにも長蛇の列ができるなど、人々の生活は混乱するでしょう。経済活動も麻痺し企業も甚大な損失を被ります。

もし台湾当局がこの三段階の圧力に屈服し、中国人民解放軍などの駐留を受け入れれば、中国にとっては理想的なシナリオでしょう。大規模戦闘による死傷者が出ない展開となるからです。なお、各段階がその順序で起こるとは限りません。最近は、このように中国が軍事力を直接的には行使しない「戦争未満の強制行動」(the short-of-war coercion course of action)の方が実際に起こる可能性が高く、アメリカでもこちらをより警戒すべきだとの意見も強まっています。

そして、もし中国による海上封鎖が成功すれば、アメリカなどからの台湾島への軍事援助は不可能になります。ウクライナは地続きの隣国であるポーランドから届くＮＡＴＯ諸国の武器、弾薬の供給が生命線となってロシアとの戦争に持ちこたえていますが、台湾には地続きの隣国などありません。武器や弾薬の供給はおろか、燃料も食料も供給されなくなってしまいます。**しかし、海上封鎖が実施される際には台湾軍と中国軍の戦闘、あるいは米軍の参戦も想定されます。これは台湾戦争の勃発(ぼっぱつ)を意味します。**

また、封鎖の後も台湾当局及び軍が抵抗を続ける場合、混乱に乗じて台湾内部に潜伏する人民解放軍の特殊部隊が総統府などを襲撃してクーデターを行う可能性もあるでしょう。中国はそのクーデター政府を「救援する」名目で政府機関や台湾軍、治安機関などへのミサイル攻撃を実施し、直後に人民解放軍が大挙して上陸する展開も考えられます。この場合、流血の事態は避けられません。

劉大佐は、台湾との戦闘に勝利した後、人民解放軍は台湾に上陸し、駐軍して管轄しなければならないとしています。そして台湾併合後の統治は「一国二制度」ではなく「一国一制度」になるとして、中国共産党は法に基づいて「台湾独立勢力をコントロールし、排除していかなければならない」とも書いています（『中国「軍事強国」への夢』）。

この「一国一制度」という大佐の考えは、中国共産党の公式方針＝つまり建前とは異なります。習近平主席は「『平和的統一、一国二制度』は国家統一を実現させる最も良い方法」だと述べていて（『台湾同胞に告げる書』発表四十周年記念大会における談話〈二〇一九年一月二日〉）、つまり台湾を統一した後も一国二制度を続けるとしているからです。

中国共産党は、現在の香港でも「一国二制度」を維持していると強弁しています。しかし自由も民主主義も奪われた今の香港は、中国本土と同じ「一国一制度」に限りなく近いのが実態です。このため劉大佐の方が実直に中国の方針を語っています。

実際に、中国が二〇二二年に公表した台湾に関する白書では、台湾を取り戻し、統一を果たした後も「軍や行政担当者を派遣しない」という九三年と二〇〇〇年にあった文章が消されています。つまり「一国二制度」方針の撤回は既に示唆されていて、この点でも、軍を送ると明言する劉大佐の方が、正確な方針を述べています。台湾が中国に完全に支配されれば何が起こるのか、これで明確に分かったと言えるでしょう。

逆に台湾の立場から見れば、劉大佐が描くような事態は全く認められないもので、現在の台湾の大多数の人々も決して望んでいるものではありません。中国の描く「夢」は、まさに香港と同じで、自由と人権、そして民主主義が奪われる恐るべき「悪夢」です。二〇二三年夏に台北（タイペイ）を取材する機会がありましたが、台湾の大勢の人々が望んでいるのは現在の自由な台湾社会を維持するということです。

なぜ中国人民解放軍はここまで強力になったのか

ここまで「台湾侵攻の論理」を見てきました。いわゆるロジックであり国際政治の分析枠組みである国家の「意図」と「能力」で言えば、「意図」の部分にあてはまります。では、もう一つの「能力」をめぐる論理についても考えてみます。中国の武力＝軍事力はいかなる論理で構築されてきたのか、という点です。

主に参考にするのは、バイデン政権の国家安全保障会議で中国・台湾問題を担当するラッシュ・ドーシの著作『中国の大戦略　覇権奪取へのロング・ゲーム』（村井浩紀訳、日本経済新聞出版）です。

二〇二四年五月、中国三隻目の空母「福建（ふっけん）」が試験航行を開始しました。

中国が海に浮かぶ台湾を侵攻するためには、こうした空母を含む海軍力が重要だという点は劉大佐も指摘していましたが、習近平主席も国家として海軍力の増強に努めてきました。**しかし、実は習近平体制以前からすでに中国海軍は「長い時間」をかけて「段階的に」能力増強を進めていました。**かつて中国人民解放軍に海軍は存在しないも同然でしたが、近年は特に海軍力の増強を熱心に進めています。また、南大西洋が戦場となった一九八二年のフォークランド紛争、そして九〇年の湾岸戦争でのアメリカの戦い方から多くを学び、軍事力をどう構築するかの戦略を組み立ててきました。欧米の戦争から学んできたわけです。

中国人民解放軍にとって最大の課題は、アメリカ海軍を太平洋で撃退することです。

アメリカの強さの象徴は、数十機の戦闘機を擁する空母と、それを護衛するイージス艦などの最新鋭艦で構成される世界最強の空母打撃群です。中国はここまで強大な艦隊をすぐに作り上げることは技術的にできませんでした。

世界最大の軍事大国であるアメリカに追いつくための中国の基本戦略は、まず領域を絞って「非対称戦力」の構築から段階的に始める方法でした。つまり「空母」には「空母」で対抗することはしない戦略です。ドーシは、中国は近海へのアメリカ艦隊の接近を拒否できるようにするための機雷の大量生産と配備から始めたと指摘しています。現在、中国は機雷の保有規模で世界最大であり、笹川平和財団の河上康博氏の分析によると、二〇二三年八月時点では対機雷戦艦艇数も四〇隻にのぼり、既に日米の合計二九隻を凌駕しています。

次に中国は水上艦艇よりも潜水艦を優先的に増強していきます。アメリカ海軍艦艇の戦闘能力、防空能力は世界最高水準なので、水上艦艇や航空機よりも潜水艦のほうが攻撃を受けにくいという判断があったからです。一九九〇年代からロシア製潜水艦の購入などで潜水艦部隊の近代化に取り組み、原子力潜水艦の建造にも成功していきます。

そして二〇二四年現在、中国海軍は九隻の原子力潜水艦を含む七〇隻の潜水艦を運用していると見られます。長時間潜航が可能な七〇隻以上の原子力潜水艦を保有するアメリカにはまだ到底及びませんが、数の上では世界最大規模で、日本の海上自衛隊の潜水艦保有数二二隻を大きく超えています。海上自衛隊は原子力潜水艦を一隻も保有していません。

中国海軍はまず、機雷でアメリカ海軍が接近できないようにし、次にアメリカの水上艦や補給路を攻撃できるよう、潜水艦の増強を優先させたのです。これが実現してはじめて、水上艦艇の増強と空母艦隊の建造・配備へと順を追って強化していきます。これは、まずはコストを抑えて力を蓄えるという面でも理にかなった戦略でした。

秘密裏に進んだ空母の配備

では海軍力の象徴である航空母艦＝空母についてはどうでしょうか。水上艦の増強は進めても、中国はすぐに空母の保有は目指しませんでした。

そこには冷静な自己認識があったからです。見栄を張って空母を運用してもアメリカの原子力空母には到底勝てないし、アメリカの艦艇からの攻撃に極めて脆弱(ぜいじゃく)であると中国は分かっていました。つまり、防空システムが追いつかず、造ったとしても、敵のミサイルや攻撃機によって、沈められてしまうと理解していたのです。だから、無駄な投資はしないと冷静に判断したのです。

ただ、いつまでも空母の取得を目指さなかったわけではありません。共産党指導部も軍トップも、その必要性は認識していました。ただドーシは、空母の取得と建造にあたって中国が、世界に気づかれないようひそかに実行していった実態を明らかにしています。

ソ連崩壊から九年の間に中国は旧ソ連の空母を三隻購入しています。ミンスク、キエフ、ワリャーグの三隻です。ミンスク、キエフは最終的にレジャー施設になりましたが、ワリャーグは改修されて中国海軍の空母・遼寧（りょうねい）となります。

ドーシは、世界に悟られないよう、ワリャーグを遼寧に変えるプロセスは非常に長い時間をかけて実行されたことを明らかにしています。九七年に人民解放軍の意向を受けた中国人の実業家が、海に浮かぶカジノを作るという名目でウクライナに入って交渉し、ワリャーグの船体や設計図などを手に入れます。次の課題は手に入れた空母を中国までどう運ぶかでした。黒海（こっかい）からボスポラス海峡を通過する許可がなかなか下りなかったのです。そこで当時の江沢民（こうたくみん）主席が二〇〇〇年にトルコを訪問し、トルコとの経済協力と引き換えにボスポラス海峡を通過できるようトルコから許可を取ったとされています。中国に曳航（えいこう）されたワリャーグは、二〇〇五年にようやく船体保護のための補修を終え、その後三年近く放置されています。あくまで他国に警戒されないよう、時間をかけてわざと建造を遅らせたようです。

そして、いよいよ中国がこのワリャーグをもとに空母を建造すると決めた出来事が起きます。二〇〇八年のリーマンショック＝アメリカに端を発する世界金融危機です。中国はこのときアメリカの国力にはもはや限界があると感じ、自らの力に自信を深めたとされ、軍事戦略を転換させています。

実際、中国軍はリーマンショックの翌年の二〇〇九年にワリャーグの改修を始めます。このワリャーグは二〇一二年に空母「遼寧」として就役したので、足掛け一五年近くをかけたことになります。空母の基礎構造が完成していたことを考えると、非常に長い道のりだと言えるでしょう。**中国の論理というのは、非常に長い期間をかける大戦略であることが分かります。**

しかし、リーマンショック後に戦略を転換してからの中国の動きは早く、同じ二〇〇九年からは早くもワリャーグをベースに初の国産空母「山東（さんとう）」〇〇二型の計画をスタートさせ、二〇一九年に就役させています。さらに二〇二二年には三隻目（〇〇三型）の福建を完成させ、二〇二四年の就役が予定されています。

空母を建造しても慢心する様子はありません。中国海軍は将来の戦争では「空母は主要な標的になる」とも考えているからです。確かにアメリカの空母は防空能力に優れた何隻もの最新鋭のイージス艦に守られています。しかし撃ち落とせないほどの大量のミサイルによる飽和攻撃であれば、確実に沈められると中国は考えているようです。このため中国は現在、ミサイルの開発と大量生産、そして対艦ミサイルを発射できる水上艦の配備に力を入れています。

ウクライナ戦争では、ロシア軍のミサイルの性能より、その「物量」がいかに脅威かということを世界の国防関係者は見せつけられました。戦争はやはり量が重要であり、それを中国は早い段階で見抜いていたようにも見えます。

また台湾侵攻と制圧を優先課題にする中国軍にとっては、ヘリコプターなどが発艦でき、上陸部隊を輸送して戦闘を行うことができる大型の強襲揚陸艦が必須（ひっす）の戦力と位置づけられ、急ピッチで配備を進めています。ヘリを最大三〇機搭載でき一九〇〇人の兵員を輸送できる新型の〇七五型の建造に着手し、すでに三隻が就役し、四隻目も建造が終わり二〇二三年末に進水しています。

このように中国は独自の論理によって、段階的にかつ長い時間をかけて台湾侵攻の能力を構築しています。二〇～三〇年前から考えると、中国がここまで軍事的に台頭したことにアメリカは驚かされることになりました。

アメリカは九〇年代以降、中国を世界経済に取り込んで利益を得ようとし、二〇〇一年にはWTO（世界貿易機関）に加盟させて経済発展を助け、科学技術を供与し、それによって中国の民主化が進展することを期待していました。

しかし中国は民主化には全く目を向けず、アメリカの技術はしたたかに受け取りながら、世界の工場として経済のグローバル化の恩恵を受け、驚異的な経済成長を遂げていきます。そして、その経済力を背景に軍事力を着々と強化してきたのです。

中国の軍事力が大幅に高まっていることは、アメリカもある程度は気付いていました。しかしアメリカは、中国のWTO加盟と同じ年に起きた二〇〇一年の同時多発テロ後、アフガニスタンでの対テロ戦争や〇三年のイラク戦争など、いずれ敗北することになる不必要な戦いにのめり込んでいきました。中国の台頭に関心を払う余裕がなくなっていたのです。結果として中国への対応は遅れ、冷戦期のような封じ込め政策も取られず、年月を浪費してしまいました。

“韜光養晦”戦略を転換へ

ここまでの中国の動きから見えるのが、経済発展の父として知られる鄧小平が特に重視した韜光養晦という論理です。その意味は「自らの能力を隠して力を蓄える」ということです。鄧小平は、「冷静に観察し（冷静観察）、足場をしっかりと固め（站穏脚跟）、沈着に対処し（沈着応付）、能力を隠して好機を待ち（韜光養晦）、控えめな姿勢を取り（善於守拙）、決して指導的地位を求めてはならない（絶不当頭）」ことを方針に据えました。

これは、空母ワリャーグの改修に時間をかけたように、世界にさとられないよう海軍力を伸ばしたことに端的に表れています。韜光養晦は中国の五代十国時代からの言葉ですが、もはや単なる古典ではなく、中国の国家戦略になっていたのです。この韜光養晦にアメリカも世界もまんまと騙され、中国の軍事的台頭を許したのです。

しかし、習近平政権が誕生してからの中国は、自らの能力を隠すことなく、むしろ世界に誇示するようになっています。これは非常に大きな変化であり、鄧小平が言った、世界で「決して指導的地位を求めてはならない」という方針も事実上、撤回されています。

中国が能力を隠して台頭し、自らの覇権に取って代わろうとしていることに、アメリカは長年気づきませんでしたが、実は、早くから気づいていた国がありました。第一章で紹介した『一〇〇年マラソン』の著者ピルズベリーによると、それはかつてのソ連です。よく知られている通り、冷戦期を通じてソ連は中国に技術を援助する共産主義の同盟国でした。ただ、早くも一九五〇年代には、いずれは世界の覇権を目指す中国の野望にソ連は気づいていたとピルズベリーは指摘しています。中国は当時からソ連を凌駕し、いずれアメリカを超えるつもりだったのです。

この中国の野心に気付いたソ連は崩壊し、後を継いだロシアはウクライナ戦争を始め、今やその中国や北朝鮮の支援が必要な地位にまで落ちぶれたとも言えます。中国は今や、そのロシアを従えて利用し、アメリカに挑んでいます。そして、台湾への侵攻はその象徴的な目標になっているのです。

先ほど二〇〇八年のリーマンショックを見て中国はアメリカに対する経済的優位に自信を深めたと書きました。**この点、政治的には二〇二一年のアメリカ議会襲撃事件を見て、アメリカの民主主義よりも自分たちの権威主義体制の方が優れていると自信を深めたとも言われています。つまり経済・政治の両面で、中国はアメリカを凌駕できるという自信を深めていったのです。**

では、その中国が狙う台湾はいま何を考えているのでしょうか。次の章で見ていきたいと思います。

就任式典で演説する台湾の頼清徳新総統　©共同通信社

第 三 章

中国の圧力に耐えられるか ──台湾の論理

独裁政権の怖さを知る台湾

中国が統一を目指す台湾とはいかなる場所で、人々はいかなる論理を持っているのでしょうか。

台湾を国ではなく「場所」と書くのは台湾の人々には失礼なことかもしれません。台湾の人々は国家だと主張しているからです。

ある場所が国家か国家ではないかの違いは、別の国家が、その場所を国家として承認しているかどうかです。台湾は複数の国から国家としての承認を得ることで、国際法上の国家として自らを定義し、独自のパスポートを発行しています。日本政府が国家として承認していないことをふまえ、本書では国家とは記述しませんが、実際に台湾の政府が機能し、そこに領土と国民がある以上、実態として言えば、台湾は十分に国家と言えるでしょう。

二〇二四年五月に就任した頼清徳新総統は、就任演説で「中華民国（台湾）と中華人民共和国は互いに隷属しない」と述べ、台湾は中国の一部だとする中国の主張を真っ向から否定しました。当然のことながら中国は強く反発し、台湾に「懲罰」を与えるとして、大規模な軍事演習を実施しました。

台湾は日本よりも気温の高い南の島であり、人口は約二三〇〇万人です。**中国本土との間に**

ある台湾海峡は最も狭い場所で約一三〇キロありますが、中国の戦闘機はわずか七分で台湾上空に到達すると見られ、近海では先ほどのような中国の軍事演習が頻繁に実施されています。まさに民主主義と中国共産党の権威主義が対峙する最前線です。

私が現地を訪れた二〇二三年夏、夜のテレビの討論番組では中国軍の戦闘機の能力などを分析する討論番組が盛んに放送されていました。ただ基本的に人々は繰り返される中国の軍事的な威嚇には慣れている様子で、警報が鳴っても「またか」というぐらいの反応で、緊張感はありませんでした。

それも無理のないことです。中国の軍事的な恫喝は過去何十年にもわたって続いてきたからです。台湾の多くの人々は、今から三〇年近く前の一九九六年三月、台湾史上初の直接選挙で李登輝総統が選出された際に中国が大規模なミサイル演習を行ってから今に至るまで、中国が軍事的な脅しを徐々に強めてきたことに慣れています。

だからと言って、台湾の人々に警戒心がないわけではありません。中国の軍事侵攻への恐怖を口にする人も当然います。そして、台湾の人々は中国共産党のような独裁政権の怖さを誰よりも知っています。

近年は特に中国の台湾周辺での軍事演習が活発になっていて、台湾は軍事演習の〝常態化〟を警戒しています。中国による実際の軍事行動と訓練が区別しづらくなっているからです。

台湾が民主化されたのはわずか三〇年ほど前のことにすぎません。一九四九年以降、大陸で共産党との内戦に破れた蔣介石と息子の蔣経国による独裁が八〇年代まで続き、野党の設立は禁止されていました。蔣介石は軍事力を背景とした独裁により台湾をまとめ上げ、蔣経国はその強権支配を維持しつつ経済を発展させていきました。一方で二人とも国民党に反発する台湾住民や民主化を求める人々を激しく弾圧し、多くの血が流れてきました。一九四九年に布告された戒厳令が選挙を実施しない根拠とされ、これを蔣経国が解除したのは四〇年近く後の一九八七年になってからでした。

その後、一九八九年に政党の結成が完全に合法化され、八八年に蔣経国の後継者として総統に就任した李登輝が、直接投票による総統選挙の実施を表明し、先ほど触れた一九九六年の総統選挙で台湾は民主化を達成しました。

つまり台湾の民主主義は、長年にわたる民主化を求める人々の血の滲む(にじむ)ような努力と、そうした人々や学生たちの行動に理解を示した〝最後の独裁者〟である李登輝の英断があって実現したものなのです。

約四〇年にわたる国民党による独裁政治を経験した台湾の人々にとって、独裁権力がいかに怖いかは周知のことだとも言えます。また、若い世代は中国に親近感を抱くのではなく、自分たちは中国人ではなく、もはや台湾人だというアイデンティティを強く持つようになっています。このため台湾統一を説く中国との心理的な距離は遠ざかるばかりです。

世界一の〝半導体国家〟として生き抜く

そして台湾は今や世界のハイテク分野で圧倒的な地位を確立しています。半導体市場における台湾の世界シェアは六五％、堂々の世界首位であり、アメリカの半導体調査会社ＩＤＣによると二〇二五年にはさらに六八％まで高まると見られます。

現代では、家電製品やコンピューターはもちろん自動車から戦闘機まで、半導体なしには何も動きません。最新兵器の性能をも大きく左右する半導体は、もはや国際政治において代替が不可能な重要戦略物資になっています。あらゆる機器の計算処理や記憶処理を担うのが半導体であり、いわば台湾は人類社会の計算能力、記憶能力の七割近くを支えているとも言えるでしょう。

台湾のこの圧倒的な地位を支えているのが、世界最大の半導体メーカーＴＳＭＣ（Taiwan Semiconductor Manufacturing Company Limited：台湾積体電路製造）です。時価総額ではアジア最大の巨大企業でもあります。

二〇一九年からのコロナ禍では、各国経済が大打撃を受けたのとは対照的に、記録的な追い風を受けたのが台湾経済でした。世界中で在宅勤務が当たり前になり、人々が自宅で使うパソコンの需要が激増する中、最重要部品である半導体を製造していたのが、このＴＳＭＣを擁する台湾だったからです。当時ＴＳＭＣはもちろん、台湾の半導体産業は大忙しとなり、二〇二一年のＧＤＰ成長率は六・五三％と非常に高い伸びを記録しました。

翌二〇二二年もマイナス成長に陥ることはなく、二％台の成長を維持しました。円安の影響もありますが、一人あたりＧＤＰが日本を超えるとの予想も出るほど好調だったのです。実際はわずかの差で〝日本超え〟は達成されませんでしたが、特にパソコンやスマホなど世界のハイテク産業を台湾が支えていることはコロナ禍でより明確になりました。今後もＡＩ＝人工知能の開発のために半導体は不可欠な物資であり、台湾の技術力が世界で存在感を発揮し続けるのはほぼ確実と見られます。

ただ台北の街を歩けば、ハイテク国家のわりには経済は中国よりアナログな印象を受けます。デジタル決済ばかりではなく、日本のように現金も頻繁に使われていて、時には現金しか受け付けないタクシーも走っています。

しかしＴＳＭＣの本社と工場がある新竹市を訪れると、台湾のハイテク国家としての顔がはっきりと見えてきます。台北市から台湾新幹線で南に三〇分ほどのこの街は、世界から注文が殺到する半導体景気に湧き、高層マンションも立ち並ぶほどの経済発展を遂げています。

特にＴＳＭＣの工場がある一角は広大で、造船ドックの何倍もあるような工場建屋が道路沿いにいくつも鎮座しています。一つ一つの建屋は巨大で、通りはまるで分厚い城壁に囲まれているような印象すら受けます。近年、ＴＳＭＣはこの新竹だけでなく、南部の台南のサイエンスパークでも製造拠点の拡張を進めています。現地では新竹と同じようにマンションの建設ラッシュが起きるなど、地域経済に大きな恩恵がもたらされています。

半導体最大手ＴＳＭＣの最大の強みが、他社の追随を許さない微細化の技術です。半導体の製造コストや消費電力を下げ、さらに機能を向上させるのが、半導体を極限まで小さくする微細化です。**ＴＳＭＣは韓国のサムスン電子に続き〝三ナノ〟半導体の量産に成功したことで知**

られますが、実際はサムスンよりも高い生産能力を持っていると見られています。一ナノは一メートルの一〇億分の一という電子顕微鏡でしか確認できない小ささで、二〇二三年時点では、三ナノ半導体はTSMCとサムスンのみが量産可能とされています。さらにTSMCは超最先端の〝二ナノ〟半導体の生産でも世界をリードすると見られています。

　そのTSMCが設立されたのは今から四〇年近く前の一九八七年。創業者のモリス・チャンは、アメリカのハイテク企業テキサス・インスツルメンツの幹部でした。台湾当局はモリス・チャンをアメリカから招聘し、世界に通用する半導体企業の設立を要請しました。当時の台湾には町工場ほどの小さな部品メーカーしかなく、世界的半導体企業の誕生と成功など夢物語に思えたでしょう。実際にチャンは資金集めに苦労し、アメリカのインテルや日本のSONY、三菱電機などほぼ全ての大企業から出資を断られたようです。このため台湾当局は、会社設立のため台湾の複数の資産家一族から資金を集めるなどして支援しています。

　今でこそ半導体は国防・安全保障に欠かせない戦略物資だと思われていますが、当時は全くそうではありませんでした。そんな時代、TSMCはまさに政府主導のプロジェクトとして発足しました。**当時の台湾もTSMCがいずれ世界ナンバーワンになることを予想していたとは考えにくいですが、台湾が四〇年近く前から、この新しい戦略物資を武器に生き抜こうと考えていたことは事実です。今となってその戦略は大成功だったと言うほかなく、台湾は〝半導体国家〟としての地位を確立しました。**

　一方で当時の日本はまだ半導体＝工業製品という認識しかなく、政府が〝戦略物資〟として本腰を入れて支援を始めたのは二〇二〇年代になってからのことです。

半導体輸出規制から見える米国の本音

台湾経済は地理的に近い中国との結びつきも非常に強く、台湾の輸出の四割が中国向けで、輸入の二割は中国からやって来ます。そして、中国にとっても台湾は最大の半導体供給元でした。他国と同じようにＴＳＭＣは中国に対しても半導体を供給していたからです。特に中国のファーウェイとその子会社で、世界トップクラスの半導体開発・設計技術を保有していたとされるハイシリコンも、半導体の製造はＴＳＭＣに委託していました。

軍事面で中国と競争するアメリカとしては、中国軍の技術的進化を何とか遅らせる必要があり、そのためには中国への半導体の供給を止める必要がありました。ファーウェイをターゲットにした対中半導体輸出規制は二〇一九年に始まりますが、二〇二二年、アメリカはＴＳＭＣと中国の関係を本格的に断ち切ろうと動きます。対中半導体輸出規制の大幅な強化です。結果としてＴＳＭＣのファーウェイ向け出荷は停止しました。

ＴＳＭＣはアメリカ製の製造装置と設計ソフトを使用しています。このためアメリカの技術を含む半導体製品のファーウェイへの供給はアメリカ政府による事前の輸出許可が必要になり、この許可が下りなくなったのです。ＴＳＭＣにとってファーウェイはアップルに次ぐ第二位の大口顧客で、経営に大打撃になるかと思われました。

しかし、そうはなりませんでした。世界最強のＴＳＭＣの元には、すぐにエヌビディアやクアルコム、インテルなど、アメリカの大手ハイテク企業からの注文が殺到し、生産ラインが埋まったからです。

アメリカとしては、もし中国が台湾に軍事侵攻して新竹のＴＳＭＣ工場が奪われれば、台湾からの半導体供給がストップして多大な打撃を受けることへの懸念もあります。だからこそ台湾を防衛する重要性もあるわけですが、一方で台湾が防衛できなくなる事態に備える必要もあります。

このため、アメリカは中国への半導体輸出を止める一方で、自国へのＴＳＭＣ工場の誘致を急ピッチで進めています。アリゾナ州で五兆円規模の大規模プロジェクトが進行中であり、高いレベルの技術移転も求めていると見られます。現在、半導体の製造拠点が台湾からアメリカや日本など他の国に移転しているのは、米中対立が原因であり、実態はほぼアメリカの都合でもあります。

しかし、アメリカ国内に製造工場ができれば、台湾からするとアメリカはもはや命懸けで自分たちを守ってくれないのでは、との不安が高まります。実際、台北市内で人々に話を聞くと、今のアメリカの動きは「半導体技術を台湾から奪おうとしている」といった声も聞かれます。

かつて台湾には「シリコンシールド」という考え方がありました。「中国が台湾の半導体に依存しているので、中国が台湾を軍事侵攻することはない」、つまり中国の攻撃から「守られる」というものです。

しかし、最近このシリコンシールド＝盾はもはや機能しないと見なされています。中国の台

湾統一の意思は強く、まだまだＴＳＭＣの技術には遠く及ばないとは言え、中国は国内で独自の技術開発を進めているからです。盾が機能しないとなれば、現実問題として台湾は軍事的な防衛能力をより強化せざるを得ません。

そして当然のことながら、台湾としては自分たちの命運を握る半導体産業の保護・発展が不可欠です。世界で最もすぐれた半導体生産能力にも死角がないわけではありません。台湾でも急速な少子高齢化が進んでおり、その影響で長期的な技術者不足に直面する懸念が出ています。台湾当局も人材育成の必要性は認識しており、半導体の研究開発センターを新たに複数開設し、半導体など重点分野関連の学部生定員枠を一〇％、修士課程や博士課程の定員枠を一五％増やすなどの対策を取っています。最終的には毎年一万人の半導体関連人材を育成する方針です。

同時に政府は安全保障の観点から、中国への過度な経済依存を減らすため、民進党政権のもと産業の台湾回帰とＡＳＥＡＮ地域への移転を促進してきました。具体的には中国への投資を台湾に回帰させる場合の支援枠組みを整えたり、あるいはＡＳＥＡＮ諸国に投資先を拡大する動きも後押ししています。

現状維持のためのバランス感覚

では、中国が統一を目指す中で、台湾の人々はいま何を考えているのでしょうか。前にも指摘した通り、**大多数の台湾人の望みは国家としての独立でもなく、中国への従属でもない「現**

状維持」です。共産党独裁国家の中国には絶対に支配されたくはありません。同時に中国は大事な商売相手でもあるので、関係を悪化させたくもありません。

よって、「この二つが両立している現状が最も望ましい」との結論になります。現状が、少しでも一方に過度に振れると、揺り戻そうとする力学が働きます。

詳しく言えば、台湾世論は上記二つの要素のバランスで動き、それぞれを体現する政党があります。整理すると以下になります。

①香港のように中国共産党に支配されるリスクがある以上、中国とは仲良くしすぎてはいけない。時には中国に対して強い態度で臨まなければならない。

②一方で、貿易関係の深い中国とは、ある程度は仲良くしないと台湾経済がもたない。だから中国を怒らせてもいけないので、関係を良く保つ態度も大事だ。

大まかに言えば①を重視するのが与党の民進党で、②を重視するのが野党の国民党です。

二〇二四年一月の台湾総統選挙について言えば、①の観点が重視され、台湾の人々は中国に対抗する姿勢が明確な民進党の頼清徳を総統に選んだと解釈できます。

一方で人々には現実の暮らしがあります。生活にはお金が必要です。つまり経済的な要因であり、貿易での結びつきが強い中国との関係が重要になってきます。このため日本の国会にあたる立法院選挙では②の観点が重視され、頼清徳の民進党ではなく、中国に近い野党の国民党が第一党になったと解釈できます。

また、長く国民党の独裁政権に苦しんだ台湾の人々は、長期政権を嫌う傾向があるとも言われます。特定の勢力が長く権力の座に居座れば、強権的になり腐敗すると知っているのです。その意味では、蔡英文総統のもと八年間政権を担当した民進党を交代させる可能性もありました。しかし結果として、民進党に次の四年間も引き続き政権を委ねることを決めたのは「異例」の出来事だったと言えるでしょう。一方で、日本の国会にあたる立法院は野党の国民党に第一党の地位を与えることで、有権者は〝バランス〟をとったという解釈もできます。

さらに頼総統の就任直後、立法院の権限を強化する法案が可決され、新政権には打撃となりました。野党が攻勢を強めた結果です。

今の台湾では給与所得者の六八％が平均収入よりも低い水準で暮らしているとされ、特に若者の経済的な不満が高まっています。ＴＳＭＣに代表される半導体などのハイテク産業は好調な一方で、人々の間で経済的な格差が広がっていて、新政権にとっては大きな課題となっています。

なお、民進党と国民党のどちらにも投票したくない有権者の多くは第三勢力の民衆党に投票しました。民衆党はかつて民進党の友好党でしたが、中国に融和的な姿勢も見せており、海外から見れば主張が分かりにくいのも事実です。いずれにせよ、その民衆党も①、②のロジックから完全に逃れることはできません。

このように複雑に揺れ動く台湾の民意ですが、実際に台北の街中で人々に話を聞くと、中国の侵略の恐怖を率直に語る人もいれば、景気や日々の暮らしが大事だと語る人もいて様々です。

中国をめぐる政治的な議論は友人の間でも喧嘩や分断を引き起こすこともあります。

また、企業経営者の反応は非常にデリケートです。会社が大きな売上を上げるためには中国大陸の顧客や消費者が重要で、当然、中国共産党の目が気になるからです。一方で中国に批判的な台湾の顧客や消費者への配慮も必要です。このため大企業であるほど、つまり事業が中国市場に依存している企業経営者ほど発言は慎重になります。

とある台湾の大企業トップに台北でインタビューした際、今後の中国との関係についてどう考えるか質問しました。質問自体はありふれたものであり、トップの回答も「平和が重要だ」という趣旨の全く穏当なものでした。しかしその後、会社の広報担当者から「今の質問と回答は放送では使わないでくれ」と言われ、議論になったこともありました。

中国は台湾海峡の向こう側から、こうした揺れ動く台湾の民意をあの手この手で動かそうと常に動いています。

頼清徳総統が就任した後の五月下旬、台湾の芸能人が相次いで「私は中国人」などと発言し、SNSの投稿でも、中国による台湾統一を事実上、支持する出来事がありました。中国共産党のメディアである中国中央テレビが中国版SNSの微博（ウェイボー）に「台湾の独立は死の道」などと投稿し、これを四〇人以上の台湾のミュージシャンや俳優などがシェアしています。台湾の若者の間では批判が殺到し、ネットは「炎上」する事態となりました。台湾の芸能人に対する中国共産党の圧力があったと見られます。

先程の台湾企業の例と同じく、台湾の芸能人もファンの多くを大陸中国に持ち、収入の多くを中国に依存しています。このため、中国から圧力を受ければそれに従わざるを得ない状態な

のです。台湾当局もこうした状況を認識しており、中国の圧力について「中国共産党に対する台湾社会の反感を高めるだけだ」と強く反発しています。

二〇二四年の総統選挙でも、中国共産党のサイバー部隊がSNSなどの情報発信を通じて選挙に介入し、国民党を支援する動きを見せたとされます。過去には中国の地方政府が台湾の農家から農作物を大量に買い付けて、大陸中国の影響力の強さを台湾の有権者に知らしめようとしたこともあります。

今後、中国はこうしたサイバー戦、情報戦、認知戦をさらに強めると見られます。ただ台湾の民主主義は人々が長年の苦闘を経て勝ち取ったものです。中国による水面下の攻勢で簡単に揺らぐことはないと期待したいところです。

核兵器の保有を目指した過去

一方で、台湾の人々にとって、「中国が攻めてきても、結局アメリカは台湾を防衛しないのではないか」という不安は常に燻(くすぶ)り続けています。これまでのアメリカの歴代政権は、中国を刺激しないために台湾防衛の意思についてあえて曖昧(あいまい)にしてきました。バイデン大統領は繰り返し台湾を防衛すると言葉の上では表明していますが、政権が変わればどうなるかは分かりません。長年つきまとってきたこうした不安から、台湾は自己防衛のための核兵器の保有を目指した過去があります。

一九四九年、中国大陸での国民党と共産党の内戦は中国共産党の勝利に終わりました。その後、国民党が逃れた台湾と、共産党が支配する中国が、最初に大規模な戦争状態に陥ったのは一九五四年の第一次台湾海峡危機です。中国は台湾の支配下にある金門島(きんもんとう)に対して砲撃を行いました。すると、当時のアメリカは第七艦隊を出動させ台湾を支援しました。同年一二月には米華相互防衛条約を締結して台湾を防衛する義務も負い、その後、核兵器を台湾に配備しています。

これによって台湾は一定の安心感を得ましたが、一九六四年に中国が核実験に成功すると蔣介石らはパニックに陥ります。中国からの一撃で台湾が壊滅する恐れがあったからです。台湾はアメリカに中国への軍事行動を取るよう求めましたが、アメリカは拒否しました。

それどころか、アメリカは一九七〇年代には中国との関係改善に乗り出し、一九七四年には台湾から核兵器を撤去して七九年には中国との国交を正常化します。ソ連に対抗するため中国と組むことを決めたのです。これによってアメリカが台湾を防衛する米華相互防衛条約は破棄され、台湾に駐留していたアメリカ軍も撤退することになりました。

台湾から見れば、これはアメリカによる裏切りでした。

もっとも一九七九年には米華相互防衛条約の代わりに台湾関係法がアメリカ議会で制定され、アメリカは台湾への武器支援を続けることになりました。しかし、この法律ではアメリカに台湾防衛の義務はなく、台湾の不満は強まりました。

アメリカの裏切りを台湾が黙って見ていたわけではありません。アメリカに見捨てられた場

合の〝保険〟として、かなり早い段階から核兵器の開発に動いていたことが分かっています。

一九六四年に中国が核実験に成功した直後から、蔣介石と息子蔣経国が中心となって「新竹計画」と呼ばれる核開発計画に着手しています。一九六九年にカナダから実験用の原子炉を調達し、核兵器の原料となるプルトニウムの抽出を試みています。

ただ核開発のためには複数の国から関連技術を導入する必要があり、台湾の動きは他国に察知されてしまいます。

アメリカのCIAによる台湾内部での情報収集もあって、もともと情報の秘匿は不可能でした。アメリカは台湾が核開発に動いているとの確たる情報を得て、計画を中止するよう圧力をかけます。台湾は核兵器を開発する意図はないと説明しましたが、アメリカがこれを信じることはありませんでした。開発すれば両者の関係に悪影響が及ぶと強く警告し、一九八〇年代後半に台湾の核開発計画は中止に追い込まれました。

現在の台湾は核兵器を製造も保有もしない方針を掲げています。一九七八年、台湾は日本に次いでアジアで二番目に原子力発電を導入しましたが、現在の民進党政権は二〇二五年までに全ての原発の運転を停止する方針を打ち出しています。野党の国民党は、そうした方針は現実的ではないと批判しています。

核を放棄した台湾とウクライナ

では今後、中国の圧力が強まる中で、もしアメリカが台湾防衛の意思をなくした場合、台湾はどうするのでしょうか。再び核開発を目指す可能性はほぼないでしょう。開発には莫大な費用と月日がかかり、平時においては政治的なコストがあまりに大きいからです。中国に先制攻撃の口実すら与えかねません。それに民進党政権の掲げる脱原発は、核兵器を製造する能力を失うことも意味します。

ただ、あらゆる混乱が作り出される戦争という危機の前では、予見可能なことなど何もありません。戦争が恐ろしいのは、平時においては荒唐無稽な議論であっても、それが現実のものになったりすることです。

ロシアの地上軍が隣国に全面侵攻し、原発を占拠して攻撃からの盾にしたことや、戦場のダムが突如として決壊しウクライナ軍の進軍が阻まれたことなど、戦争の前には荒唐無稽な話でしかなかったでしょう。しかし、いずれも現実に起きたことです。

アメリカによる台湾への究極的な軍事支援は核兵器の再配備です。もっとも、この可能性は現時点では極めてゼロに近いと言えるでしょう。アメリカにとってあまりにコストが大きい選択だからです。

ただ、実際の危機が起こった場合、未来永劫にわたり可能性が完全にないとは言えません。存亡の危機に陥ったとき台湾の人々が何を考えるのか、焦ったアメリカがどんな決断を下すのか現時点で確実に予見することはできません。また中国の侵略を台湾とアメリカが撃退した後、核抑止によって将来の防衛コストを下げるために配備されるかもしれません。

もし過去の台湾が核開発を成功させ、現時点で核を保有していた場合はどうだったでしょうか。その場合、中国の軍事侵攻に対する抑止力になっていた可能性はあります。中台両岸の〝核による平和〟です。

それでも、核抑止が確実に機能するかと言えば、物事はそう単純ではありません。当事国が核を持っていても持っていなくても、戦争は起こってきたからです。過去数十年の核保有国による全ての戦争を振り返ると、いずれも実際に戦いは起こっており、〝核は使用されなかっただけ〟という共通の特徴があるに過ぎません。

一九七〇年代のイスラエルは既に核保有国だったと見られますが、一九七三年の第四次中東戦争でアラブ側に攻め込まれ、さらに劣勢に立ったときでも核は使用しませんでした。中国との国境紛争を戦ったソ連であれ、フォークランド諸島をめぐってアルゼンチンと戦争になったイギリスであれ、二〇〇一年の同時多発テロの被害を受けたアメリカであれ、核保有国であっても他国に攻撃され、他国を核を使わずに攻撃してきたのが二〇世紀と二一世紀の歴史です。

そして、台湾人と中国人は互いのアイデンティティに距離ができつつあるとはいえ、まだ互いを〝同胞〟と見なす人々もそれぞれ多くいます。相手を一瞬で焼き尽くす悪魔の兵器を簡単に使うことはできないでしょう。

ただ、現在も続くウクライナ戦争の一つの教訓は、こうした「核抑止が戦争を防いだかもしれなかった」ということです。かつてソ連の一部だったウクライナには核兵器が配備されていました。ソ連崩壊時にも、四〇〇〇発以上の核弾頭と爆撃機四〇機を保有し、数字の上ではウクライナは米ソに次ぐ世界三位の核保有国だったのです。

しかしウクライナではチェルノブイリ原発事故の悲惨な経験もあって、非核化を求める世論が高まります。また冷戦後の非核化の流れの中で、一九九二年にウクライナ議会はＮＰＴ＝核拡散防止条約への加盟を決議し、非核国となることを選択しました。

一方で、国内では隣国ロシアへの不安から核兵器の廃棄を躊躇（ちゅうちょ）する意見も根強くありました。最終的にはアメリカ、ロシア、イギリスがウクライナの安全を保障することで核兵器を放棄し、一九九六年までに全ての戦術核・戦略核兵器のロシアへの移送が完了します。

そして二〇二二年、ウクライナはロシアの侵略を受けたわけですが、一部では「もし核兵器を保有していれば侵略されなかった」という後悔もあります。

実際、ウクライナに核を放棄させたアメリカは後悔しているようです。当時のアメリカ大統領でウクライナに核を放棄するよう説得したビル・クリントンは二〇二三年四月、「ウクライナが今も核兵器を保有していればロシアが軍事侵攻に踏み切るとは誰も考えないだろう」（None of them believe that Russia would have pulled this stunt if Ukraine still had their weapons.）**と過去の決断に対する自責の念を語っています。**

同じようにアメリカは核開発を放棄させることで、台湾の核武装を阻止しました。万が一、台湾が中国の侵略を受けたときでも、アメリカが過去の決断を後悔するかどうかは分かりません。ただ、歴史において過去の政治的な決断が未来の重大な事態に影響を及ぼした一例にはなるでしょう。

こうした過去の決断をめぐる可能性の議論には何の意味もないと考える人もいるかもしれません。しかし将来の戦争と平和は、可能性のもとでしか議論ができません。**過去の出来事を振り返って、現代にどんな影響を及ぼしているのかを考えることが国際政治では特に重要なことです。今の平和とは、戦争が起こっていない状態のことです。つまり特定の条件のもとに戦争が阻止された状態です。その平和の条件を理解することが戦争を阻止することにつながるからです。**

核兵器の問題はさておき、現実問題として、中国との戦争において台湾は通常兵器で対抗しなくてはなりません。中国軍と対峙する台湾軍の李喜明（りきめい）元参謀総長は、小型兵器などの非対称兵器を充実させることで中国軍に対抗すべきだと主張しています。戦闘機や戦艦、戦車などの大型兵器は標的になりやすく、訓練や実戦配備に時間がかかる上、そもそも物量の上で中国軍に全く対抗できないからです。台湾が非対称兵器で敵に立ち向かう姿は、まさに過去の中国がアメリカに対抗したやり方と同じであり、現在の中国の軍事的な優位性を改めて印象付ける格好になっています。

こうした台湾の軍事的能力については、第一章で紹介した対中「拒否戦略」の提唱者であるエルブリッジ・コルビーが、台湾はＧＤＰのたった二・五％しか防衛予算に割いておらず、「危機感に欠けている」と強く批判しています。二〇二四年五月、台湾の英字紙であるTaipei Timesに寄稿したコルビーは、防衛予算はアメリカですらＧＤＰの三・五％、ウクライナの隣国ポーランドは四％、戦時下のイスラエルですら四・五％だとして、公式な数字でも台湾の一二倍の軍事予算を持つ中国に対抗するには、台湾のそれは全く足りないと指摘しています。さらに李元参謀総長が主張する非対称兵器戦略は、既に公式な方針として採用されているにもかかわらず、台湾軍は今もなお〝大物アイテム（Big-ticket items）〟と呼ばれる戦闘機や大型の水上艦艇など、中国軍の攻撃に脆弱な兵器の購入を続けていて、その戦略も大きく遅れているとも批判しています。

コルビーはアメリカによる台湾防衛の重要性を強く主張する人物ですが、そんなコルビーにとって、今の台湾は何かと〝アメリカ頼み〟で、自分たちの防衛を真剣に考えていないと映ったようです。「**アメリカは台湾に対して、非常に重要な戦略的な利益を有する。しかし、それは死活的な利益ではない。アメリカは台湾防衛に強い利益を有する。しかしアメリカは台湾なしでも生き残れる**」と、**台湾への苛立ちを隠そうとしません。**台湾が自分たちの防衛に本気にならなければ、アメリカ大統領が台湾を防衛すると決断しても、本当に防衛できるかは分からないし、アメリカの国内世論も納得しないと知っているからでしょう。

中国が二〇二七年までに軍事侵攻の能力を構築するとされる中、李元参謀総長とコルビーの主張に共通するのは「台湾には残された時間が少ない」ということです。これは台湾有事に備える日本にとっても、残された時間が少ないことを意味しています。

レバノン国境でメルカバ戦車に乗るイスラエル兵　©新華社／共同通信イメージズ

第四章

世界を敵に回しても戦う暗殺国家
――イスラエルの論理

殺し合いを続ける人々の論理とは

前章までは、これから起こるかもしれない米中の戦争と、その原因となる「論理」について解説しましたが、本章からは、いま起こっている戦争をめぐる「論理」について考えていきます。端的に言えば、今も殺し合いを続ける当事者たちの言い分です。

なぜ特定の国家や集団は話し合いではなく、殺し合いを選ぶのでしょうか。

ウクライナでの戦火が収まらない中、世界は中東のパレスチナでガザ戦争が勃発するのを目の当たりにしました。翌年の二〇二四年春には、イスラエルとイランが史上初めて直接戦火を交える事態にまで発展し、第五次中東戦争の勃発すら危惧される事態となりました。

当初はハマスによって多くのイスラエル人が無差別に殺害されたため、世界からイスラエルへの同情が集まりました。しかしその後、イスラエル軍がパレスチナの民間人の犠牲を厭わない苛烈な攻撃に乗り出した結果、世界はむしろ批判を強めるようになりました。長年にわたってイスラエルを軍事的に支援し、後ろ盾となってきたアメリカですら、イスラエルを全く制御できない状態に陥り、対応に苦慮する有り様です。

その後、イスラエルへの批判は過去にないレベルで高まりました。これまで、イスラエルを批判することは、かつてのホロコーストにつながった「反ユダヤ主義」だとして逆に強い批判を浴びるリスクがあるため、各国の言論人は避ける傾向がありました。しかし伝統的にイスラ

エルを強く支持してきたアメリカの民主党支持者の中でも、イスラエルへの批判は強まりました。アメリカの多くの名門大学でも、学生たちが怒りの声を上げ、警官隊と衝突する騒ぎにもなりました。

　今回の事態の発端は、二〇二三年一〇月七日にパレスチナのハマスと他の五つの武装勢力がイスラエルに対する大規模攻撃を実行し、民間人を含む約一二〇〇人を殺害、約二五〇人を人質として誘拐したことでした。これに激怒したイスラエルは大規模な報復作戦を展開し、戦車部隊と歩兵部隊がガザ地区に侵攻しました。

　イスラエル軍は開戦からわずか二カ月半で、空から約二万九〇〇〇発もの爆弾を投下し、翌年五月時点で三万五〇〇〇人を超えるパレスチナ人を殺害しました。多くの民間人が死亡した原因はイスラエル軍が使用した爆弾の約四割が命中精度の低い非誘導弾だったことが影響していると見られます。民間人の被害を厭(いと)わずに容赦ない攻撃に踏み切ったのです。

　イスラエル軍側も約三〇〇名の死者を出しましたが、恐るべきは、イスラエルの侵攻後、ガザでは数十万人が壊滅的な飢餓状態に陥ったことです。イスラエルは近年でも例を見ない人道危機を引き起こしています。

　中東の秩序は大きく揺らぎ、世界経済も影響を受けることになりました。イスラエルの北側にあるレバノンの武装組織ヒズボラがパレスチナ側に立って参戦し、イスラエル北部でも戦闘が始まりました。同じくアラビア半島の南部イエメンの武装組織フーシ派もイスラエルをミサイルで攻撃し、近海を航行する日本郵船の自動車運搬船を拿捕(だほ)するなどしたため、国際物流網は混乱に陥りました。**さらにイランとイスラエルが前例のない互いへの直接攻撃に踏み切り、事態は一層混迷の度合いを深めることになりました。**

イスラエルが持つ重武装の戦力が大規模に投入され、かつ人命の損失規模も大きいことから、事態は戦争と呼べるものでした。イスラエル軍の攻撃であまりに多くのガザの民間人が死亡したため、オランダにある国際司法裁判所は二〇二四年一月、イスラエルに対し「ジェノサイド＝集団虐殺を防ぐためのあらゆる措置」をとるよう暫定命令を出しました。南アフリカが「イスラエルはガザ地区でジェノサイドを行っている」と裁判を起こしたために出た判断です。

実際にジェノサイドが起きているかどうか、裁判所は認定していませんが、**建前としては人権や民主主義を重視しているとされるイスラエルにこうした虐殺防止の命令が出ることは異例です。**国際司法裁判所は五月にも、イスラエルに対し、ガザ地区南部ラファでの軍事作戦を即時に停止するよう命じていますが、イスラエルは全く従っていません。

さらに、日本の赤根智子裁判官が所長を努める国際刑事裁判所（ＩＣＣ）の検察局のカリム・カーン主任検察官は同じ五月、ガザ地区での戦闘をめぐる戦争犯罪容疑で、イスラエルのベンヤミン・ネタニヤフ首相らへの逮捕状を請求しました。**こちらも、史上初めて、欧米が支援する民主国家の指導者に逮捕状が出たという意味で、極めて異例の事態です。**

ウクライナ侵攻を決断したロシアのウラジーミル・プーチン大統領には既にＩＣＣの逮捕状が出ており、国際法上、ネタニヤフ首相がプーチン大統領とほぼ同じ位置づけになった格好です。

確かに象徴的な意味合いが強いとはいえ、少なくとも世界には「民間人は虐殺してはならない」という国際法のルールが存在し、国を問わず適用されることを示したという意味では、重要な出来事でした。

逮捕状はイスラエルのヨアヴ・ガラント国防相、ハマスの政治指導者イスマイル・ハニヤ氏と軍事部門トップのモハメド・デイフ氏、ガザ地区における指導者ヤヒヤ・シンワル氏らも対象となっています。なお日本はＩＣＣ規程（国際刑事裁判所に関するローマ規程）の当事国なので、もしネタニヤフ首相に逮捕状が出され、彼が日本国内にやってきた場合は、身柄を拘束してＩＣＣに引き渡す国際法上の義務があります。このため、ネタニヤフ首相が訪日することは今後ほぼなくなるでしょう。

では、なぜイスラエルは、子供や女性を含むパレスチナの民間人が大勢殺されても、ガザで数十万人が飢餓状態に陥っても、容赦ない戦いを続けるのでしょうか。そして、なぜハマスは民間人を狙う非道なテロや抵抗を続けるのでしょうか。過去を振り返り、イスラエルを建国したユダヤ人と、ハマスを支持してきたパレスチナ人の両者の論理を見ていきます。

ユダヤ人とパレスチナ人の仮想対話から見える双方の論理

ユダヤ人とパレスチナ人は、基本的に土地をめぐって殺し合っています。

ユダヤ人とは、ユダヤ教徒またはユダヤ教に改宗した人あるいは母親がユダヤ人である人を指します。パレスチナ人とは、今のイスラエル領土を含むヨルダン川から地中海(ちちゅうかい)に至る土地に長年住んでいた人々です。

この両者が互いに、上記の土地を「自分たちのものだ」と主張しているのです。確かにパレスチナ人は長年その土地に住んでいました。一方で少数ですがユダヤ人たちの一部も長年そこに住んでいました。さらにユダヤ人たちは、「その土地は大昔に自分たちの祖先が住んでいた場所であり、自分たちはそこに〝戻った〟だけだ」とも主張しています。

私たち日本人にとって、土地をめぐって殺し合うのは理解が難しいことかもしれません。日本列島の土地は最初からそこにあったからです。鎌倉時代の元寇や第二次大戦後のアメリカの占領はありましたが、国土の大部分が他者に侵略されたり、蹂躙されたりした経験はありません。

しかし、世界は違います。土地をめぐって何千年も殺し合ってきたのが人類の歴史です。

パレスチナ紛争に関しては、情報があまりに多く、どれだけ説明しても「これで十分」ということはありません。万人を納得させるような説明は困難でしょう。

本書では、両者がいったい何を言っているのか、可能な限り要点のみ分かりやすくするため、まず、イスラエルを建国したユダヤ人と、そこに住んでいたパレスチナ人の会話によって説明することを試みます。

ユダヤ人

「この土地は約三〇〇〇年前に祖先が王国[*1]を築いていた場所だ。そして、聖書によって約束されたユダヤ民族の帰るべき故郷である。[*2] もともと少数の我々の仲間もずっとここに住み続けてきた。誰にでも住む場所が必要だ。だから我々はここに住む権利がある」

＊1　紀元前一〇〇〇年頃に成立したユダ王国を指します。
＊2　旧約聖書「創世記」では神はイスラエルにナイル川からユーフラテス川までの全ての土地を与えたとしています。また、「出エジプト記」二三章三一節においても神がユダヤ人の始祖でもあるアブラハムに土地を与えると約束する記述があります。

パレスチナ人

「それはおかしい。そもそもユダヤ人たちは二〇〇〇年近くこの土地を不在にしていたはずだ。[*3] その間この土地で暮らしてきたのは我々だ。あなたがた少数のユダヤ人が住んでいた場所はずっと小さな土地だった。なのに、一〇〇年ほど前から突然、大挙して押しかけて私たちの土地に勝手に住みはじめたのだ。そもそもこの土地は我々パレスチナ人の土地である」

＊3　ユダヤ人の大多数がヨーロッパなどに離散していたことを指します。

ユダヤ人

「確かに、長い間自分たちの大多数は土地を不在にしており、少数の仲間しかパレスチナの土地には残らなかった。しかし、やむを得なかったのだ。ローマなどに侵略されて土地を追われ、二〇〇〇年近くヨーロッパなどに避難しなければならなかった。それはユダヤ民族への迫害のせいであり、我々はナチスによる虐殺で民族絶滅の危機にも直面した。我々ユダヤ人が安全に生きていくためには住む土地がどうしても必要だった。ようやく大勢でこの〝故郷〟に戻ってきて安全に暮らせるようになったのだ」

パレスチナ人

「迫害されてきたから、虐殺されたから、人の土地に勝手に住んで良いという理屈は成立しない。しかも、ユダヤ人たちは最終的には国家までつくり、国外から大勢の仲間を呼び寄せて、今やその領土を超える部分も占領して住み始めている。[*4] 占領された土地に住んでいた我々パレスチナ人は家を追い出され、耕した畑も水源も人権も奪われている。今ユダヤ人に迫害されているのはパレスチナ人の方だ。こんなことが許されるはずはない」

＊4　パレスチナにユダヤとアラブの二国家を作るという一九四七年の国連決議「パレスチナ分割決議」により、本来ヨルダン川西岸地区はパレスチナ人が住むはずでしたが、実際はその土地の約六〇%が、イスラエルに占領され、その支配下にあることを指します。

ユダヤ人

「自分たちは決してパレスチナ人の土地を勝手に奪ったわけではない。一九四七年の国連決議[*5]によってこの場所で国家をつくることが認められている。つまり自分たちは認められた範囲で国家をつくっただけだ。すると、どうなったか。突然、パレスチナ人やアラブ諸国の軍隊が攻め込んできたではないか。[*6] つまり戦争を最初に仕掛けてきたのはパレスチナ人やアラブ諸国だ。

我々イスラエルはただ防衛のために戦わざるを得なかったのだ。我々は勝利したが、自分たちはやはり危険な環境にいるのだと分かった。だから自らの安全を確保するためにも、そして国外から移民としてやってくる同胞たちが住むためにも、領土を超えた占領地が必要だ。こうした理由で、我々はイスラエル建国時の領土の場所を超えた土地を占領し続けるのだ」

＊5　一九四七年の国連決議「パレスチナ分割決議」を指します。
＊6　一九四八年の第一次中東戦争を指します。

パレスチナ人

「確かに我々は建国直後のイスラエルに攻め込んだ。そして敗北した。しかしイスラエル建国前からユダヤ人によるパレスチナ人への苛烈な攻撃があった。さらに一九四七年の国連決議は少数だったユダヤ人に半分以上の土地を与えるものであり、アラブ諸国はそもそも反対していた。イスラエル建国を認めた国連決議はイギリスやアメリカの多数派工作によるものだ。

そもそもユダヤ人を迫害してきた欧米の過ちを、特にホロコーストという大罪を、私たちパレスチナ人が償わなければならないのはおかしい。

イスラエル建国は我々にとって大惨事でしかなかった。戦争後のイスラエル領土を超えた土地の占領はもはや数十年にわたり続いている。「占領は終わらせるべきだ」との国連決議[＊7]も出され、多くの国が支持した。そんな占領が認められるわけがない。ましてや海外の移民を受け入れるための占領などあり得ない。つまりユダヤ人たちは違法に占領した我々の土地にあまりにも長く居座り続けている。地球上のほとんどの国家がこの国連決議を支持しており、イスラエルは国際法に違反し続けているのだ。

それに、国際社会はこの土地にイスラエルだけでなくパレスチナ人の国家の建設も求めている。我々にも国家建設の権利がある」

*7　占領地からのイスラエル軍の撤退を求める一九六七年の国連安保理決議二四二を指します。

ユダヤ人

「あなたは『国連決議は多数派工作の結果だ』などと主張するが、あらゆる国連決議の裏でそうした政治的な動きがあるのは当然のことだ。確かに二つの国家での解決に我々も一度は同意した。しかしいつまで経ってもパレスチナ人は国家を建設できないではないか。つまり二国家解決など不可能なのだ。パレスチナの統治機構は腐敗していて、指導者はほぼ変わらないし、人々の支持も集められていない。*8

自分たちに統治能力がないせいで、テロ組織のハマスを台頭させる結果になった。ハマスは常に暴力しか頭にない。和平合意の後でもすぐにテロを引き起こす。

つまり、現実問題としてパレスチナはイスラエルにとっての脅威でしかないのだ。ハマスの自爆テロ、ロケット攻撃は何十年も続いてきた。大勢のイスラエル市民がテロ攻撃の犠牲になってきた。そうしたパレスチナ側の攻撃の正当性など、国際社会は全く認めていない。むしろ非難している。特に二〇二三年一〇月のハマスの攻撃は罪のない民間人がターゲットだった。ハマスは大勢のイスラエル市民を無慈悲に殺し、大勢を人質として誘拐した。これこそ国際法に違反する非道な行為だ。我々イスラエルの軍隊は民間人だけをターゲットにした軍事作戦を行ったことはない。

もはや対話など無意味なのだ。だから軍事力で徹底的に殲滅（せんめつ）するしかない。我々はガザ地区に侵攻して、ハマスを根絶やしにするために戦うしかなかった。ハマスは完全に壊滅させる。作戦は大規模で広範囲になる。だから、多少のパレスチナ人の民間人に犠牲が出てもやむを得ない。結局は戦うしかない」

＊8　パレスチナ自治政府のトップ（アラファト議長、アッバス議長）が長期政権を築き、選挙も十分に実施されてこなかったことを指します。

パレスチナ人

「一〇月七日の攻撃はイスラエル軍を標的にしていたものであり、同時に民間人も攻撃対象になっただけだ。イスラエル軍もハマスの戦闘員を攻撃し、結果として多数の民間人を殺害している。結果は同じだ。二〇二三年一〇月以降、イスラエル軍がガザへの侵攻で殺害したパレスチナ人の数は三万五千人を超え、一〇月にハマスが殺した人数を遥（はる）かに上回っている。しかも大勢が民間人だ。明らかにやりすぎだ。国際社会もそう考えている。

仮にイスラエル軍が民間人を直接の標的にしていないと言っても、そもそもパレスチナ人は誰も信じないし、あまりに多くを殺してきたのは揺るがない事実だ。過去にはイスラエル軍による明らかな虐殺もあった。

我々に国家をつくる能力がないなどと言っているが、そもそもイスラエル政府がパレスチナ国家の建設を認めていない。さらには建設を妨害している。ガザ地区やヨルダン川西岸の占領で我々パレスチナ人を閉じ込めているのはイスラエル人だ。自由を奪い、経済活動もできない状況に我々を追い込んでおいて、よくそんなことが言えたものだ。我々は土地を奪われ、移動の自由もなく、物資を運び込むことも、持ち出すこともできず、水源も奪われている。そんな絶望しかない状況で人々に物資を配り、生活を支えてきたのがハマスだ。

確かに全てのパレスチナ人がハマスを支持しているわけではない。今回の攻撃とイスラエルの激しい報復を見て反発している人もいる。ただ我々はあまりに長い間、絶望にさらされてきた。そして今、さらなる絶望を感じている。

和平合意を破壊するのはイスラエルの方だ。和平合意を結んだイスラエルのラビン首相を殺害したのはパレスチナ人ではない。狂信的なユダヤ人だったではないか。[*9] 話し合いの結果で生まれた和平が破壊されるならば、戦うしかない」

＊9　パレスチナとの和平合意を実現したイスラエルのラビン首相がユダヤ人青年の銃撃で暗殺されたことを指します。

どちらが正しいのか

全く主張が噛(か)み合わない両者ですが、最終的には双方ともに「戦うしかない」との結論で一致してしまったようです。現実の世界でも、殺し合いが続いています。

互いの主張はそれぞれ事実を含みますが、イスラエルが国際法に違反してヨルダン川西岸の大部分を入植地として支配しているのは厳然たる事実です。この認識は、国際社会で圧倒的多数の国家によって支持されています（アメリカはトランプ政権時に「入植活動は違法ではない」と見解を変更しましたが、その後のバイデン政権は「違法である」と従来の見解に戻しました）。

イスラエル政府は、この不法に占領している土地を「入植地」として大勢の国民を移住させています。当然ながら、この入植も国際法違反です。つまり土地を巡る争いでは、国際法的にはイスラエルが違法行為を行っており、パレスチナ側の主張が正しいと言えるでしょう。

一方で、国際政治の歴史を振り返ると、世界ではいつの時代も土地をめぐる戦いの連続でした。殺し合いに勝った集団が多くの土地を獲得して大きな国家を築き、負けた集団はより小さな場所に追いやられるか、住む場所を失って離散するか絶滅してきたのが現実です。

しかし、現在の国際社会ではこうした〝現実論〟などで問題を片付けることはできません。国家が武力によって領土を獲得してよいということになれば、世界の秩序は崩壊します。ウクライナを侵略するロシアの行動を認めることにもなります。やはり、最終的には国際法というルールと政治的な妥協による解決しかありません。イスラエルは違法な占領をやめなければなりません。

その国際法というルールについて言えば、イスラエルもハマスも両者ともに民間人の殺害など非人道的な行為を繰り返してきたのは事実です。両者とも国際法に違反した行為を繰り返しています。

一方の政治的な妥協については、イスラエルもパレスチナも何度も話し合いを持ち、和平合意が結ばれてきました。イスラエルにもパレスチナにも、自分たちの主張を押し通すだけでは問題が解決しないと理解している人たちがいるからです。さもなければ殺し合いだけが続くことも分かっています。

このため何度も和平交渉が行われ、実際に何度も和平合意が取り交わされてきました。一九九三年の「オスロ合意」が代表的です。しかし、そうした平和の約束は何度も破られてきました。

なぜでしょうか。

理由の一つは、パレスチナ、イスラエルの両方に「妥協を拒否する人々」がいるからです。まず、入植地に住むようになったユダヤ人たちは、自分たちが「国際法に違反する土地に住んでいる」とは決して認めません。入植者たちは政府の入植政策を支援するイスラエルの政党に投票し、そうした政党がイスラエル政治で大きな力を持っています。彼らはパレスチナ側との妥協を拒否します。

実際に、イスラエル建国史上、最長の首相在任期間を誇るネタニヤフ政権は、ますますそうした占領地域の住民の支持に支えられるようになっています。ネタニヤフ首相とその支持者らは国際法に違反しているかどうかなど、全く気にしません。これが平和を妨げる問題の核心でもあります。

一方でパレスチナ側も、特にハマスなどの武装組織は基本的にイスラエルとの妥協ではなく暴力を選んできました。もっとも戦うしか選択肢がなかったという面もあります。

いずれにせよ妥協しない両者は、自分たちが勝つまで戦い続けると主張し、永遠に剣を取ることを選択しているのです。

原則として、双方が妥協し、イスラエルがパレスチナに占領地を返還し、パレスチナ国家を樹立する「二国家解決」で決着させるしかないというのが、国際社会の基本的な了解事項です。土地と平和の交換です。しかし二〇二三年一〇月のハマスの攻撃を受け、イスラエルのネタニヤフ首相はパレスチナ国家の樹立を否定し、二国家解決はもはや認めない考えを鮮明にしています。

「殺られる前に殺れ」

こうした点もふまえて、それぞれの論理を見ていきます。まずは「イスラエルの論理」です。なぜイスラエルは容赦ない攻撃を続けてきたのでしょうか。なぜ数万人規模のパレスチナ人を殺害してまで、軍事行動を続けるのでしょうか。なぜ国際法に違反しながらも、占領を続けるのでしょうか。

先ほども述べた通り、今回の軍事行動の理由は二〇二三年一〇月に、イスラム武装組織ハマスが、イスラエルの民間人を大勢殺害し拉致(らち)したことに対する報復です。軍事行動は人質を救出するためであり、国の安全を取り戻すためです。

しかし、「そこまでやるか」と思った人は多いでしょう。実際にイスラエル軍の作戦範囲は、当初はガザ北部が中心と見られていましたが、最終的には南部を含むガザ全域に及び、最初の攻撃で避難していた人たちすらも、容赦なく死の淵（ふち）へと追い詰められていきました。これは多くの専門家の予想を超えるものでした。

そして、もう一つ目を引いたのは、パレスチナ人の犠牲者が増えることに対して世界から強い非難を浴びても、イスラエルがそれを気に掛けていないことです。これは本章で説明する「イスラエルの論理」が大きく影響しています。この論理がイスラエル国内の公教育を通じて広く国民に共有され、同時にイスラエルにとって不都合な事実が国民に共有されていないことが根底にあると考えられます。

また、基本的に今回の軍事行動はネタニヤフ首相の決断によるものです。ハマスに対して徹底的に報復することで、今後の攻撃を抑止する狙いがあります。

ただ、ネタニヤフ首相はハマスの攻撃が起こる前の時点で、汚職疑惑などで世論の支持を失い、政治的に追い詰められていました。このため、ガザでの軍事行動をテコに世論を結束させ、不法に占領した土地に住む住民のさらなる支持を得て、政権の延命を図ろうとした可能性が高いでしょう。自らを支持するアメリカのトランプ前大統領が二〇二四年一一月の大統領選で再選されることを待ちながら、少なくともこの延命戦略をとる可能性があります。つまりネタニヤフは、この状況を利用しているのです。

そもそもイスラエルは、現在のネタニヤフ政権が発足する二〇二二年までの過去三年半で五回もの総選挙を実施しています。世論の分断もあり、選挙後にどの政党も政権を立ち上げることができない前代未聞の政治混乱の中にありました。そうした中、ネタニヤフ政権が多数派維持のため、違法な入植地の居住者に支えられ、極端な意見を持つ政党を取り込んで組閣を行ったことが事態悪化の遠因となっています。

それでも、一〇月七日の攻撃後、ネタニヤフ首相の決断を多くのユダヤ人が支持し続けていることも事実です。イスラエルの主要メディアも基本的には軍の行動を支持しています。イスラエルの報道機関が公平な報道をしているとは全く思えませんが、これもイスラエル国内で受け入れられています。

これら全ての根底には、それが正しいかどうかは別として、ユダヤ人が歴史的に持っている「内在的な論理」があります。端的に言えば、今回のハマスの攻撃は、ユダヤ人たちが持っていたその論理、つまり恐怖心と生存本能に火を付けたのです。

ユダヤ人が歴史的に強く抱いてきたこの生存本能が日々のニュースで取り上げられることは、ほぼありません。説明に時間がかかるためですが、本章ではやや詳しい説明を試みます。

本章の解説は、パレスチナ人の立場から見ると到底納得できない部分、怒りを覚える内容も含まれます。家を壊され、家族を殺されたパレスチナ人から見れば、イスラエルは容赦ない殺人国家です。ここからの解説は、あくまでイスラエルの目線、イスラエルが掲げる正義の立場の目線だということを断っておきます。

同時に、本章は全てのイスラエル人の行動や論理を説明するものでもありません。当然のことながら、イスラエル国内にも、ユダヤ人社会にも様々な意見があります。特にユダヤ人社会は世俗的な考えを持つ人々から、宗教的な教義の下に生きる人々などを含めて多様です。パレスチナ人への敵意を剝き出しにする人々もいれば、ガザでの軍事行動は「やり過ぎだ」と批判的に考えているユダヤ人も多くいます。その点についても断りを加えておきます。

まず、イスラエルの論理を端的に要約する一文から紹介します。

「誰かが殺しに来たら、立ち向かい、相手より先に殺せ」

かなり強烈な印象を受ける一文ですが、これはユダヤ教の聖典のひとつである『タルムード』の一節、「サンヘドリン」篇七二章一節の文章です。

当然、原典はヘブライ語ですが、英語では、「If someone comes to kill you, rise and kill him first.」、つまり「殺られる前に殺れ」という意味です。イスラエルの首相や閣僚などの政治指導者、そして軍や情報機関の幹部は、ある意味でこの論理をもとに行動しているとも言えます。

なお、この「Rise and Kill First」は、早川書房から出ているロネン・バーグマンの『イスラエル諜報機関　暗殺作戦全史』（小谷賢監訳）という有名な本の原題でもあります。この本はモサドやアマンなどイスラエルの諜報・情報機関が実施してきた暗殺作戦や軍事行動を詳しく記述した本ですが、著者のバーグマンが執筆のため軍や諜報・情報機関の幹部にインタビューした際、彼らの口からこの一節がよく出てきたと言います。

バーグマンの本はイスラエルの暗殺作戦の実態を、ここまで書くかというほどに暴いており、イスラエル政府が出版を妨害しようとした著作でもあります。内容は非常に豊富で読み応え（ごた）があり、二〇二三年一〇月以降にイスラエル周辺で起こった状況をより深く理解したい人にはお勧めの一冊です。

武人政治の国家

では、なぜイスラエルの指導者たちは「殺られる前に殺れ」という論理を自分たちの行動指針にしたのでしょうか。もちろん、どの国の政治指導者も国家と国民を防衛する役割がありま す。ただ、特にイスラエルの政治家や政府機関の指導者たちは、何十年にも渡って実際にこの国家防衛の義務を果たさなければなりませんでした。今もそうです。

イスラエルは過去に何度も戦争をしかけてきた敵国（アラブ諸国）や、今も攻撃を続けるヒズボラやハマスなどの敵対組織に国土を囲まれてきました。さらに、自分たちが土地を奪ったせいで、イスラエルを強く憎むようになった大勢のパレスチナ人たちがすぐ近くに住んでいます。

「敵」が近くにいる以上、現実問題として、先に殺らなければ殺られるという実感は、イスラエルの過去の経験に由来しています。イスラエルは生まれながらにして戦うことを宿命づけられた国家なのです。

国が生まれた瞬間、つまり建国の翌日から周辺諸国に戦争をしかけられています。一九四八年五月一四日にイスラエルが建国された翌一五日、周辺国のエジプトやヨルダン、シリア、レバノンなどアラブ諸国の軍隊がイスラエルに攻め込みました。これを第一次中東戦争と呼びます。これ以来、イスラエルは四度もの戦争を経験してきました。まさに「殺さなければ殺される」状況に何度も直面してきたのです。ここから、以下のような論理を抱くようになったのです。

「自分たちは国家がなければ生き残れない。そして国家を持った今でもなお自分たちは常に存亡の危機にあり、戦わなければ生き残れない。だから、たとえ世界を敵にまわしてでも戦い続ける」

イスラエルでは、首相をはじめとした多くの政治指導者が実戦経験のある元軍人です。男女ともに徴兵制のある国なので、指導者が元軍人というのは当然ですが、特に歴代のイスラエル首相には、軍の中でも最前線に立つエリートである特殊部隊の出身者が複数いるのは無視できません。特殊部隊員は、軍のイデオロギーを体現する存在でもあり、「確実に相手を殺す」意識がひときわ強い集団でもあるからです。

例えば現在のベンヤミン・ネタニヤフ首相は、イスラエル軍の最強部隊と言われるサイェレット・マトカルの元隊員です。同じくナフタリ・ベネット首相（二〇二一―二二年）、エフード・バラク首相（九九―〇一年）もサイェレット・マトカル出身です。イスラエルでは首相の次に国防相が重要な閣僚とされていますが、ネタニヤフ政権のヨアブ・ガラント国防相も海軍の特殊部隊として名高いシャイェテット・一三の元隊員で、イスラム武装組織幹部の暗殺作戦に何度か従事した経験があります。

ほかにも、二〇〇〇年代に首相だった、アリエル・シャロン首相は軍のエリートである空挺部隊の指揮官ですが、もともと、ハガナーと呼ばれるかつてのユダヤ人軍事組織の隊員でした。ハガナーは今のイスラエル軍や情報機関の礎になった組織で、パレスチナとの和平合意で有名なイツハク・ラビン首相もシモン・ペレス首相もこのハガナーの隊員でした。

さらに、これらのどの人物も実戦経験があります。ネタニヤフ首相は実戦で負傷し、同じく特殊部隊員だった兄は作戦で死亡した「英雄」として知られています。こうした指導者たちの戦場での経験が、イスラエル政府の政策決定に影響を与えているのは事実でしょう。

つまり、イスラエルは武人政治の国家なのです。少なくとも、国家の歴代指導者にこれだけ特殊部隊の隊員や軍人がいる国家は、他に例がありません。

「マサダは二度と陥落しない」

また、ガザで戦うイスラエル国防軍の兵士たちも、「殺さなければ殺される」というイスラエルの歴史を体現する場所で、兵士としての誓いを立てています。伝統的にイスラエル兵は、マサダ要塞という歴史的な場所で入隊宣誓式を行います。

マサダ要塞は死海のリゾートから車ですぐに行ける山の上の要塞で、ロープウェイで山頂にも登れる観光地として知られ、イスラエルの雄大な景色が望める場所でもあります。ただ、そこから見える景色の素晴らしさとは裏腹に、実はこの要塞はユダヤ民族の悲劇を象徴する場所でもあります。

今からおよそ二〇〇〇年前、当時のユダ王国がローマ帝国の支配下に入る中、マサダには抵抗を続けたユダヤ人約一〇〇〇人が約三年間立てこもり、最後に集団自決しました。先に妻子を殺したユダヤの兵士たちは、続いて互いを殺し合ったとも言われています。こうしてマサダは、ユダヤ人の祖先が他の勢力に追い詰められ、死に追いやられた悲劇の場所となりました。

イスラエル軍はまさにこの場所で、悲劇は二度と繰り返さないという意味をこめ、「マサダは二度と陥落しない」を合言葉に、新兵たちに国を守る誓いを立てさせます。つまり、自分たちは二度と敵に破滅させられるようなことはない、ユダヤ国家を絶対に死守する、と誓わせるのです。ガザで戦い、ハマスの戦闘員やパレスチナの民間人を殺害したのはそこで誓いを立てた兵士たちです。

ユダヤ人の苦難は、マサダの悲劇だけではありません。正確な年代は不明ですが、今から三四〇〇年ほど前にはエジプトの王ファラオに大勢が奴隷にされています。その境遇から逃れるため、紀元前一三世紀ごろにエジプトを脱出、紀元前一〇世紀頃にユダヤ王国を建国しますが、その後、新バビロニア王国ネブカドネザル王の侵略を受け、多くの人々がバビロンに連行されます。世界史の教科書にある「バビロン捕囚」です。結局、ユダヤ人たちはパレスチナへの帰還を許されましたが、続いてローマに侵略されてマサダの悲劇が起こったというわけです。

マサダの後、ヨーロッパなど世界各地に散り散りになったユダヤ人は、その後も人類史の長年にわたる差別と迫害に苦しむことになります。

迫害され続けた苦難の歴史

ユダヤ人への迫害の歴史については、歴史の授業で習った方も多いと思います。特にヨーロッパに移り住んだユダヤ人たちへの迫害です。ではそもそも、ユダヤ人たちは、なぜ迫害され続けたのでしょうか。

大きな理由は、ヨーロッパはキリスト教徒の社会であり、ユダヤ教徒は完全に異質の存在だったことです。何より約二〇〇〇年前にイエス・キリストを処刑したのがユダヤ教徒だったことも大きく影響したと考えられます。イエスを十字架に貼り付けたユダヤ人に対し、キリスト教徒は「イエスを殺した人々」というレッテルを貼ったのです。こうした背景から、ユダヤ人たちは差別され迫害され続けてきました。

もっとも、イエス自身もユダヤ人であり、彼はユダヤ教の改革者でした。つまりキリスト教はユダヤ教の異端として生まれたと言えます。このように大昔は異端だったキリスト教がもはや完全な主流派になったヨーロッパでは、ユダヤ教徒は少数派に過ぎず、社会から排除されたのです。

二つ目の理由はユダヤ人の生業（なりわい）つまり職業です。ユダヤ人には職業選択の自由が十分に与えられず、少なくないユダヤ人たちは貸金業を営み、ヨーロッパの庶民から貴族まで幅広くお金を貸し付けていました。借金を踏み倒される場合も多かったのですが、多くの債務者から恨みを買いやすく、社会で何か問題が起こるとスケープゴートにされやすかったのです。

例えばウィリアム・シェイクスピアの『ベニスの商人』では、ユダヤ人は貸金業を営むシャイロックのような悪役として描かれています。『ベニスの商人』はユダヤ人にとっては侮辱的な内容の戯曲です。

そうした何百年にも及ぶ不当な差別、迫害が続き、ついには国家による組織的な大虐殺も経験することになります。言うまでもなく第二次大戦中のナチス・ドイツによる大虐殺、いわゆるホロコーストです。およそ六〇〇万人ものユダヤ人が殺されてしまいます。安易な比較はできませんが、これは第二次大戦中の日本の戦死者のおよそ二倍の数に相当します。ヨーロッパにいたユダヤ人の三人に二人が殺害されるという凄(すさ)まじい大虐殺でした。

第二次大戦におけるドイツの敗北でホロコーストは終わりますが、ユダヤ人たちは、長年の迫害とホロコーストを経て、「自分たちの国を持たないとユダヤ民族は生き残れない。身の安全は守れない」と強く決意したのです。

この決意と、ホロコースト前からユダヤ人たちの間で広がっていたシオニズムという思想が結実し、第二次大戦後、ユダヤ人国家の建設へ向けた動きが加速していきます。シオニズムは、一八九六年にウィーン出身のユダヤ人ジャーナリスト、テオドール・ヘルツルが、著書『ユダヤ人国家　ユダヤ人問題の現代的解決の試み』（佐藤康彦訳、法政大学出版局）を出版し、政治思想として確立されました。

ヘルツルは、フランスの陸軍大尉アルフレッド・ドレフュスが、ユダヤ人であるという偏見によりスパイの嫌疑をかけられ、終身刑にされたことに衝撃を受けます。ドレフュスは最終的には無罪となりましたが、この「ドレフュス事件」はユダヤ人社会に大きな衝撃を与えました。ヨーロッパ社会に居場所を見出したはずでしたが、「やはり自分たちは国を持たなければ、周囲の偏見から身を守ることができない」と痛感させられる出来事だったのです。

そんなユダヤ人たちが建国の地に選んだのが、パレスチナでした。自分たちの祖先たちが住んでいた土地であり、〝神がユダヤ民族に与えた土地〟です。つまり〝聖書に書かれた約束の地〟という、ユダヤ人にしか通用しない物語が利用されました。

当時のパレスチナには多数派のアラブ人が住んでいたわけですから、彼らとすれば勝手な都合でそんなことを決められるのは迷惑極まりない話です。しかし、ユダヤ人たちはイギリスなど当時の強国の力を利用し、そこに自分たちのユダヤ国家を打ち立て、安全を確保するしかないという考えを明確にしていったのです。

いまヘルツルの名はイスラエル各地の通りや丘に冠せられています。もっとも、彼は建国の作業は慎重に、かつ外交によって各国の理解を得ながら進めるべきという穏健な考えを持っていたようです。

ただ、ユダヤ人社会は一枚岩ではなく、中には戦闘部隊を結成し、「世界中で迫害されてきた弱いユダヤ人」というイメージを払拭すべきと考える武闘派も存在し、パレスチナに住む多数のアラブ人を殺害して土地から追い出すなど、強引な移住を進めていった人々もいました。

「自分たちの国を持つ」というユダヤ人の強い願望と、ホロコーストに対する欧米の同情や罪悪感も追い風となり、二〇〇〇年を超える迫害と苦難の歴史を経て、ついにユダヤ人たちに悲願の国家を持つ道が開けます。一九四七年一一月二九日、国連総会はパレスチナを分割してアラブ国家とユダヤ人の主権国家を誕生させる「パレスチナ分割決議」を賛成多数で可決します。

これはパレスチナの土地をユダヤ人国家とアラブ人国家に分ける決議で、人口としては三分の一しかいなかったユダヤ人に土地の半分以上を与えるという、ユダヤ人に極めて有利な内容でした。ユダヤ人たちは翌年一九四八年にイスラエルを建国しますが、国連決議の後から建国までの期間、ユダヤ人の民兵組織によるパレスチナ人の虐殺が相次いだとされています。

こうしたユダヤ人の動きに対するパレスチナ人や周辺のアラブ諸国の怒りは凄まじく、先ほど述べた通り、イスラエルは建国の翌日から周辺のアラブ諸国に戦争をしかけられます。アラブ人側、パレスチナ人側としては国連決議に最初から反対しており、勝手に土地を奪われた状態になっていました。つまり戦う理由があったのです。このためイスラエルはその後の第四次中東戦争まで、実に四回もの大きな戦争を戦うことになりました。

世界に見捨てられたという記憶

イスラエルのユダヤ人たちには、「イスラエルは何百年にわたる迫害、苦難の果てにやっと手

に入れた悲願の国家であり、必ず守り抜く」という強い決意がありました。

第一次中東戦争で勝利したのはアラブ人たちの「怒り」ではなく、ユダヤ人たちのこの「決意」でした。イスラエルは第一次から四次まで全ての中東戦争に勝利します。しかも初期の戦争は他国の支援に頼ることなく、ほぼ独力で勝利しています。

今でこそイスラエルはアメリカの強力な軍事支援を受けていますが、実は建国前後の時期からそこまでの支援はありませんでした。同盟国もない中、イスラエル国内外のユダヤ人たちが結束して戦うしかなかったのです。

ホロコーストでは、最終的にアメリカ軍などの連合軍がドイツやポーランドの強制収容所を解放しました。今でこそ『アンネの日記』は各国で読まれ、世界中の人々の同情を集めています。

しかし、ホロコーストが起きている時、ヨーロッパ諸国を始め世界は何もしてくれず、自分たちは世界に見捨てられたという記憶が、ユダヤ人たちには強く残っています。同時に、建国時に周りの国から攻め込まれた時も世界はやはり助けてくれなかったという記憶もあります。特に国をつくった瞬間に「敵が襲ってきた」というこの記憶は、ユダヤ人たちの被害者意識をさらに強めたと言えるでしょう。

ユダヤ人からすると、イスラエルという国家は常に消滅の危機に瀕（ひん）していて、常に非常事態なのです。さらに誰にも頼れません。ならば「自分たちで戦うしかない」という論理が経験として刻まれていったのです。世界が助けてくれないならば、「世界を敵に回してでも、自分たち

で戦う」と、国が生まれたときから考える集団だったのです。

国家の独立をかけた第一中東戦争という最初の戦いにイスラエルは勝ちました。しかし、土地を巡るパレスチナ人との争いはその後も長く続きます。武装したパレスチナ人ゲリラとの殺し合いです。

そんな中で、イスラエルの論理を象徴するような建国初期の文章を紹介します。それは、あるイスラエル軍兵士への追悼文です。

〝土地を奪う覚悟〟を象徴する追悼文

一九五六年四月に、パレスチナ人のゲリラがイスラエル南部のユダヤ人の集団農業共同体（キブツ）を襲撃し、ユダヤ人の農民たちに発砲する事件がありました。現場にはイスラエル国防軍予備軍のロイ・ロトベルグ中尉という若い軍人が駆けつけましたが、パレスチナ人ゲリラに殺害され、遺体は酷（ひど）い扱いを受けたとされています。

今回、紹介するのは、このロトベルグ中尉に対するイスラエル軍制服組トップ、モシェ・ダヤン参謀総長による追悼文です。モシェ・ダヤンは、パレスチナやアラブ諸国との戦争で指揮を執ったイスラエルで最も有名な軍人の一人です。

この追悼文は非常に有名で、様々な書籍で引用されることも多いのですが、本書ではタイムズ・オブ・イスラエルの英語全文から一部を抜粋し、私が和訳したものを紹介します。敵対するパレスチナ人へのユダヤ人の見方と、パレスチナ人の土地を奪いながら移住を進めるユダヤ人たちの覚悟が伝わる文章になっています。

「今日は殺人者を責めないでおこう。我々に彼らの燃えるような憎しみを否定することはできない。彼らは八年間にわたりガザの難民キャンプから出られないまま、目の前で彼らやその祖先が住んでいた土地や村を、我々が、自分たちの財産へと変えていくのを見ていたからだ」

つまり自分たちユダヤ人は、パレスチナ人が祖先から受け継いだ大切な土地を奪っていることは十分理解しているというのです。「ガザの難民キャンプから出られない」といったくだりは、パレスチナ人にとっては屈辱的でしょう。もっともイスラエルは、最近はこのガザですら徹底的に破壊してしまいましたから、互いの憎悪は増幅され、この追悼文が書かれたときより状況は悪いと言えるかもしれません。

「我々入植者世代は、鋼鉄のヘルメットと大砲の弾がなければ、木を一本植えることも家を一軒建てることもできない。避難壕（ごう）を掘らなければ子どもたちは生きられず、有刺鉄線や機関銃がなければ道の舗装も水脈を得ることもできない」

イスラエル建国直後、ユダヤ人たちは軍隊の横で常に武装していなければ身の安全を守れなかったということです。現在、ユダヤ人たちはガザの周辺などパレスチナ人が住む周辺に高い防御壁を築き身を守っていますが、状況はほぼ同じだと分かります。

「国の大地を持たないために死んだ何百万というユダヤ人たちは、イスラエルの歴史の灰の中から我々を見守り、ここに定住して民族の居場所を築くよう要求している」

「我々の周囲に住む何十万ものアラブ人が我々の血を求める瞬間を待ちわびていることに怯(ひる)んではならない。我々は彼らの憎しみから目をそらしてはならない。弱くあってはならない。それが我々の世代の宿命である」

つまり、ナチスによるホロコーストや過去の迫害で殺されたユダヤ人の祖先たちは、自分たち子孫がパレスチナ人を追い出し入植を続けることを望んでいると言い切っています。そして、自分たちはパレスチナ人の憎しみを十分理解した上で、それでもこの土地をパレスチナ人から奪い、自分たちの国に変えていくというのです。ユダヤ人たちの凄まじい決意が伝わってきます。

この追悼文は七〇年近く前のものですが、現在でも通用する内容です。仮に二〇二三年一〇月七日の攻撃でハマスに殺害されたイスラエル国民に向けた追悼文として使われたとしても、何の違和感もないでしょう。それだけ長く憎しみと対立が続いていることが分かります。

同時に分かるのは、イスラエルという国家の持つ〝物語〟としての強さです。つまりユダヤ人たちの強さは、自分たちが歴史的な被害者であり、何者にも怯まない強い決意を持っているという物語の強さに起因しているということです。

一方で、先ほども書いた通り、イスラエルは合計で四度にわたる中東戦争を戦い、全てで勝利しましたが、一九七三年の第四次中東戦争ではアラブ側に不意を突かれて苦戦しました。

そして同じく「不意を突かれた」という意味では、二〇二三年一〇月七日のハマスによる攻撃も同じでした。犠牲者はわずか一日で一〇〇〇人を超え、ユダヤ人たちにとってはこの第四次中東戦争の記憶とともに、ホロコーストを思い出させるような事態でした。

これは、イスラエル社会としては絶対に受け入れられない事態でした。そして先ほど紹介したような論理、「自分たちが殺されず生きていくためには、やはり自分たちで戦うしかない」ことを再認識させる体験ともなりました。つまり、先ほど述べた通り一〇月七日はユダヤ人たちの生存本能に一気に火をつける出来事だったのです。

この日、ハマスが大勢のイスラエル市民を殺害して拉致したとき、世界各国から多くの同情がイスラエルに集まりました。しかしユダヤ人たちは、過去の記憶から国際社会は同情しても結局は何も行動してはくれないとはっきり理解していました。

だから今回も、自らが剣を取って戦うのは当然のことでした。再び「自分たちが悲劇に見舞われたとき、世界は同情はするかもしれないが、結局は何もしない。であれば、自分たちで戦

うしかない。たとえ世界を敵に回してでも、戦う」という論理に火が付いたのです。

また、ホロコーストの後、ユダヤ人の中には「自分たちが弱かったから虐殺された」という見方が一部にあります。このため「自分たちは強くあらねばならない」という考えがそこから生まれています。モシェ・ダヤン参謀総長の「弱くあってはならない」という言葉とも重なりますが、襲われても戦わないのは弱さの表れでもあります。だからイスラエルは戦うのです。

"情報の価値"を理解しているイスラエル

イスラエルは、ただ「戦う決意」があるだけでは十分でないことも学んでいきます。戦うためには「準備」が必要です。

一九四八年の第一次中東戦争の緒戦では、兵力も装備も優勢なアラブ軍が戦いを有利に進めていました。しかし、先ほどのバーグマンの『イスラエル諜報機関　暗殺作戦全史』によれば、初代首相となっていたベン・グリオンは何年も前からアラブ諸国内に情報ネットワークを構築し、戦争直前にはその情報部門から五月一五日に攻撃があることを事前に知らされ、攻撃の前から察知していました。

このため、ある程度の戦争準備はできており、ユダヤ人たちは素早く部隊を再編成して反撃に転じていきます。ヨーロッパからはホロコーストの生存者たちが応援に駆けつけ、最終的には国連の分割案で割り当てられた領土よりも広い土地を獲得して勝利したのです。

この経験がイスラエルにとって重要な別の論理を生むことになります。つまり、ベン・グリオンにとって、そして生まれたばかりのイスラエルという新生国家にとって「情報こそが決定的な役割を果たす」という論理です。これこそが中東最強と言われる強力な軍と、世界最高水準の情報機関をイスラエルが育ててきた背景にある論理です。

ベン・グリオン首相は戦争後、これら三つのインテリジェンスの三本柱の元になった機関を設立します。イスラエル参謀本部諜報局「アマン」、総保安庁「シン・ベト」、そして海外での諜報活動を行う政治局です。政治局とは、のちに世界最強のスパイ組織としての名声を手にする諜報特務庁「モサド」です。

バーグマンが本で指摘している通り、特にモサドは新生ユダヤ国家である「イスラエルの最強の盾」としての役割が期待されていました。当時のベン・グリオンは首相兼国防相で、これら全ての機関を一人でコントロールしていたとされます。バーグマンによれば、政治権力がたった一人に集中する状況でしたが、これは国民には隠され、公の場でシン・ベトやモサドという名前に言及することは一九六〇年代まで禁じられていたと言います。それぐらい厳重に秘匿されるほど重要な存在だったのです。

これらの諜報機関は公には存在していないことになっていたので、法的な裏付けもありませんでした。これにより三つの機関は、法律に縛られず、国家の安全を守るという大義のもと、暗殺や秘密工作などの違法行為を次々と実施していくことになります。

暗殺国家としての論理

イスラエルという国家を守るため、イスラエルの諜報機関は首相の承認があれば、拉致や暗殺も行います。今回のガザでの空爆や作戦も、ハマスの幹部の殺害を目的とした攻撃が多く実施されています。

ここにおけるイスラエルの基本的な考え方は、「敵は世界のどこにいても必ず見つけ出して殺害する」という論理です。同胞を殺した者には、必ず報復するということです。二〇二三年一〇月七日以後も、攻撃を行ったハマスの戦闘員は全員を見つけ出して殺害することが重要な国家目標になっています。

この「敵は必ず見つけ出して殺害する」というイスラエルの論理を世界に知らしめたモサドの秘密作戦があります。第二次大戦中のナチス・ドイツでユダヤ人の虐殺に中心的な役割を果たしたアドルフ・アイヒマンの拉致と処刑です。

一九六〇年、アイヒマンはアルゼンチンでリカルド・クレメントの偽名で隠れて暮らしていましたが、イスラエルの諜報機関モサドに発見されます。モサドは現地でアイヒマンを拉致し、国営のエルアル航空でひそかにイスラエルまで移送しました。その後、アイヒマンは裁判にかけられて処刑されました。

このアイヒマン裁判により、それまであまり明らかになっていなかったホロコーストの実態が明らかになりました。当時はユダヤ人たちの中でも、詳細な事実関係について知らない人は多かったのです。しかし、アイヒマン裁判でその凄惨（せいさん）な実態がイスラエル社会に改めて共有され、同時にユダヤ民族のアイデンティティが民族の悲劇を通じて強化されていきました。

そして、アイヒマンの処刑以外にも、各地に逃亡した他の元ナチス幹部が、モサドのエージェントらによって多数殺害されています。ナチスへの報復以外で有名なのが、ドイツのミュンヘン五輪でイスラエル選手団が殺害された事件への報復です。

一九七二年、ミュンヘンの選手村に侵入したパレスチナの過激派組織「黒い九月」のメンバーがイスラエル選手団の宿舎を襲撃し、複数の選手が殺害され、さらに人質に取られました。イスラエル軍のエリート特殊部隊サイェレット・マトカルはすぐに救出作戦のため出動準備を整えますが、ドイツ政府から入国を許可されず、事件解決はドイツの治安当局に任されました。

しかし、ドイツの治安当局の不手際のせいで人質一一人全員が死亡してしまいました。イスラエル国内では、「ホロコーストの現場となったドイツの土地でまたもユダヤ人が虐殺された」という衝撃が広がりました。

当時のゴルダ・メイア首相はイスラエル議会で、「我々は見つけ次第、テロ組織を攻撃するしかない。それは我々と平和への義務である」と述べて復讐（ふくしゅう）を誓います。

その後、モサドなどの諜報機関は軍とも連携し、「黒い九月」メンバーを次々と暗殺していきました。この史実は、スピルバーグの映画「ミュンヘン」の主題になったことでも知られています。モサドは早くも翌年の一九七三年に、軍との合同で「若き日の青春」作戦を発動し、レバノンのベイルートにいた、ミュンヘン事件の首謀者だった三人の「黒い九月」幹部を暗殺します。

バーグマンの本によれば、事前に偽造パスポートで複数の工作員がベイルートに入り、情報を集めてターゲットの住む住宅などを確認し、作戦当日は海軍のミサイル艇からゴムボートに分乗した約七〇人の特殊部隊員が現地に乗り込み、銃撃戦を繰り広げて三人の標的全員を殺害するという空前の規模の暗殺作戦でした。**まさに国家の総力を挙げて復讐を実行したのです。**

バーグマンは、この作戦の成功で「モサドはいついかなる場所でも攻撃できるという神話がアラブ世界に広がっていった」と書いています。

さらにモサドは、一九七九年にはミュンヘン事件から実に七年後、「黒い九月」の作戦担当官でパレスチナ解放機構（ＰＬＯ）幹部でもあった、アリー・ハッサン・サラメをベイルートで自動車爆弾により暗殺しています。サラメは、ミュンヘン事件以外にも飛行機のハイジャック事件などイスラエルへの多くの攻撃に関与しているとモサドは断定していました。

こうした諜報機関と軍が連携した軍事行動のほかにも、イスラエル国内外でユダヤ人を狙った爆弾テロなどが起こるたびに、報復として、数多くの暗殺が行われています。ＰＬＯの主流派ファタハの幹部、ハマスの幹部やヒズボラの幹部を爆殺したり、ドローン攻撃、ヘリからのミサイル攻撃などによっても次々と殺害してきました。無人機＝ドローンをこれだけ多くの暗殺に本格的に利用した最初の国家はイスラエルです。

暗殺は首相をはじめ政府内で議論されて決定されますが、歴史的にもその数はあまりに多く、

情報機関の歴史が専門の日本大学の小谷賢教授は、二七〇〇件近いと推定しています。ミュンヘン事件のように世界的に有名になった攻撃への報復はもちろん、イスラエル国内で繰り返される爆弾テロなどに対して報復するパターンも多く、暗殺はイスラエル政府の日常的な手段となっています。

二〇二四年五月、イスラエルと敵対するイランのエブラヒム・ライシ大統領がヘリコプター墜落事故で死亡した直後には、イスラエル政府高官が「我々ではない」と暗殺を否定したと報じられました。こうした報道が流れるくらい、イスラエルは暗殺作戦を通常の政策手段として使う国家だと見なされているのです。

近隣国の核保有は全力で阻止する

モサドは周辺国のミサイル開発などについても、スパイ活動を通じた徹底した情報収集で動きを探知し、科学者や技術者の暗殺、最終的には空軍機による爆撃などにより全力で阻止してきました。国土が狭いイスラエルにとって、周辺国のミサイル開発や核開発は、国家存亡にかかわる脅威であり、モサドなどの情報機関や軍が取り組むべき最優先事項だったからです。

一九六〇年代にはエジプトのミサイル開発を阻止します。モサドがエジプトにいたドイツ人技術者の身元を突き止めて脅迫し、ドイツ政府に働きかけた結果でした。一九八一年にはイラクのサダム・フセイン大統領が建設を進めていた核兵器開発用の原子炉を空爆によって破壊し、さらに二〇〇七年には同じく空爆でシリアの原子炉を破壊しています。当初このシリアの核開発をめぐっては、イスラエルを「主要な同盟国」と位置づけるアメリカに空爆を依頼しましたが、アメリカが拒否したため、結局は自分たちの戦闘機で攻撃しています。

さらに二〇〇九年以降も、イランの核開発を阻止するため、イスラエル政府は複数のイラン人科学者などを暗殺したと見られています。イラン国内で実行された一連の暗殺は、モサドのイスラエル人エージェントではなく、モサドの支援を受けたイランの反体制組織のメンバーや、政権に敵対する少数民族のメンバーによって実行されたと考えられます。つまりモサドは、それだけのネットワークを敵国の内部に構築しているのです。

科学者は軍人ではなく民間人なので、彼らの殺害は国際法上、違法となる可能性が高いと言えるでしょう。ただ、国家と民族の存続を誰より意識するイスラエルはそうした法的制約など全く無意味だと思っています。先ほども述べた通り、結局、自分たちの安全は自分たちで守るしか選択肢がないと考えているからです。

シリアへの空爆は例外としても、ほぼ全ての場合で他国に頼るという選択肢はありません。善悪は別の問題として、とにかくあらゆる手段を使い、自分の国は自分たちで守るという防衛意識が通底しています。何より核兵器をめぐるイスラエルの論理は、「近隣国の核保有は全力で阻止する」ということです。

日本も北朝鮮の核、ミサイル開発の脅威に直面していますが、もしイスラエルが現在の日本の立場だったらどうするでしょうか。過去のイスラエルの行動原理に従えば、おそらく北朝鮮の科学者を何らかの方法で暗殺するか、さらには北朝鮮本土への空爆すらも実行していたのではないかと想像してしまいます。

もっとも核兵器については、当のイスラエルが核保有国であると考えられています。一九六〇年代には核兵器を開発し、九〇発程度のプルトニウム型核弾頭を保有している可能性が高いと指摘されています。ただイスラエル政府は、核兵器については持っているとも持っていないとも言わない「曖昧戦略」を採用しています。

今年、イスラエル軍のガザ侵攻後、ネタニヤフ政権のアミハイ・エリヤフ遺産相がガザへの核使用も「選択肢のひとつ」などと発言し強い批判を受けていますが、二〇二二年には、当時のヤイル・ラピド首相も核保有をほのめかしていました。

一方で、イスラエルが核保有国であるとしても、自国へのテロや今回のハマスの攻撃の抑止力には全くなっていません。あくまで敵対国家への抑止や最終的な自衛手段が核保有の目的だと見られますが、七〇年代以降も通常戦力による大きな戦争を経験している以上、核抑止は機能していないようです。もっとも、核保有を認めていない以上、「核による報復を行う」とは言えません。つまり、イスラエルは表立って核抑止の論理は持ち出せないのです。

では、イラクやシリアなどアラブ諸国はなぜ核開発を行ったのでしょうか。もちろん、イスラエルとの敵対関係が第一の理由ですが、仮にこのイスラエルの核保有が、彼らが核開発を進める動機になったのであれば、イスラエルを軸とした核開発競争が起こったことになります。

なお、二〇二三年のハマスの大規模攻撃について言えば、イスラエルの通常戦力による抑止は完全に失敗したことを意味します。加えてモサドなどの情報機関も攻撃を事前に察知できていなかったと見られます。つまり当時は、イスラエルの抑止力全般が崩壊した状態だったと言え、このためイスラエルは報復能力への信頼性を維持するためにも、苛烈な軍事攻撃に踏み切ったと考えることもできます。

暗殺がもたらした報復の連鎖

こうした周辺国の核開発やイスラム武装組織による攻撃、自爆テロを封じる際も、イスラエルは暗殺を多用してきました。この暗殺を許可する権限を持つ唯一の人物は首相で、それよりも若い軍や諜報機関の幹部が作戦を立案し、首相の許可を得て決定されます。バーグマンは「出席者のほとんどが三〇歳未満の会議で暗殺の決定を下す国家は、おそらくイスラエルだけだろう」と指摘しています。

念のため付言しておくと、暗殺作戦などの際に関係のない民間人が犠牲になると、国内メディアでも批判が巻き起こりました。また政府内部、情報機関内部でも暗殺計画については多くの議論がなされ、民間人、特に女性と子供が犠牲になる可能性がある場合は攻撃が見送られる場合もありました。明らかに問題のある殺害行為と見なされた事案は、専門の調査委員会が立ち上がるなどして、情報機関などの責任追及が行われ、真相究明が図られることもありました。

これらはイスラエルが民主国家としてある程度の内部統制があるということであり、メディアへの検閲などはあるものの、基本的には言論の自由を持つ社会であることを示しています。しかし、政府や軍の内部統制も十分とは言い難く、明らかに不当な殺害や虐殺でも責任が問われないこともあったようです。そして、イスラエルが頻繁に暗殺の決定を下す国家である事実も変わりません。「内部統制があるからよい」という議論に違和感を持つ人も多いでしょう。外部から見れば、怖さと不気味さは消えません。パレスチナ寄りの言論がどこまで認められるのかという疑念も強く残ります。

そして多くの暗殺作戦の結果として、多くの罪もない人が巻き添えや手違いによって殺されています。ターゲットと間違われて別の一般人が殺害されたこともあれば、死亡は免れても一生残る後遺症を負った人もいます。ドローンなどから発射したミサイルで殺害する場合、標的の家族や子供、全く関係ない民間人も巻き添えにする例も多くありました。何よりそれは二〇二三年から二四年にかけてのガザへの軍事攻撃で、あまりに多くの女性や子供が殺害されていることからもいっそう明らかです。もはやイスラエルは民間人の殺害をかつてないほど気にしない国家へと変貌（へんぼう）しつつあります。

何より、暗殺は別の敵を生み出し、さらなる暗殺を実行せざるをえなくなるという悪循環を引き起こします。当然のことながら、暗殺に対する報復などイスラエル側への反作用ももたらすのです。

ドローン技術などの進歩によって暗殺は比較的容易になり、また暗殺すれば、しばらくイスラエルへのテロが沈静化するといったことも実際にありました。このため暗殺は戦術的かつ短期的には成功したと考えられる局面も過去に生まれています。

しかし、長い目でみたとき、暗殺の多用は、戦略的な失敗としてイスラエルをさらなる戦いの泥沼に引きずり込んできました。

例えばハマスとの戦いにおいても、二〇〇三年以降、イスラエルはハマスの政治部門の幹部を次々と暗殺していき、ついに二〇〇四年三月には創設者であるアフマド・ヤシン師もミサイル攻撃で殺害します。ヤシン師は複数いる幹部ではなく唯一の指導者で、かつ聖職者でもあったので、アメリカ政府は反対しましたが、イスラエルは聞き入れませんでした。相次ぐ市民や軍人への自爆テロに関して、ヤシン師がそれらを推奨し、関与したと見なしたからです。

ヤシン師が暗殺されると、ハマスはすぐにアブドゥル・アジズ・ランティスィー師を次の指導者に決めますが、当時イスラエルの首相だったアリエル・シャロンはすぐに、この新指導者の暗殺を承認し、数週間後にミサイル攻撃でランティスィー師も殺害します。

すると、その後ハマスからエジプトを通じて停戦案が提示されました。「これ以上の暗殺を行わなければテロ攻撃は行わない」という内容でした。シャロン首相は停戦に応じ、暗殺の中止を命令しました。するとハマスの自爆テロも止まりました。つまり、一連の暗殺によって、一時的に暴力を止める戦術的な効果はあったのです。

しかし、ハマスはその後、イランの援助を得て勢力を拡大し、ガザを支配するまでに成長していきました。これはヤシン師が生きていたら実現しなかった可能性があるとも言われています。ヤシン師がイランとの協力には反対していたからです。しかしヤシン師の死後、イランから大量の武器や資金援助を受けたハマスが二〇二三年一〇月、イスラエルに対して前例のないほどの大規模な攻撃を行ったことは周知の通りです。

確かに一時的には、暗殺が次のテロや攻撃を抑止し、いったんイスラエル市民が安全になるという短期的、戦術的な成功を収めることはありました。

しかし、長期的かつ戦略的に見れば、結局は報復の連鎖から抜け出すことはいっそう困難になりました。イスラエルとハマス、ヒズボラは今もその暴力の連鎖の中にいます。つまり、イスラエルにとって戦術的成功が戦略的失敗をもたらしているのです。ヒズボラとの北部での戦いにおいては、指導者の暗殺が、より過激な後継者を誕生させるということもありました。暗殺がより危険な状況を作り出したのです。

遠のく二国家共存への道

このため結局は、戦略的には軍事作戦や暗殺作戦だけに頼るのではなく、「パレスチナの人々の経済状況を改善させ、テロよりも対話に持っていくしか解決策はない」という考えがイスラエル国内でも強まり、最終的な二国家解決という考えが出てきます。実際そう考える人々はイスラエルの情報機関内部にも、軍部にもいるとされています。

長年、モサドの長官を務めたメイル・ダガンという伝説的なエージェントも、最終的には暗殺や軍事力行使などの暴力的手段の限界、つまり戦略的失敗を悟った一人でした。

ダガンは、もとは空挺部隊出身で、戦場での実績を積み上げ、ヒズボラ幹部の暗殺やイランの核開発阻止のための秘密工作などを指揮したことで知られるモサドの伝説的なスパイです。そんな最前線で戦い続けた彼でも、最終的にはパレスチナ、イスラエルの二国家共存しか道はないと悟っていたようです。しかしダガンは結局、イランへの軍事攻撃を主張するネタニヤフ首相と対立し、二〇一一年にモサドを去っています（二〇一六年に死去）。

ハマス幹部や指導者のヤシン師の殺害を決断したアリエル・シャロン首相も、同じように最後は戦いに限界を感じ、路線を変えようとした政治家でした。

シャロンは有能かつ冷酷な軍人として知られ、大勢のパレスチナ人を虐殺した責任者としても強く批判されています。また、政治家となってからは占領地への入植を後押しし、自らエルサレムの聖地を訪問してパレスチナ人を挑発するような強硬派でした。

それでも、自らの聖地訪問がさらなる混乱と暴力の連鎖を引き起こし、兵士たちが憎しみの泥沼で戦い続けるのをイヤというほど見続けた結果、二〇〇四年に強硬姿勢を転換します。ヨルダン川西岸にある一部の入植地から入植者と軍を一方的に撤退させる計画を発表したのです。二〇〇五年にはガザ地区の入植地を解体し、軍の部隊を撤退させています。違法な入植を推進してきた人物がその方針を変えた瞬間でした。強硬派のシャロンですら入植地は暴力の根源でありイスラエルにとってマイナスでしかないと最終的に理解したのです。

しかし、シャロンはその直後の二〇〇六年に脳卒中で倒れ、そのまま亡くなってしまいます。

ユダヤ人社会活動家のダニエル・ソカッチは著書『イスラエル　人類史上最もやっかいな問

題』（鬼澤忍訳、NHK出版）の中で、シャロンが生きていたら、その後の歴史は変わっていたかもしれないと指摘しています。私もその可能性はあったと思います。**強硬派のリーダーが決断すれば、国内の強硬派は納得する可能性が高かったからです。和平は主戦派が主導したほうが前に進むというパラドックスの一例となったかもしれません。**

ただ実際は、中東和平を推進するには彼の寿命が足りなかったようです。何より決断が遅すぎました。十分な結果が出なかった以上、政治家としてのシャロンは混乱と憎悪を増幅させた罪の方が遥かに大きかったと言えるでしょう。

そして、二〇二三年一〇月の攻撃は、和平に向けた穏健な考え方を完全に吹き飛ばしました。若い世代も、結局は過去の世代と同じような殺戮を経験しました。そして先人たちがそうしてきたように、新たな殺戮を始めました。

一〇月のハマスの攻撃で二国家共存という意見を主張する人が、イスラエルで弱い立場になったことは容易に想像できます。ハマスを叩き潰せと言い続けていた強硬派が力を得て、再び怒りと対立、そして多くの血が流れるサイクルに戻ってしまったのです。

本章で説明してきたイスラエルの論理は、イスラエルの学校教育を通じ、世代を超えて社会に浸透し、ますますパレスチナとの和解を妨げていると考えられます。それはユダヤ人の被害者性と怒りを次の世代に引き継ぐ作業であり、逆にパレスチナ人の土地を奪っているという不都合な事実を隠蔽する試みでもあります。

確かに、一〇月にハマスが行ったことは重大な犯罪行為であり、イスラエルには自衛する権利はあるでしょう。
一方で、自分たちがパレスチナ人を抑圧してきたことや、そして今も自衛の名のもとに抑圧しているという側面が思い返されることはありません。つまり、加害者としての一面が完全に忘れ去られているのです。とにかく国を、民族を守ることが最優先で、犠牲者のことは考えなくなっているのです。これはイスラエルに限らず、どの国家も陥る思考ですが、二〇二三～二四年のガザで無実のパレスチナ人が多数死亡する中では、その思考の恐ろしさと愚かさが際立ちます。

中東の国際政治の歴史を見ていると、人間にとっては憎しみや怒りを抑える方が、それらを爆発させるよりも遥かに難しいことがよく分かります。

ただ、イスラエルでも世代交代は進んでいきます。特に将来、過去とは異なる経験をする若い世代は異なる考え方をしていく可能性はあります。実際に、ユダヤ人の間でも今回のネタニヤフ政権の強硬姿勢への意見は割れています。今回解説した論理は今後も長きにわたって、多くのイスラエル人の思考・行動を規定するでしょう。それでも、和解に向けた変化が生じる可能性はゼロではないと個人的には期待したいと思います。

一方で、イスラエルから苛烈な攻撃を受けるパレスチナの人々は、どのような論理を持っているのでしょうか。イスラエルへの抵抗を続ける彼らの論理を次の章で見ていきます。

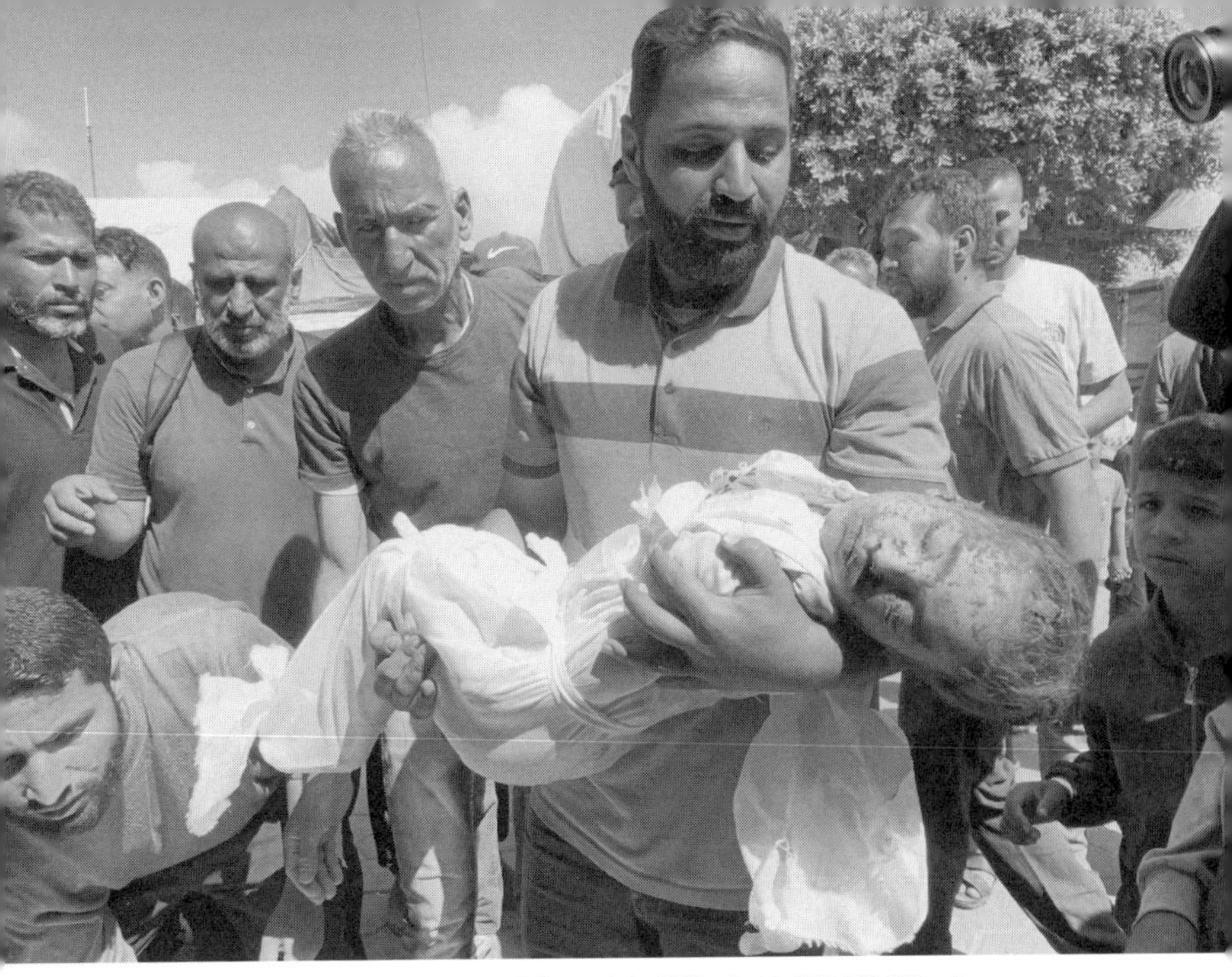

イスラエルの攻撃で死亡したパレスチナ人の親族が、ガザで埋葬のために遺体を受け取った
©Ali Hamad／APA Images via ZUMA Press Wire／共同通信イメージズ

第五章

世界に見捨てられた抵抗者たち
——パレスチナとハマスの論理

〝ただ、そこに住んでいただけ〟の人々の怒りと絶望

前章では「イスラエルの論理」を解説してきましたが、本章ではイスラエルと対立し、ガザで苛烈な攻撃を受け続けている「パレスチナの人々の論理」を見ていきます。

さらにガザを支配し、イスラエルの民間人を大量に殺害、拉致し、イスラエル軍と戦う「ハマスの論理」について、いわゆるハマスの憲法と言われるハマス憲章を読み解いて解説します。**「イスラエルの論理」とは真っ向から完全に対立する論理であり、前章の解説では見えなかったものが見えてきます。**イスラエルの人々及びイスラエルを支持する人々から見れば、全く容認できない部分もあるかもしれません。あくまでパレスチナの目線であることをご理解頂ければと思います。そして、この解説は二〇二三年一〇月七日のハマスによる民間人の大量殺害や拉致を決して容認するものではありません。

土地を奪われたパレスチナの人々の怒りと絶望の深さは凄まじいものがあります。それが、ハマスをイスラエルとの戦いに向かわせる原動力でもあります。

まず前提として、パレスチナ人とはパレスチナ地域に住んでいたアラブ人とその子孫たちのことを指します。確かにユダヤ人もパレスチナに住んでいた歴史があるので、その意味ではパレスチナ人でもあります。ユダヤ人たちは三〇〇〇年前にユダ王国を築いていたわけですが、最新の研究では一部のパレスチナ人の祖先にはユダヤ人と遺伝子的に共通の部分が多いことが分

かっています。人類が民族や祖先の血筋にこだわって争いを続けることが、いかに愚かなことかを示唆しているようです。

とはいえ、本書では、現在における一般的な意味としてのパレスチナ人、つまり主にガザ地区やヨルダン川西岸地区に住むアラブ人を指す言葉として使用します。

パレスチナ人といえば、イスラム教徒というイメージが思い浮かびますが、イスラム教が生まれる七世紀より前はそうではありませんでした。キリスト教国のビザンツ帝国に支配されていた四世紀から七世紀ごろには、実はキリスト教徒だった時期もありました。しかしその後、七世紀にイスラム教が起こると、次第に人々はイスラム教に改宗していき、今ではほとんどのパレスチナ人がイスラム教徒になっています。

このパレスチナ人たちがイスラエルと対峙（たいじ）する際の論理の根源にあるのは、「ただ、自分たちはそこに住んでいただけだ」という極めてシンプルな理屈です。つまり、「自分たちが先祖の代から住んでいた土地を突然ユダヤ人たちに奪い取られた」ということに尽きます。

実際にパレスチナ人は、一九四八年にイスラエルが建国されるずっと前から、つまり数百年、一〇〇〇年、あるいは二〇〇〇年近く、パレスチナの土地に住んでいたと見られます。しかし二〇世紀に入ってから、特にイスラエル建国の前後に続々と海外からユダヤ人たちが集まってきて、突然、住んでいた場所を奪われ、追い出されることになりました。

一方的かつ大規模に家を破壊され、先祖代々の土地を追われ、畑を奪われ、殺され、平穏な暮らしが破壊されていきました。ヨーロッパでのホロコーストに加担したわけでもないのに、そ

の代償を払わされた格好になったのです。

前述した通り、ユダヤ人ジャーナリストのテオドール・ヘルツルが思想的基盤をつくったシオニズム運動が盛んになり、ユダヤ人たちが国家を設立すると言い出したことが転機でした。**一方、パレスチナ人から見れば、ユダヤ人の「かなり前に祖先が住んでいたから」「聖書に書かれた約束の地だから」「長年にわたって迫害されてきたから」「身を守るために国を作らねばならないから」などという理由は、土地を引き渡す理由には全くなり得ません。**

しかもこれは、民族や王国が戦いを繰り広げて土地を奪い合った古代や中世の世界ではなく、現代の話です。とうてい納得することはできなかったでしょう。もし仮に「自分たちの民族がこの土地に二〇〇〇年前、あるいは数百年前に住んでいたから、どいてくれ。この土地から出て行ってくれ」という論理がまかり通ったら、現代世界の秩序は大混乱に陥ります。

ユダヤ人に奪い取られた土地

現実のイスラエルは国連決議に基づいて、つまり国際社会の一定の合意に基づいて建国されました。しかし、前述した通り、その後は戦争を経て決議を超える範囲まで占領地を拡大してきたことが大きな問題になっています。

歴史をさかのぼれば、パレスチナのアラブ人とユダヤ人は、かつてオスマン・トルコ帝国のもとで長年、おおむね平和的に共存していた時期もありました。しかし、特に第一次大戦の後からは対立が激しくなっていきます。アラブ人側のナショナリズムが高まってアラブ国家を樹立するという動きもあり、アラブ人居住区とユダヤ人居住区がある中、住民間の対立や衝突、最悪の場合は殺し合いも起こりました。

しかしそれでも、アラブ人＝パレスチナ人がユダヤ人を組織的、大規模に迫害していたわけではありません。ユダヤ人たちの生存を根源的に脅かしていたわけでもありません。しかし、イスラエル建国後、パレスチナ人たちは、ユダヤ人たちによって組織的に追放され、迫害される事態に陥ったのです。つまり、パレスチナ人にとっては、イスラエルの建国は最悪の出来事でしかなかったのです。

前章の解説で一九四八年五月一五日という日付はイスラエルの建国の翌日であり、アラブ諸国から戦争をしかけられた日だと伝えました。ユダヤ人側が被害にあった日という意味合いが強かったと思います。**しかし、一方のパレスチナ人にとっては、イスラエル建国の日は自分たちが故郷を追われることになった「大災厄」（ナクバ）であり、その五月一五日は「大災厄の日」として記憶されています。**

これ以降、故郷を追い出され難民となったアラブ人たちの苦難が始まります。もっともイスラエル建国前から、アラブ人たちはユダヤ人の武装組織イルグンや後に国防軍の中核となるハガナーによる組織的な暴力を受け、居住区も襲撃されてきました。そして建国後は、イスラエル国防軍の攻撃を受けるようになったのです。イスラエル国防軍はユダヤ人の入植者を守るために行動しているわけですが、そもそも、その土地に先に住んでいたのはパレスチナ人であることがほとんどでした。

そしてパレスチナ人たちはユダヤ人との大きな戦いに全て敗北します。パレスチナ人側に立ったアラブ諸国がしかけた一九四八年の第一次中東戦争、エジプトのスエズ運河国有化を受けてイギリス、フランスとともにイスラエルが仕掛けた一九五六年の第二次中東戦争、イスラエルの奇襲で始まった一九六七年の第三次中東戦争、アラブ側の奇襲で始まった一九七三年の第四次中東戦争、全てアラブ側、いわばパレスチナ人側が敗北しました。

このように全ての大戦争に勝ったイスラエルは支配地域を拡大させ、イスラエルの建国を認めた一九四七年の国連決議に基づいて与えられた土地よりも、はるかに広い土地を支配するに至っています。特に、一九六七年の勝利が大きな意味を持ってきます。これ以降、イスラエルがヨルダン側西岸とガザ地区を占領し、国際的に認められたイスラエルの国土を超え、ますます入植地を拡大していったからです。

一六二頁の右の地図が、二〇世紀初頭から、イギリスに国際連盟から統治が委任されていた時代のパレスチナの状況です。ほぼパレスチナ人が住む土地であり、ユダヤ人が住んでいる部分はわずかな部分に過ぎないのが分かります。真ん中が一九四七年の国連決議一八一の分割案です。

しかし、イスラエルが繰り返し戦争に勝った結果、一番左の地図（一六三頁）になりました。これがよくニュースなどで見るイスラエルとパレスチナの地図です。

とはいえ実は、この左の地図は実態を正確に表していない問題のある地図です。この地図はヨルダン川西岸とガザ地区は全てパレスチナ人の土地だという印象を与えます。しかし、パレスチナ人から見た現地の実態は全くそうではありません。特にヨルダン川西岸地区の実態は全く異なります。ヨルダン川西岸地区を拡大したのが一六四頁の地図です。

ヨルダン川西岸地区はABCという三つのエリアに分けられています。実はパレスチナ人たちが単独で統治しているのは、この地図のエリアAとよばれる約一八%の部分だけです。では、エリアBは何かというと、イスラエルとパレスチナ自治政府の合同管理地域、つまりイスラエルと一緒にパレスチナ人が統治している部分です。そして圧倒的に広いのがエリアCです。ここはイスラエルの完全な支配下にあるユダヤ人の入植地です。

つまりヨルダン川西岸は、もはやイスラエルが大部分を支配しているのです。逆にパレスチナ人が直接的及び間接的に支配できているのはヨルダン川西岸地区の半分以下、エリアAとBを足したおよそ四〇%程度に過ぎないのです。

パレスチナ人にとっては、「ヨルダン川西岸の土地の半分以上はイスラエルに奪われたまま」なのです。つまりイスラエルは、本来は国連決議によりアラブ国家になるはずの土地を占領し、さらに入植によって支配地域をどんどん広げてきました。逆に、パレスチナ人は長年にわたって土地を奪われ続けてきたのです。

確かに一九四八年の第一次中東戦争で先に戦争をしかけたのはアラブ側です。だから、自衛戦争を強いられたイスラエルが緩衝地帯を持つために支配地域を拡大させたことは、ある程度の説得力があります。

パレスチナ人とユダヤ人の居住地域の変遷

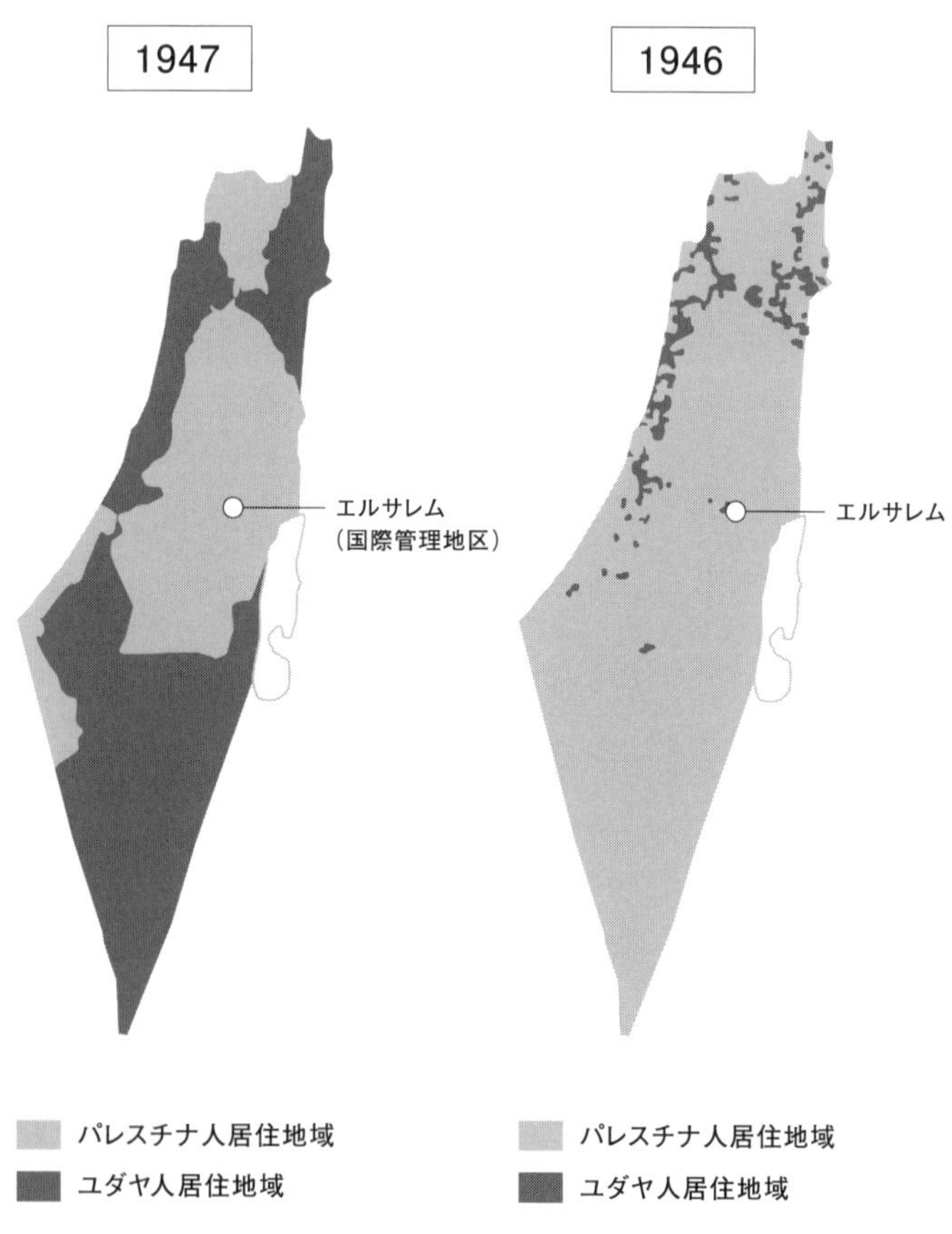

出所:『アラブ・イスラエル紛争地図』マーティン・ギルバート、小林和香子監訳、明石書店
『なるほどそうだったのか!! パレスチナとイスラエル』高橋和夫、幻冬舎

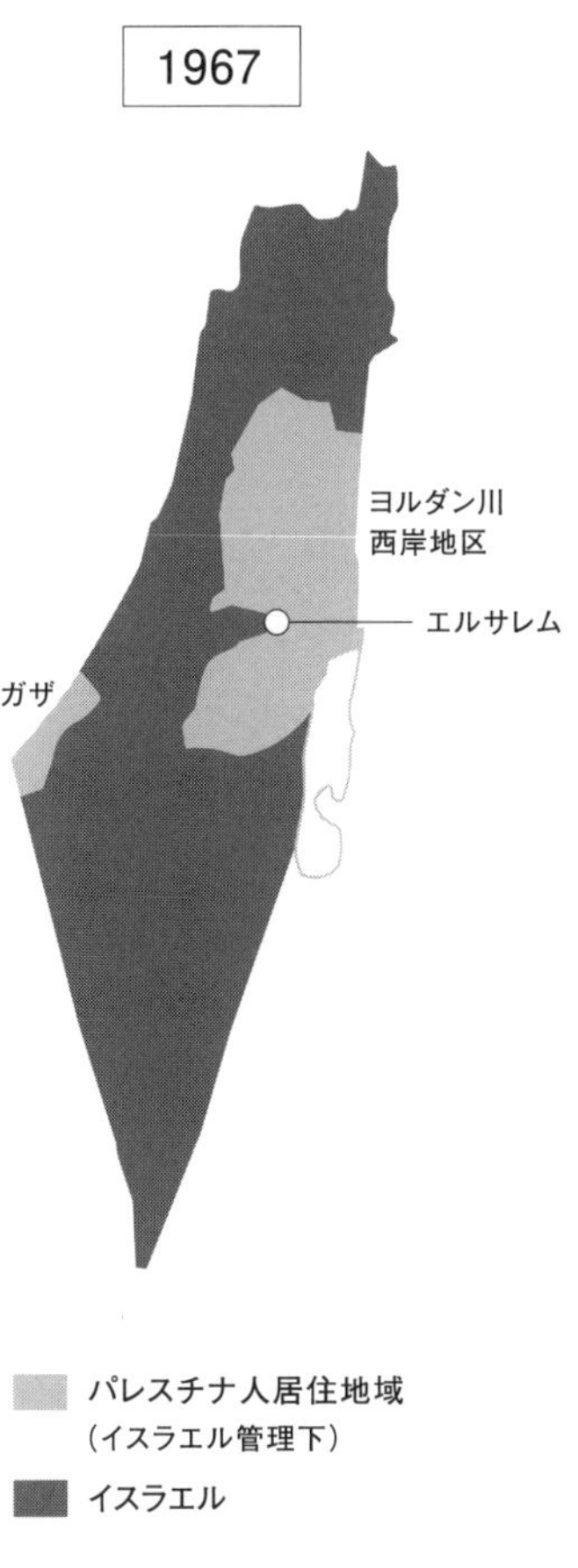

しかし、一九六七年の第三次中東戦争後に占領地を大きく広げ、とくに一九七〇年代以降は、ヨルダン川西岸では、銃で武装したユダヤ人入植者がイスラエル政府の後押しや支援を受けながらパレスチナ人を暴力的、強引に追い出して入植地を拡大していきました。パレスチナ人に家から出ていくように強制し、ブルドーザで家を破壊することもあったようです。

こうした入植地は、国際法上は違法とされています。国連安保理も入植活動は国際法違反であり、一九六七年以前の境界を尊重するよう求めています。日本政府も同様の立場です。

ヨルダン川西岸地区

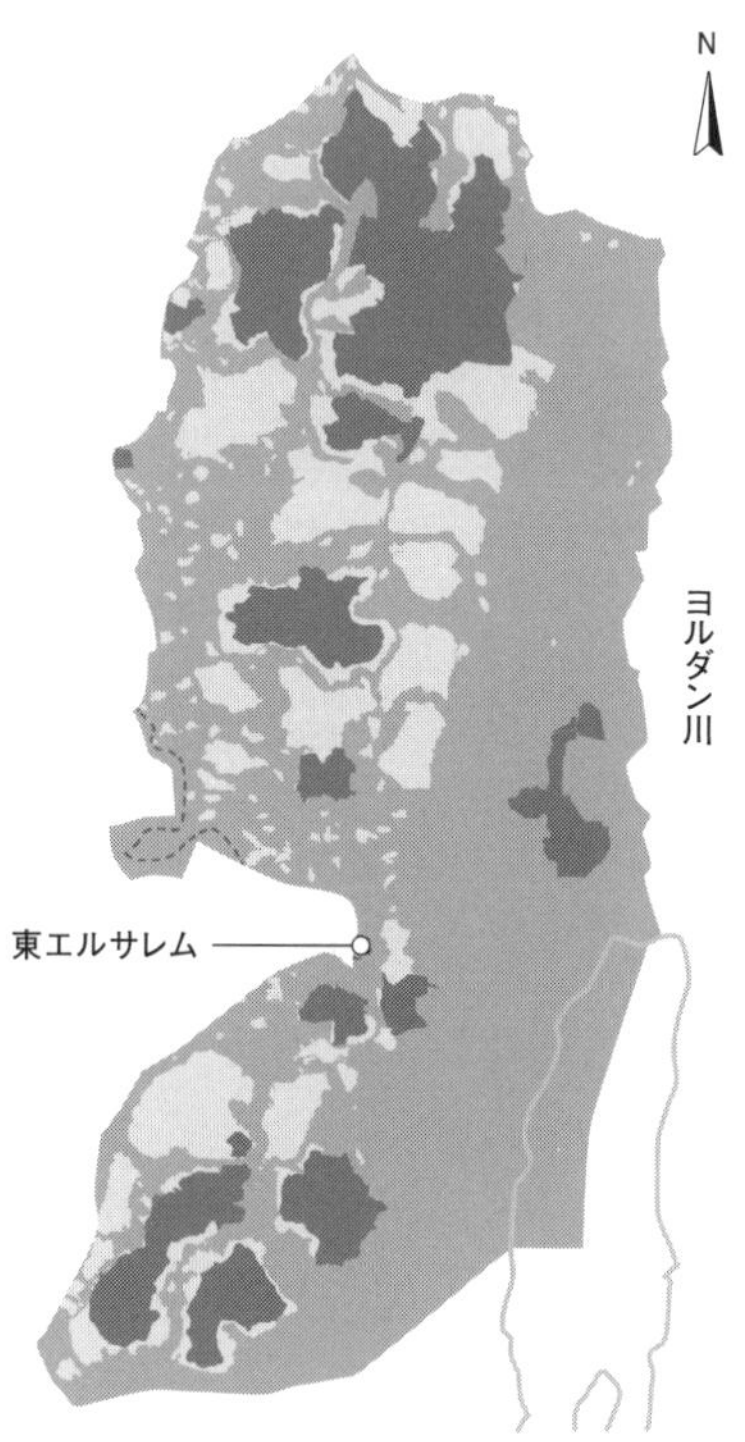

出所：United Nations Office for the Coordination of Humanitarian Affairs, occupied Palestinian territory、2011年7月

しかし、イスラエルは事実上、そうした国際社会の要求を無視し続けています。それどころか、ネタニヤフ政権はこれまで入植地の開発を促進する方針を明確にしてきました。

二〇二三年二月二〇日には国連安保理がユダヤ人のヨルダン川西岸での入植地の拡大に「深い懸念と失望」を表明する議長声明を全会一致で採択しています。これにはアメリカすらも賛成しています。しかしイスラエルはこれを「一方的な声明」だとして反発しています。

土地を奪われたパレスチナ人のおかれた状況は過酷です。経済活動は著しく制限され、ガザ地区とヨルダン川西岸地区は自由に行き来できません。イスラエル側が認めた複数の許可証がないと、多くのチェックポイントを通過できず、自由な往来も物資の輸送もできなくなっています。つまり、ヨルダン川西岸やガザに住むパレスチナ人たちは事実上、閉じ込められた状態なのです。

特にガザ地区は長年、上下水道も満足に整備されず衛生面でも劣悪な環境にあり、沿岸海域も漁業ができる海域は厳しく制限されるなど、まさに陸と海から封鎖された「天井のない監獄」と呼ばれています。

ヨルダン川西岸のパレスチナ人も、仮にユダヤ人入植者たちと争いになっても、多くの場合、司法権を掌握しているのはイスラエルであり、人権が尊重されているとはとても言えません。

アメリカのジャーナリストで漫画家でもあるジョー・サッコの漫画『パレスチナ』（小野耕世訳、いそっぷ社）には、多くのパレスチナ人がテロとの関わりなどの疑いで逮捕され、何年も刑務所に収監され、諜報（ちょうほう）機関であるシン・ベト（総保安庁）から繰り返し拷問を受け、非人間的な扱いを受ける様子が描かれています。

二〇二三年一〇月の襲撃の後、ハマスとイスラエルの交渉により、ハマスが拉致した人質との交換で、女性を含む多くのパレスチナ人がイスラエルの刑務所から釈放されました。テロ活動に関与した疑いで拘束されていた人もいたと見られますが、実際は冤罪（えんざい）の疑いがある人、拷問や不当な取り調べを受けた人も多くいた可能性があります。

第四章「イスラエルの論理」では、新生国家イスラエルを守る「盾」としてのモサド、そして軍の情報機関アマンや治安機関シン・ベトが三本柱として国を守っていると伝えました。

しかし、パレスチナを取材したジョー・サッコの『パレスチナ』には、この治安機関に対するパレスチナ人の全く別の見方が描かれています。**例えばシン・ベトの要員が森の中で見つけたロバを平手打ちしながら「お前は本当はウサギだろ！　自白しろ！」と叫んでいる様子が出てきます。パレスチナ人に対するシン・ベトの理不尽で残酷な取り調べが冤罪を生み出すことを痛烈に批判したブラックジョークです。**

こうしたパレスチナ人への抑圧の中でも重要な要素が、イスラエルによる「水の支配」です。そもそもパレスチナは乾燥地帯で水の入手は簡単ではありません。しかしイスラエルは水源を支配して上水道を整備し、ヨルダン川西岸ではおよそ八〇％の水源を管理下におくなど、ほぼ完全な水の支配権を握っています。

結果として、パレスチナ人は生活に必要な量の清潔な水にアクセスできていません。イスラエルから高値で買わなくてはならないのです。パレスチナ人からすると、自分たちは違法な土地の支配、経済的な支配、司法・人権における支配すなわち政治的支配、さらには水の支配を受けていることになります。こうしたこと全てが、パレスチナ人の抵抗する論理を生み出しています。

さらに二〇二三年一〇月以降の、ガザへのイスラエル軍の空爆と地上侵攻では、多くの子供がひどい火傷（やけど）を負ったり、体の一部の切断が必要なほどの大怪我をしています。こうした凄惨（せいさん）な状況が続けば、たとえパレスチナ人ではなくても、怒り狂って報復を叫ぶ人が出てきても決して不思議ではないでしょう。こうした繰り返される悲劇がパレスチナ人の武装闘争の原動力になってきました。

なぜパレスチナ人側が〝不利〟なのか？

ただ世界の反応について考えると、過去においてはハマスによる攻撃やテロの方が、イスラエル軍の攻撃よりも国際的な非難を浴びやすかったと思います。これはなぜでしょうか。

一つ目の理由は、イスラエルが、国際政治で最も影響力と発信力のあるアメリカと緊密な関係にあることでしょう。二つ目はイスラエル軍が国家の軍隊である一方、ハマスがそうではないことです。

イスラエルは民主的に統制された正規軍（イスラエル国防軍）が暴力を行使します。一方でパレスチナ人は国家を設立できておらず、また民主的な統制がないハマスなどの武装組織が暴力を行使しています。明らかな犯罪行為である民間人を標的にした自爆テロも行ってきました。

国際法などのルールに照らすと、イスラエル軍の攻撃は国家の武力行使なので国際法上はより正当化されやすい可能性があり、一方で国家の軍隊ではない武装組織ハマスの攻撃は、犯罪的と見なされる可能性が高いと言えます。前者は暴力行使への民主的な監視と手続きが存在し、軍事法廷も含め結果への説明責任が果たされる余地があります。しかし、後者はそうした暴力の行使に対する抑制メカニズムがないと見なされ、批判を受けやすいのです。

しかし、発生する結果は同じです。イスラエル軍の攻撃もハマスの攻撃も、ともに無実の民間人を数多く殺害してきました。もちろん、一〇月七日のハマスによる殺人や拉致は重大犯罪であり処罰は必要です。同じくイスラエル軍の民間人への攻撃と殺害も犯罪行為であり処罰が必要です。戦争には、攻撃の際は民間目標を避けるなど、かつて戦時国際法とも呼ばれた武力国際法（国際人道法）のルールがあり、二〇二三年一〇月以降の状況はそれが守られているとは言えません。

こうした議論の場合は「どちらも悪い」などという雑多な結論ではなく、個別の殺人行為、個別の軍事行動、攻撃行為を細かく見ていくしか方法がありません。

この点については、事実上、機能する国家を設立できていないパレスチナ人側、つまりハマス側が説得力の面で劣勢にあると言えるでしょう。やはり国家を設立できたか、できなかったかで世界へのメッセージの発信力を含め政治的な優劣が出ています。

ただ、二〇二四年に入り、イスラエルへの批判が世界中でかつてない規模で広がった結果、パレスチナを国家として承認する動きも広がりました。二〇二四年五月二八日、スペイン、アイルランド、ノルウェーの欧州三カ国が、パレスチナを国家として正式承認したのです。アイルランドはかつてイギリスと独立戦争を戦った歴史があり、独立国家になるための苦闘を経験した国でもあります。実はパレスチナ自治政府に対しては、これら三カ国が承認する前の時点でも、アラブ諸国やアフリカ諸国を含め世界の一三九カ国が既に国家として承認していました。

ただ、日本やアメリカ、イギリス、フランス、イタリアなど国際政治で影響力の大きいG7

諸国は承認しておらず、パレスチナにとっては、これが大きな課題となっているのです。

アラブ諸国に見捨てられたパレスチナ人

では、パレスチナ人たちは誰かに頼れるのでしょうか。やはりアラブ諸国でしょうか。パレスチナの人々はアラブ諸国の資金援助に頼っていると思われがちですが、実はそうでもありません。アラブ国家の合計の支援金額は全体の二〇％程度に過ぎません。その大部分がサウジアラビアの九・九％とアラブ首長国連邦の五・二％です。

実は、一九九四年から二〇二〇年までのパレスチナ支援総額四〇〇億ドルのうち最大の支援者はヨーロッパ（EU）で全体の約一八・九％です。次にアメリカの一四・二％、日本は約二・九％となっています。軍事援助や政治的なスタンスではイスラエル寄りの姿勢が目立つアメリカですが、単独国家としては最大の資金を拠出しています。最大の支援者は欧米なのです。

なお、イランなどの武器支援は公式の統計にはほぼ出てこないので把握は困難ですが、少なくとも公式統計に出てくる支援国の上位にいないことは明らかです。

パレスチナの人々は心のどこかで、アラブ諸国は最後には頼りにならないことが分かっています。どの国の軍隊も戦闘能力は低く、ともに戦った過去四回の戦争は全て敗北しましたし、先ほど書いた通り資金援助の合計は欧米の方が多いのです。

そもそも、アラブ諸国はスンニ派のサウジアラビアとシーア派のイランを中心に対立しており、団結できていません。かつて「パレスチナ問題が解決するまではイスラエルは認めない」という〝アラブの大義〟を掲げ、対イスラエル戦争を戦った同胞のエジプトは、今やパレスチナ難民の流入を恐れて国境を封鎖してしまいました。

もともと、アラブ諸国の指導者たちは、自分の権力の維持こそが最も重要だと考えるリアリスト集団です。パレスチナ問題に関しては、パレスチナ人に同情する世論に配慮して一定の行動をとっているに過ぎません。

最大の資金援助国サウジアラビアも、去年までパレスチナ人の宿敵であるイスラエルとの国交正常化に動いていましたし、二〇二〇年にはパレスチナ自治政府への支援金を八〇％以上も削減しています。またＵＡＥ（アラブ首長国連邦）やバーレーンもイスラエルと国交を正常化し、パレスチナへの支援金を同じく削減したと見られています。パレスチナ人にとって、もはや〝アラブの大義〟は失われ、アラブ諸国には見捨てられた、裏切られた状態だったのです。

過去にアラブ諸国の指導者でパレスチナ人の支持を集めたのが、イラクのサダム・フセイン大統領でした。イスラエルにスカッドミサイルを何発も打ち込み、パレスチナ人たちから「実際に行動を起こした」と称賛されました。

フセイン大統領といえば一九九〇年に隣国クウェートに軍事侵攻したことで知られ、アメリカ主導の有志連合軍によって撃退され、最終的には二〇〇三年のイラク戦争後に殺害された独裁者です。そういう人物でも、パレスチナ人の一部は英雄だと考えていたのです。実際、サダム・フセインのイスラエルへのミサイル発射が、欧米を含め他国にパレスチナ問題の解決を急がせ、その後の一九九三年のオスロ合意へと向かう要因になったとも指摘されています。

この一九九三年のオスロ合意＝パレスチナ暫定自治合意は、パレスチナに自治区を立ち上げ、いずれはパレスチナとイスラエルの二国家共存を目指すという合意でした。その後の中東和平の基礎となりました。

しかし、合意の当事者だったイスラエルのラビン首相は一九九五年、イスラエル国民で和平に反対するユダヤ人青年によって射殺されました。その後、二〇〇〇年に後に首相となるアリエル・シャロンがイスラム教徒の聖地である岩のドームを訪問してパレスチナ人の怒りに火を付け、和平の流れは崩れていきました。

パレスチナ人から見れば、アラブ諸国は頼れず、イスラエル側は和平に本気ではないと結論付けざるを得ませんでした。

イスラエルの「強者の論理」とパレスチナ人の「弱者の論理」

一方で、パレスチナ側への批判もあるでしょう。ハマスなどのテロ組織は、民間人を狙ったテロを何度も起こしてきました。民間人が乗るバスなどを自爆テロで爆破し、大勢の市民を殺害してきました。

確かに、一九四七年の国連決議ではアラブ国家の樹立も認められ、アラブやアフリカ諸国など多くの国がパレスチナ政府を国家として承認しています。**しかし、半世紀以上たった今も、パ**

レスチナ人はG7諸国が認めるような、機能する国家を建設できていません。これはイスラエルが事実上、建国を認めず、妨害しているためですが、一方において、パレスチナ人たちも自分たちをうまく組織化できず、社会を統治できていないのです。「これまで何度も建国のチャンスはあったはずだ」との批判もあります。

パレスチナ自治政府の権力は腐敗しており、腐敗を除去する政治メカニズム、つまり、チェックアンドバランス機能を持っていません。カリスマ的指導者とされたPLOのヤーセル・アラファト議長の権力もかなり腐敗していたことが指摘され、後を継いだアッバス議長も、同じく腐敗や統治能力の欠如が批判されてきました。二〇〇六年以来、一度も選挙を実施していないため、パレスチナの人々の民意を代表していないという批判もあります。

また、パレスチナ社会、つまりガザやヨルダン川西岸地区では言論の自由がないとの批判もあります。オスロ合意前後では、パレスチナには一定の言論の自由があったとされますが、近年はそうではなく、ハマスへの批判などはできない状態だったと言われます。

確かにこうした批判は一定の説得力を持つかもしれません。しかし、抑圧された人間集団に言論の自由などを要求することに何の意味があるのかとも考えてしまいます。様々な批判があるとしても「パレスチナ人がここまで苛烈な運命を背負わなければならないのか」という大きな疑問はやはり残ります。一方的に土地を奪われ、爆弾と砲弾で家を破壊され、街を破壊され、家族を殺されなければならないのか、イスラエルの行為をそこまで許容するのか。そんな〝再反論〟も当然大きな説得力を持つわけです。

パレスチナ人たちは、ユダヤ人という組織力が強く、かつ強い生存本能を持った民族が「住みたい」と言った場所に、偶然、住んでいただけです。ただそれだけで、苛烈な運命を背負わされているのです。

ユダヤ人はかつて歴史的に迫害を受け続ける「弱者」とされてきましたが、今や、経済的・軍事的な「強者」になっています。つまり対立の根源は、強力な軍事力と経済力を持つイスラエルの「強者の論理」と、ゲリラ戦やテロ攻撃で報復するしかないパレスチナ人の「弱者の論理」の対立でもあるのです。

確かに国際政治は「強者の論理」が支配する世界ですが、現代に生きる私たちが、それをただ肯定することはできません。日本としても当然すべきではないでしょう。これは綺麗事ではなく、もし日本より軍事力の大きな国が武力で日本の領土を奪った場合、それを認めることはできませんし、認めるべきではないからです。現代の国際秩序が壊れてしまうからです。

もし日本人がパレスチナ人のような状況に置かれたらどうするでしょうか。宗教に救いを求めずにいられるでしょうか。家族や子供を殺されて冷静でいられるでしょうか。

この問いに答えはありませんが、パレスチナの人々は多くが石を投げて抵抗し、イスラムの教えを拠り所にしました。そして、イスラエル人たちがいるショッピングセンターで自爆ベルトを起爆させて散るようになりました。民間人に対する非道な攻撃、自爆テロをも行う人々が現れたのです。過激な手段をとる武装集団＝ハマスの登場です。

では次に、そのハマスの論理を見ていきます。

二つのハマス憲章

ハマスの論理を知るため、その〝憲法〟とも言うべき「ハマス憲章」を見ていくことにします。具体的には一九八八年八月に発表され、組織の行動指針を記したハマスの最重要文書である「ハマス憲章」と、二〇一七年に改定された新ハマス憲章を読み解いていきます。

厳密には一九八八年の憲章は破棄されておらず、新たな指針として二〇一七年の文書が出ただけですが、ここでは便宜的に一九八八年憲章を「旧憲章」、二〇一七年憲章を「新憲章」と呼ぶことにします。

ハマスの旧憲章は、「慈悲ふかく慈愛あまねきアッラーの御名（みな）において」という書き出しで始まり、「イスラエルは建国されるだろう。そしてイスラームが、先例のごとくこれを破滅させるまで居座り続けるだろう」（イマームにして殉教者ハサン・バンナー）という別の聖典から引用された言葉によって、イスラエルを破滅させるとの目標が示されています。

イスラム色が強いのが八八年の旧憲章ですが、一七年の新憲章ではイスラム的な要素がやや後退するなどの変化も見られます。旧憲章の条文和訳については、東京大学の鈴木啓之（すずきひろゆき）特任准教授の全文和訳を参考にし、新憲章の解釈は慶應義塾大学大学院博士課程の研究者、山岡陽輝（やまおかはるき）さんの論文を参考にしています。山岡さんの論文は新憲章と旧憲章を比較分析していて、その分析を引用します。また、新憲章の全文については「Middle East Eye（ミドルイーストアイ）」の全文英訳に準拠して和訳しています。

ハマスは一九八七年一二月に、ムスリム同胞団パレスチナ支部の武力闘争部門として結成されました。ムスリム同胞団というのは一九二八年に結成され、武装闘争も行う組織でしたが、本格的な武装組織としてハマスを作るべきかどうかをめぐっては組織内で議論がありました。まずは「イスラムの教えのもとに生きる社会をつくるべき」という一派と、「イスラエルに対する武装闘争を優先すべき」という若い世代が対立したからです。

しかし一九八七年からインティファーダと呼ばれるイスラエルへの民衆蜂起が始まり、抵抗運動が激しくなると、武装闘争を支持する意見が強まります。「イスラエルとの闘争にムスリム同胞団が参加しなければ、そもそも人々に支持されなくなる」という危機感が高まったからです。最終的には武装闘争路線を優先する形でハマスは結成されます。

その後、二〇〇六年一月のパレスチナ自治評議会選挙で、定数一三二議席に対して過半数となる七四議席を獲得し、PLO（パレスチナ解放機構）の主流派、ファタハなどと連立政権を発足させました。**つまり、最初はハマスもパレスチナの人々の支持に基づいて民主的に権力を手にしたのです。しかし、二〇〇七年六月にハマスは主流派のファタハと衝突します。最終的にはファタハを排除してガザを武力制圧し、二〇二三年にイスラエルに大規模攻撃を仕掛けるまでガザを支配してきました。**

そのハマスの「憲法」とも言えるハマス憲章は結成翌年の一九八八年八月に発表されたものです。これが二〇一七年に改定され新憲章になります。この二つを読み解くことで、「ハマスの論理」が見えてきます。

もちろん、この両憲章をもってハマスの行動の全てが説明できるわけではありません。イスラム組織の研究者の間でも、ハマス憲章、特に旧憲章はあくまで歴史的な文書に過ぎず、実際にハマスも中身に忠実に行動しているわけではない、との見方もあります。

また、人によってはテロリスト集団の文書を取り上げる意味などあるのか、という批判もあるでしょう。さらにイスラエルの猛攻撃でハマスは壊滅に向かっているから今さら意味はないとの見方もあるでしょう。

しかし、本書では以下三つの理由で、ハマス憲章をあえて取り上げます。

第一に、複数のイスラム研究者が指摘する通り、やはり現在のハマスあるいはパレスチナの過激主義の基礎を理解する上では価値がある文書だからです。旧ハマス憲章は、イスラエルとの和平、和平のための国際会議も完全に否定しており、妥協しない頑迷な強硬姿勢が鮮明でした。ただ、実際にイスラエルとハマスは停戦合意も結ぶなど、ハマスは妥協もしてきた組織です。そして、二〇一七年の新憲章においては、やや妥協的な側面が強まり、ハマスは「現実路線に転換」していったとの解釈も出ていました。

もっとも、二〇二三年一〇月七日の攻撃を見ると、こうした妥協的姿勢はウソで、やはりハマスは単なるテロリスト集団だったと非難する声も強いでしょう。つまり、「現実路線への転換」などまやかしに過ぎなかったというものです。私も一〇月七日の攻撃の後はそう考えました。

ただ、パレスチナをめぐる殺し合いはあまりに長い年月にわたり繰り返されてきたものであり、その中で組織や社会も徐々に変化すると思います。そうした小さな変化は見落とすべきではないでしょう。**往々にして歴史上の突然の大きな変化など、多くの場合は存在せず、大抵は小さな変化が積み重なって物事は変化するからです。一〇月七日の大きな事件とその後の戦争状態も考慮に入れつつ、今回はそんな対立の激化もあって無視される可能性が高まった新ハマス憲章を、あえて読むことに意味はあると思います。**

第二の理由は、欧米やアメリカなどは、このハマス憲章、特に「旧憲章」を引き合いに出し、ハマスは妥協しないから交渉などできないテロリストだと批判しているからです。**欧米がハマス憲章を元にハマス批判を展開する以上、パレスチナとイスラエルだけでなく、欧米との対立軸を理解する文書として重要でもあります。**

そして最後の理由は、誤解を恐れずに言えば「敵を知る」という考え方です。

おそらく二〇二三年一〇月七日にハマスが行ったこと、そしてこれまでやってきたことを見て「民主主義の敵」「テロリスト集団」としてそもそも相手にすべきではないとの意見もあるでしょう。ハマスはイスラエル軍だけではなく民間人も明らかな標的としており、過去には女性も含め多くの人間に自爆テロを実行させてきた暴力集団です。意図して、あえて大勢の民間人を殺害してきました。当然、非難されるべきです。

しかし、仮にハマスを「敵」と定義したとしても、それでも敵のことは知らなければなりません。敵に勝つためには敵を知る必要があり、無知のまま互いに殺し合うことは愚かな行為です。また実際のところ、相手を殲滅(せんめつ)することは極めて困難であり、妥協せざるを得ない場合がほとんどです。このため、なおさら敵を知ることは重要になります。

イスラエルは中東最強の軍事大国であり、その軍事力と世界最高水準の情報機関、諜報機関を駆使して長年ハマスと戦ってきましたが、殲滅することはできませんでした。二〇二三年一〇月以降の軍事侵攻では殲滅を目指していますが、一年近くたってもハマスの殲滅を宣言できていません。ハマスの軍事部門を一時的に壊滅できる可能性はありますが、政治部門は生き残っており、組織全体の壊滅は今後も極めて困難でしょう。

仮に壊滅できたとしても、今後、同じような別の組織が生まれると考えられます。イスラエルの空爆によって親を殺され、傷ついたパレスチナの少年少女たちの一部は別の新たな過激派組織の戦闘員になるかもしれません。戦闘員や人は殺せても、恨みや怒りに根ざした思想を完全に根絶することは不可能なのです。

ハマスという国家ではない暴力組織に対して嫌悪感や敵意を抱く人々もいると思います。しかし単純な歴史の事実を述べれば、あらゆる政治権力は暴力を行使する集団から始まっています。王国や帝国は、国王や皇帝の兵士たちの物理的な暴力によって統治を維持し、領土を拡大してきました。また、民主主義国家も、王族を処刑した民衆の暴力によって生まれてきました。フランス革命でも、アメリカ独立戦争でも暴力が民主的な権力を生んできたのです。

この世界に存在する多くの政治権力が、その成立過程において、罪のない民間人を多数犠牲にしてきたのも事実です。自らに反抗する勢力や外部の敵対勢力を意図的に殺害してきたのです。世界中に引かれた国境線は、人間集団の殺し合いの結果として引かれたものです。純粋に平和的な話し合いのみによって成立した「美しい政治権力」など、おそらく学校の生徒会くらいではないでしょうか。

上記がハマス憲章を解説する理由です。

ここまで書くと、私がハマスを肯定的に捉えているように感じられるかもしれませんが、決してそうではありません。また付け加えなければならないのは、このハマスの論理が、全てのパレスチナの人々の行動原理を説明するものでもないということです。あくまでハマスの目線での解説です。ハマスを支持しないパレスチナ人もいます。私もハマスとパレスチナの人々を同一視したり、あるいはハマスのテロ行為を正当化したりする意図は全くありません。

前置きが非常に長くなりましたが、過激な集団の論理を解説するという命題が単純でない理由を、あえて言語化してみました。

反ユダヤ主義を標榜する暴力集団

ハマスにとっては、イスラエルの建国により奪われた土地を取り戻すことが至上命題です。一九八八年に発表された旧ハマス憲章からまず見ていくと、そのためにジハード（聖戦）を戦うことを宣言しています。

憲章第六条には以下のように書かれています。

「イスラーム抵抗運動は、独自のパレスチナの運動であり、アッラーへ忠誠を捧げ、イスラームから行動指針を導き、パレスチナの隅々にまでアッラーの旗を掲げようと行動する」

パレスチナ全土に神の旗を掲げるというのは、全ての土地はイスラムのものであり、絶対に取り戻すという決意表明です。つまり、イスラエル国家の存在を認めていないということになります。この土地を取り戻すために、ジハードを戦うという論理になるのですが、旧憲章第一五条には具体的に次のように書かれています。

「敵がムスリムの土地のいくらかを奪った日には、ジハードは全てのムスリムにとって個人の義務となる」

ジハードはあくまで「個人の義務」だとした上で、さらに第一二条では、

「敵へのジハードと対決は、全てのムスリム男性および女性にとって個人の義務となる。女性は夫の許可なくして、奴隷は主人の許可なくしても敵との戦いに出かける」

女性も夫の許可なしにジハードに参加できるという文章が印象的ですが、実際、自爆テロには女性も加わっています。こうしたジハード、神などの考え方が少し整理されているのが、そ

の前の第八条です。

「アッラーはこれ（ハマス）の目標であり、使徒は規範であり、クルアーンは憲法であり、ジハードは手段であり、アッラーのための死は至高の望みである」

いろいろと概念が整理されていますが、死が最高の望みである以上、イスラエルと戦って死ぬことと同時に、自爆テロをも正当化する論理になっているのが分かります。そして、旧憲章において特に問題だと考えられているのが、次の第一三条です。

「パレスチナ問題の解決に向けた提案や、平和的解決または国際会議と呼ばれるところのものは、イスラーム抵抗運動の理念と対立する」

つまり、問題を解決するための和平協議などは、一切認めないということです。この部分が、ハマスは結局のところ全く対話などできない集団だと欧米が批判する根拠になってきました。対話が通じないならば、軍事的対応しかないとイスラエルの強硬派が主張する根拠にもなっています。

さらにハマス憲章には、組織の非妥協的態度を遥かに超えた、さらに敵対的な表現もあります。第七条の最後にある、第二の聖典ハディースからの引用です（東京大学の鈴木特任准教授の和訳から引用します）。

「その時（最後の審判の日）はムスリムがユダヤ教徒と戦い、石や木々の陰に潜むユダヤ教徒をも殺すまで起こらない。石や木々は言う。『おおムスリムよ、アッラーの僕（しもべ）よ。我が後ろにユダヤ教徒がおるぞ。やってきて殺すがよい』と。ただし、ガルカドの木はなにも告げない。なぜならそれはユダヤ教徒の木だからである」

前章で紹介したユダヤ教の「誰かが殺しに来たら、立ち向かい、相手より先に殺せ」という言葉も物騒な表現でしたが、イスラエルと敵対するハマスも同じような論理を持っているのです。このようにイスラエル周辺には互いに憎み合い殺し合う論理が併存しているのが分かります。さらに、そのイスラエル人について書かれた第三一条の中には以下のような表現があります。

「我々の民衆に向けられたナチス的シオニストの行動は、彼らの侵略の寿命を引きのばすものではない」

つまりユダヤ人が一番忌み嫌うナチスに、あえてユダヤ人を重ねているのです。こうした表現は複数箇所で見受けられます。第二〇条には「ナチス的に非道な敵」「ナチス的なユダヤ人」などの表現があり、ユダヤ人に対する敵視が強調されています。ハマスは反ユダヤ主義を明確に標榜（ひょうぼう）する暴力集団だと、文書の上でも確認できます。

現実路線に踏み出した新憲章

ここまで旧ハマス憲章を見てきましたが、それが三〇年後、二〇一七年の新憲章では変化が見られるようになります。慶應義塾大学大学院博士課程の研究者である山岡陽輝さんの研究論文『論理の転換に見るハマースの「柔軟性」二つの「ハマース憲章」から』を参考に見ていきます。

ハマスの新憲章はカタールの首都ドーハで発表されました。ただ、当初の発表会場として予定されていたドーハのインターコンチネンタルホテルが予定をキャンセルし、ハマスは結局、ドーハ・シェラトンで発表することを余儀なくされています。インターコンチネンタルホテルが、イスラム組織にとっての〝歴史的な場所〟となるのを嫌がったのかもしれません。

それはともかく、慶應義塾大学の山岡さんの分析をもとに、この新憲章の特徴をまず二つ挙げると、**①反ユダヤ主義的な文言が削除され、先ほど紹介した第七条のような敵対的な引用も消えている点、そして、②ハマスがイスラム組織であるにもかかわらず、イスラム的な要素が弱められている点です。つまり、反ユダヤ主義、イスラム主義的な要素の後退です。**

まず驚くのは、新憲章一六条の次の文言です。条文は山岡さんの論文の和訳をそのまま引用しています。

第一六条「ハマースは、この闘いはシオニストの計画に対するものであって、彼らの宗教を理由としたユダヤ人に対する闘いではないことを強調する。ハマースは、彼らがユダヤ人であるがためにユダヤ人と闘うのではなく、まさに、侵略占領者であるシオニストに対して闘うのである」

つまり自分たちの戦いに宗教は関係ない、ユダヤ人だから戦うわけではない、ということを強調しています。あくまで自分たちは侵略者、占領者であるシオニストと戦うのだと言っているのです。

もちろん、結局「シオニスト」をどう定義するかはハマス次第だろうという批判はできるでしょう。勝手な解釈を与えてユダヤ人を攻撃するだろう、と。

ただ、これをあえて書いているということはひとつの注目点です。少なくとも「ナチス的ユダヤ人」とまで書いていた旧憲章とは異なる点であり、山岡さんも「大きな転換」だと指摘しています。

またイスラム的要素の減少について、山岡さんによると以下のような顕著な変化が確認されています。

- **旧憲章で三四回なされていた聖典コーランの引用が全くされていない。**
- **旧憲章で三〇回登場していた「アッラー」の文言がわずか三回になっている。**

・旧憲章で二〇回あった「ジハード」に関連した文言はわずか一回になった。

こうした定量的な変化を見ると、確かにイスラム的な要素が減退しています。旧憲章と同じく、ジハードは義務とされていますが、回数は大幅に減少しています。

また、イスラム的な論理ではなく西欧を中心に形成されていった国際法的な論理すらも、一部で採用されています。都合の良い部分のみの恣意的な援用だろうと指摘されそうですが、本来はイスラムという宗教を基本としていた論理から、いわば西欧という〝敵〟の論理すらも一部受け入れた格好になっています。

そして、新憲章の大きな変化は、第二〇条の次の一節にありました。

「シオニストの存在の承認を断固として意味することなく、またパレスチナ人の権利のうちいかなるものも放棄することなく、ハマースは〔以下のように〕考えている。即ち、首都をエルサレムとし、一九六七年六月四日の〔境界〕線に沿い、難民及び避難民が追放された彼らの家へと帰還する〔ことができる〕、主権が完全である独立したパレスチナ国家の樹立は、民族に共通して一致した解決策である」

ここで特筆すべきは、一九六七年の第三次中東戦争が勃発する前の境界線でパレスチナ国家を樹立すると表明していることです。どういうことかと言うと、その境界線の外にあるイスラ

エル国家の存在を認めていると解釈できるのです。従来は存在すら認めていなかったことを考えると、大きな変化と言えるでしょう。

もっとも、その二つ前の一八条では「イスラエルの建国は根本的に不正」だと書いており、続く一九条でもイスラエルの正統性を認めない旨が記されています。

しかし現実的にイスラエルは存在し、日々戦ったり交渉したりしている以上、こうした条文は「建前論」であると考えられ、事実上、現状のイスラエル国家を認める論法になったのは特筆すべきことだと考えられます。

新憲章が旧憲章に比べここまで変化したことを考えると、起草から発表までにハマスの内部で相当な議論があった可能性があります。

結果としては、一九八八年の憲章で記した自分たちの基本的立場を維持しつつ、現実路線に少し踏み出したと受け取れる内容でした。国際社会に対し、「交渉の通じない集団」という印象を変え、「対話のできる相手」だと新たに認識させるためだったと思われます。

新憲章は〝世界を欺くため〟なのか

こうした変化について、もちろんイスラエル政府は素直に受け止めるわけもなく、「ハマスは世界を欺こうとしている」と批判してきました。新憲章の発表直後もこうした受け止めは多く、実際にハマスが武装闘争を放棄したわけでもありません。また、旧憲章を放棄して新憲章を出したわけでもありません。結局、意味のある変化はない、というのも妥当な批判でしょう。

また、新憲章発表の六年後にあたる、二〇二三年一〇月七日のイスラエルへの攻撃をみるにつけ、こうした穏健姿勢はまやかしだったと感じる人も多いでしょう。この環境下では、そもそもハマスの穏健化など、議論に値しないと考える人も多いかもしれません。

ただ、先ほど述べた理由により、あえて今だからこそ、物事を短期的に理解するのではなく、長期的に考えるという意図をもって、本書では新・旧ハマス憲章を取り上げています。

イスラエルとパレスチナの戦い、殺し合いは、私が生まれる前から始まっていて、私が死んだ後も続くかもしれません。

繰り返しになりますが、物事の変化は、いきなり起こるのではなく、小さな変化が少しずつ積み重なって起こります。確かにパレスチナ問題の解決は急務ですが、両者の和解に向けた道のりは、非常に長い時間軸で考えていかざるを得ません。この観点から、新憲章で見て取れる変化は見落とすべきではないと思います。

将来的にはパレスチナの人々が、武装闘争を志向するハマスではなく、平和的な交渉を志向する政治主体を民主的に選んで交渉していくことが理想的です。もちろん、その場合でも、強大な武力を持ったイスラエルがそれに応じるのか、という問題は残ります。これまでのところパレスチナ側は「イスラエルは抑圧するばかりで対話などできない。であれば武器をとって戦う」というロジックで戦いを選んでいます。

戦争や紛争が起こる原因の一つは、第二章でも指摘した通り、「現状維持勢力」と「現状変更勢力」の対立です。常に世界には、現状に満足し、それを維持したい「現状維持勢力」と、現状が不満で、これを変えたい「現状変更勢力」がいて、両者が対立するからです。

日本も含めて平穏に暮らす国家に住む人々が「平和」というときは、自分たちに「現状維持勢力のバイアス」がかかっていることが多いと言えます。今、虐げられている民族や国家、現状に不満な勢力や人々にとっては、現状は決して平和ではないので、現状を変えたいし、変えなければならない、変えることこそ正義なのです。

パレスチナ問題においては、イスラエルは現状維持勢力に近いと言えますが、ハマスやパレスチナの人々は明らかに現状変更勢力です。正確に言えば、イスラエルが変えてきた現状を元に戻したいと願う勢力です。

そして両者の対立はここ数年で最悪のレベルに悪化しています。こういうどん底のときだからこそ、互いの論理を見つめ直すべきタイミングだと思います。

旧約聖書によれば、イスラム教徒の祖先イスマイールとユダヤ教徒やキリスト教徒の祖先であるイサクは、父であるアブラハムを共に埋葬したと伝わっています（創世記二五／一－一八）。パレスチナ人とイスラエル人が現在の殺し合いの犠牲者を共に追悼する未来は、果たしてやって来るのでしょうか。

ウクライナで歩兵任務の訓練を受けるウクライナ兵
©Madeleine Kelly／ZUMA Press Wire／共同通信イメージズ

第 六 章

ウクライナ戦争の現在地
――ロシアの“侵略三年目”の論理

ロシア経済は〝好調〟なのか

二〇二二年二月に始まったウクライナ戦争が三年目に入る中、世界は理不尽な現実に直面しています。侵略国であるロシアは攻勢を強め、侵略を受けた国であるウクライナは弱体化し、市民の被害が拡大しています。

戦争を始めたロシアは、依然として大きな戦力を前線に投入し、欧米からの経済制裁を受けながらも、国家として十分に持ちこたえて戦争を継続できています。プーチン大統領の支持率は八〇％を超え、二〇二四年三月にはライバル不在のまま引き続き大統領に再選されました。

事実上の専制国家で支持率八〇％が真実なのかは議論がありますが、体制はなお安定しており、支持する人が多数派であることは確かでしょう。大統領選は反体制派の出馬が認められない不公正な選挙だったとはいえ、実質的にプーチン大統領に対抗できる政治家はいません。ほとんどの反体制派が刑務所か国外にいるか、あるいは死亡しているためです。このためプーチンは戦争の継続について「国民の支持」を得た格好になりました。

逆に、侵略を受けているウクライナのゼレンスキー大統領は、開戦時の強い支持を失い苦境にあります。国民から人気があったザルジニー総司令官を意見の対立で解任したことや、戦況の劣勢が続いていることが原因です。大統領としての任期は二〇二四年五月二〇日で満了を迎えました。現在は戒厳令のもとで政権が継続しています。

戦争によりウクライナは国土の二割を失い、経済規模は三分の二近くまで縮小してしまいました。欧米から供与された戦車による反転攻勢は成功せず、戦争の継続は容易ではありません。兵力不足を補うため、ロシアのように服役中の受刑者の動員を可能にする法案にゼレンスキー大統領は署名しました。一部では、奪われた二割の国土を取り戻すことは「もはや不可能」とすら見なされています。

そして、ロシア軍はそのウクライナから奪い取った領土を維持することに成功しています。ロシアはなぜ持ちこたえ、戦争を継続できているのでしょうか。経済制裁でロシアは行き詰まるはずではなかったのでしょうか。

数万人規模の兵士が死亡しているロシア軍ですが、多額の給与を提示することで新兵を採用することに成功しています。従軍時には一〇〇万ルーブル（一万一〇〇〇ドル＝日本円で約一六〇万円）以上が支給され、月給もドル換算で二一五〇ドルから二七〇〇ドル（約三二万円〜四十万円）とロシアの平均給与の約三倍という好待遇により、ロシア軍は毎月三万人〜四万人の採用に成功しているとウクライナ国防省は推定しています。

クリストファー・カヴォリNATO欧州連合軍最高司令官は、この結果、ロシア陸軍は侵攻開始時より一五％も規模が大きくなっていると報告しています。

ロシアの人口は少子化で減少していますが、さらに戦争によるこうした兵力増強で六〇万人以上の成人男性がウクライナの戦場に送り込まれました。その結果、戦いを有利に進める一方、国内経済では約三分の二の企業が人手不足に直面しています。これは経済には逆風です。

しかし、この**人手不足によりロシアの失業率は三％前後と史上最低水準まで低下し、人々には十分な仕事がある状況が生まれました。つまり、雇用環境は〝好調〟とも言える状況になったのです。また、中国経由などで外国製品はなお流入しており、戦争前から構築されてきた「輸入代替」政策、つまり、国産品によって輸入品に頼らない経済の枠組みも機能しているようです。**

何より政府歳入の約四割を占める天然ガスと原油を中国やインドが購入してくれているおかげで、ロシアは大きな外貨収入を獲得し、財政が支えられています。インフレは人々の暮らしに打撃を与え、通貨ルーブルは下落しましたが、その後は持ち直す動きも見せており、暴落は避けられています。ロシア中央銀行は金融政策、為替（かわせ）政策を比較的うまく管理してきたようです。

また、戦車やミサイルをはじめ戦争のための物資の生産が増加したことも、軍事主導とはいえ、経済を支えています。**軍事物資を中国や北朝鮮が支援していると言われる中、ロシアは戦争に十分に耐えられる状況になっていたのです。少なくとも、経済制裁がロシアの戦争遂行を難しくするだろうとの予測は、戦争三年目の時点では大きく外れました。**

もっとも、長期的にロシアは深刻な人口減少に直面し、経済も衰退していくと見られます。このため、プーチン大統領はより長期の戦いに備えています。

二〇二四年六月には北朝鮮を二四年ぶりに訪問し、金正恩委員長との間で、他国から攻撃された場合などに相互支援を行う条約を結ぶなど、北朝鮮との長期的な協力関係を強めています。

これにより北朝鮮からロシアへの軍事支援はさらに拡大し、逆に北朝鮮は見返りにロシアのミサイル技術などの提供を受けると見られます。ウクライナ戦争が、北朝鮮の軍事力を高める結果になるという、日本にとっては頭の痛い問題です。

また、その前月にプーチンは、第一副首相だったアンドレイ・ベロウソフを新たな国防相に任命しました。前任のセルゲイ・ショイグ国防相のもとで進んだ軍の腐敗を一掃し、ロシア軍をより持続的に戦える体質に変える狙いがあります。

ベロウソフ新国防相は軍務経験のない経済学者で、ソビエトの伝統を引き継ぐ国家統制主義者だとされています。一方で、西側のエコノミストが見ているのと同じ経済データを見ながら、冷静なコスト分析に基づいて政策を決める優秀な実務家だとも考えられています。ベロウソフは「重要な任務はもちろん勝利だ」とした上で「同時に強調したいのは、人的犠牲を最小限に抑えることだ」とロシア兵の犠牲に配慮する姿勢を見せていますが、これは人道主義に基づくのではなく、冷静なコスト計算に基づく発言だとの見方が有力です。

かつて大企業からの徴税で実績を上げたことがプーチンに評価されたとみられるベロウソフですが、何より腐敗とは無縁の人物であることも大きいでしょう。経済や財政のプロとしてロシア軍の財政基盤を改革し、腐敗撲滅に辣腕を振るうことが期待されています。これまでロシア軍の体質を批判してきたロシア国内の主戦派からも評価されているようです。

ロシア軍はもともとショイグ前国防相やゲラシモフ参謀総長のもとで腐敗が進み、これがウクライナ戦争の遂行の阻害要因となっていました。しかし、ベロウソフ新国防相の就任とほぼ同時期に、ロシア軍では五人もの高官が収賄などの容疑で逮捕されています。ゲラシモフ参謀総長も近く交代させられるとの見方もあります。

軍高官の逮捕は、プーチン大統領に全て事前に報告されている模様ですが、戦時下にトップである国防相を交代させ、これだけの数の逮捕を認めたのは、プーチンが現在の戦況に自信があることを示しているとも言えます。

プーチン独裁は〝新次元〟へ

そのプーチン大統領はかつてないほどの強権的支配を確立し、独裁体制はもはや〝新次元〟の領域に入っています。ウクライナ戦争に反対したり、プーチン体制に抵抗したりする人々の多くはロシア国外に逃げていきました。国内の反体制派は互いに存在感が小さい上に仲が悪く、まとまれていません。大統領として五期目を獲得したプーチンは、二〇三〇年にも大統領に立候補が可能です。もし当選すれば八三歳になる二〇三六年までロシアを統治することになります。

二〇二四年二月に反体制活動家のアレクセイ・ナワリヌイが刑務所で突然死した後は、大規模な反体制デモを開催したり政権への抵抗運動を組織したりできるリーダーはロシア国内には一人もいない状況になりました。つまり、プーチンの邪魔者は、ほぼ全て消えたのです。

ナワリヌイの死の真相は明らかではありません。ウクライナの情報当局は「血栓」が原因で、他殺ではないとしています。ただ、彼が不当に拘束され、刑務所で非人道的な取り扱いを受けていたことは明らかなので、彼の突然で不可解な死はプーチン政権による事実上の殺害と見なされました。当初は遺体を霊柩車で運ぶことも妨害され、大規模な葬儀も許されず、追悼する支持者らが逮捕されるなど、プーチン政権の弾圧は徹底的でした。

二〇一五年にプーチン大統領の政敵だったボリス・ネムツォフ元第一副首相がクレムリン宮殿近くの橋の上で銃殺されたときは、約五万人の市民がモスクワの街頭を行進して追悼しました。しかし、今回はそうした大規模な〝反プーチン的な行動〟は許されませんでした。三月のナワリヌイの葬儀に集まったのは数千人規模で、戦争反対やプーチン批判も確かに聞かれましたが、治安部隊が取り囲む中、比較的抑制された静かな抗議行動になりました。

ナワリヌイが死亡した直後、私がモスクワに住むロシア人の友人に電話すると、盗聴を恐れてか「政治の話は一切できない」と言われました。友人は「毎日の暮らしは問題ない。確かにモノの値段は上がったが何とかなっている。今のロシアではウクライナ戦争と政治の話さえしなければ生活に全く問題はない」と語りました。国際電話でも自由に発言できない状態です。私がモスクワで取材していた五、六年前に比べ、政治的意見の表明は遥かに危険な行為になっています。プーチンの独裁は今までとは異なるレベルで完成しているのです。

では、プーチン大統領は何を考えているのでしょうか。あるいは誰の影響を受けているのでしょうか。彼がＮＡＴＯの拡大に対抗するため、国家を防衛する意思で戦争を始めたのか、それとも「偉大なロシアを復活させる」という個人的な野望に基づいて戦争を始めたのか、究極的な真実は分かりません。

プーチンと数十年来の知り合いで、メディア企業のトップで大富豪のユーリー・コバルチェクが「かつての偉大なロシアを復活させ、ピョートル大帝のようになるべきだ」とプーチンを煽り立てたとも言われています。コバルチェクはメディアを通じた世論誘導などで大きな役割を果たしたと見られていますが、決して表には出てきません。

もっとも、プーチンに影響を与える人物は、今後も決して表に出てくることはないようです。なぜなら、彼らは既に死んでいるからです。

プーチン政権の中枢にいるはずのセルゲイ・ラブロフ外相も、ウクライナ戦争の具体的な計画は、直前まで知らされませんでした。つまり彼は大統領の本当の助言者ではありません。一方で、彼はウクライナ戦争の開戦直後、ある財閥トップから「なぜ大統領はこんな戦争を始めたんだ？」と聞かれたようです。**するとラブロフは「プーチン大統領には三人の助言者がいる。イヴァン雷帝と、ピョートル大帝と、エカテリーナ女王だ」と答えたと報じられています。三人とも既に死んでいる歴史上の人物です。**

これはプーチンが、ロシアの偉大な歴史を築いた歴代の皇帝と自分を重ねていることを示すエピソードですが、彼はますますこうした少数の〝助言者〟に頼り、クレムリン宮殿の中で自分のからにこもる状態だという指摘もあります。

ある元ロシア政府高官は、こんな戦争は終わらせるべきだという意見に対し「クレイジーな男を説得できるとでもいうのか？」と言い放ったとされ、ロシア政府内にある諦めムードも漏れ聞こえてきます。もちろんクレイジーな男とはプーチン大統領を指します。

しかし、その「クレイジーな男」は侵略戦争を遂行し、今のところ権力の維持に成功しています。なぜ大多数のロシア国民はプーチンを支持するのでしょうか。モスクワやサンクトペテルブルクなど教育や所得水準の高い大都市では、プーチンの長期独裁に反対する人は相当数いる模様ですが、全国レベルではプーチンは支持されています。

“国家の崩壊”は防がれている

これは前著『ウクライナ戦争は世界をどう変えたか』にも書いた通り、**ロシア人はナワリヌイのような反体制指導者が掲げる自由や民主主義といった社会正義よりも、なおプーチンが築いた「秩序」が大事だと考えているからです。ソ連という国家の崩壊と大混乱を経験した多くのロシア国民にとって、たとえ指導者が独裁者でも、たとえ戦争を始めても、国際的に孤立しても、社会の「秩序」が維持されていることが最も重要なのです。**

ロシア国民はソ連共産党の一党独裁やスターリン支配に数十年も耐え、一九九〇年代の経済崩壊にも耐えてきた人々です。彼らから見れば、現在のロシアはプーチン大統領の指導力のもとで崩壊を免れているのです。国家の崩壊を防ぎ、社会を安定させているプーチンを支持することは、もはや「当たり前」なのです。あたかも国歌を歌うような「儀式」だという指摘もあります。

何よりプーチンに代わる指導者を見出せないことが大きいでしょう。つまり亡くなったナワリヌイを新たなロシアの指導者として認めていた人は、全国レベルで見ればほとんどいなかったのです。確かにナワリヌイは志半ばで倒れたことで、人々の心に残り続ける〝英雄〟となりました。彼が掲げた自由で民主的なロシアという理想は、今後の反プーチン運動の精神的な柱として抵抗者たちを鼓舞し続けるでしょう。

しかし、それでもナワリヌイのような「抵抗者」と国家の「統治者」は全く異なるものだとロシア人は本能的に理解しています。深層心理においては、指導者であるプーチンの交代を恐れている可能性もあります。もし統治能力のない弱い指導者が登場すれば、国家は崩壊するかもしれず、そうでなくても社会が混乱するのではないか、という恐怖があるからです。

プーチンはそうした大衆の不安を熟知した上でロシアを統治しています。

ロシアでは軍事予算が最優先になっているので、道路の整備など社会インフラは傷んでおり、今後も人々の生活は打撃を受け続けるでしょう。しかし、今のところ多くのロシア国民は、戦争が三年目に入っても、〝理不尽〟に耐え続けています。戦死者などの犠牲が圧倒的な数に上ったり、国家総動員などで生活秩序が壊されることがない限り、政治への無関心を装い、プーチンを、消極的であれ、支持し続ける可能性が高いでしょう。

ウクライナ戦争はウクライナの祖国防衛戦争です。しかし、侵略を始めたロシアも同じように、この戦争は西側の侵略に対抗する「祖国防衛戦争」だと主張しています。重要なのはこのロジックが、ある程度ロシア国民に受け入れられていることです。ウクライナでの軍事行動への支持率は二〇二四年一月時点でも七〇％を超えています。もちろん戦争を批判すれば法律により投獄されるリスクがあるので、大統領支持率と同様に正確さへの疑念はあります。ただ、専門家の分析や、歴史的に何度も侵略を受け続けたロシア国民のトラウマを考えると、少なくとも過半数の国民は支持していると推測されます。

特に第二次大戦の独ソ戦を戦ったかつての敵ドイツが二〇二三年一月にウクライナにレオポルト二戦車を提供すると発表したことは、プーチン政権のプロパガンダには追い風でした。独ソ戦はソ連のT三四戦車がナチス・ドイツのティーガー戦車と戦ったロシアにとっての“聖戦”です。プーチン政権はドイツ戦車レオポルト二の提供に対して、「宿敵ドイツの戦車が再び攻めてくるならば、自分たちも祖先たちのように勇敢に戦わなければならない」というメッセージを拡散しました。

ロシア国内では二〇一八年に政府が全面支援した映画「T－34　レジェンド・オブ・ウォー」というプロパガンダ映画が公開され大ヒットしています。ロシアが歴史を利用してくることは予想できたからこそ、ドイツは当初から戦車の提供に消極的でした。第二次大戦では自らが侵略者だったことへの贖罪（しょくざい）意識も強く、戦車の提供についてドイツの世論も真っ二つに割れていました。

“プリゴジンの乱”の衝撃

もっとも、ロシア人にとって、プーチンに従い続けることは、自分たちの家族や知り合いが戦争の犠牲になるという現実から目を背ける行為です。当然、大勢の人が心理的なストレスを抱えることになります。犠牲が増え続けていることは事実であり、実際に息子や夫を失った女性たちが、戦争反対の声を上げる動きも表面化しています。

実際、戦争が始まって以降、ロシア軍の死者は増え続けています。ロシア軍は二〇二二年九月に死者は五九三七人と発表して以降、正確な情報を開示しておらず、またロシアの民間軍事会社の兵士の死傷者数も正確には分かっていません。

一方でロシアの独立系メディアなどは二〇二四年五月時点で、SNSに上げられた葬儀の様子、地域メディアの報道、地方政府の発表などを総合すると、少なくとも死者は五万二七八九人に上ると推計しています。もちろん、実際ははるかに多いと見られ、ウクライナ政府は約一八万人、フランス政府は約一五万人と見積もっています。

先ほど、ロシア軍は高い給与を提示することで新兵の獲得に成功していると書きましたが、原油や天然ガス収入などに支えられたそれだけの財政支出がどれだけ続けられるかは不透明で、人口も減る中、今後は兵士の募集が難しくなってくると予想されます。既に刑務所で服役する犯罪者に加え、刑事被告人に対しても無罪判決の代わりに従軍を求めており、一部の地域ではホームレスなども戦場に駆り出されているとの報道もあります。また、借金を抱える人が債務免除と引き換えに従軍する事例もあるようです。

二〇二二年九月にプーチン政権が三〇万人規模の動員を発表した際には、ロシア社会に動揺が広がりました。今後、兵力を維持するためにも、追加の大規模動員が避けられないとの見方

も出ていて、そうなれば反戦運動はまた強まるでしょう。

プーチン政権がこうした反戦を訴える人々の弾圧を強化し、反体制的な運動を強引に抑え込むのは、逆に言えばそうした動きをいかに恐れているかの表れでもあります。そして二〇二三年の「プリゴジンの乱」後、プーチンは強権支配を一気に強めることになりました。

二〇二三年六月の民間軍事会社ワグネルの経営トップ、エフゲニー・プリゴジンによる反乱は、プーチン政権の権威に大きな傷をつけました。

かねて前線での弾薬の供給などをめぐり、ゲラシモフ参謀総長や当時のショイグ国防相などロシア軍上層部を公然と批判していたプリゴジンは、ワグネルが軍の統制下に入るという決定を拒否し、自ら戦車や装甲車などを率いてモスクワに進軍しました。

この反乱はプーチン大統領が権力を握った過去二三年間の中で〝最大の危機〟と言えるものでした。一部の市民は内戦の恐怖に怯(おび)えました。数千人規模の重武装の兵力が南部の都市ロストフ・ナ・ドヌーから北上し、モスクワまで約二〇〇キロの地点にまで進軍したのです。

数千人の兵力が簡単に進軍できたのも驚きですが、何より衝撃的だったのは、軍が大規模な首都防衛作戦を展開しなかったことです。首都が狙われているならば軍も治安機関も総力を挙げて潰(つぶ)しに行くのが通常ですが、プーチン大統領を守る国家親衛軍も組織的な抵抗をしなかったようです。少数の戦闘機、戦闘ヘリなどは迎撃に向かったものの、逆にプリゴジン側に撃墜され、ロシア軍のパイロットなど二〇人近くが死亡した模様です。FSBやGRUなど防諜・情報部門にとっても、インテリジェンス上の大失態と言ってもおかしくありません。

一方、この反乱は約二四時間で収束しているので「穏便に処理した」との見方もできなくはありません。ベラルーシのルカシェンコ大統領の仲介に加え、情報機関ＦＳＢが、進軍するワグネルの幹部に「家族に危害を加える」と脅した効果もあったと見られています。

しかし、実際に起こったことは、プーチン体制に面と向かって反旗を翻す正真正銘の反乱です。見せしめとして徹底的に潰す選択肢も当然あったはずですが、実行されませんでした。「わざと叩（たた）き潰さなかった」にせよ「叩き潰せなかった」にせよ、絶対的支配者と思われていたプーチン大統領が実は「無敵ではない」と思われてしまいました。

また、すぐにプリゴジンを非難した有力者も皆無でした。やはりプーチン大統領には面従腹背の取り巻きが多いのだろうと推測するには十分な状況でした。

プーチン大統領が最も憎むのは「裏切り者」であり、当初はプリゴジンを「裏切り者」と認定しています。しかしプーチンは自らがカメラの前に立って事態の沈静化を呼びかけた後、最後は反乱者の一部と面会し、プリゴジンを全く処罰しませんでした。これもプーチン大統領の権威に大きな傷となりました。大統領に反乱を起こした大罪人が罰せられなかったのです。

当局の対応も混乱したものとなりました。政権のプロパガンダを担当する政府系メディアＲＴのマルガリータ・シモニャン編集長は、すぐにプリゴジンを非難せず、事態が沈静化してはじめて非難し「処罰しろ」と糾弾したと報じられています。しかしプーチン大統領が処罰しない方針を示すと、大統領のその方針をあわてて支持するなど、一貫性のない対応に終始したようです。

すぐには罰を受けなかったプリゴジンですが、反乱の約二カ月後の八月に「航空機事故」で死亡しました。飛行機が墜落する様子は「偶然」カメラにも収められており、国内外からプーチン政権による殺害と見なされました。プーチン氏は機内で手りゅう弾が爆発したとの見方を示し、プリゴジンはやはり「報い」を受けることになったようです。「裏切り者は消される」というロシア政治の常識からすれば、ほぼ予見できた結果でした。ましてやソ連崩壊当時の保守派のクーデター以来、ロシアでほぼ初めての武装反乱を起こしたのです。にもかかわらず二カ月近くも生きていたのは、ずいぶん「長く生き延びた」と言えるかもしれません。

プリゴジンが「長く生き延びた」理由は、FSBなどがプーチンの指示でプリゴジンの殺害計画を立て、実行するのに時間がかかったという〝実務的な〟理由かもしれません。ワグネルは最終的には大部分がロシア軍へと統合されましたが、その規模の大きさから、軍への統合も含め反乱の事後処理に時間がかかったのかもしれません。もちろん真相は闇の中です。ただ、反乱後もプリゴジンはプーチンと面会しており、プーチンとの深い関係が彼の寿命を引き延ばした可能性はあるでしょう。

プーチンにとってプリゴジンは九〇年代からの付き合いで、数年で人事異動があるロシア軍の幹部と異なり、長年付き合ってきた信頼できる人物でした。また、政治的にも彼が創設したワグネルは非常に重要な存在でもありました。

二〇〇〇年に大統領に就任して以来、プーチンは軍の掌握に苦労したと言われています。彼はソ連崩壊後、軍と保守派によるクーデターを目撃しています。大統領として全権を掌握した

後も、物理的な暴力を持つ軍はやはり自分の権力に対する脅威でもあり続けてきました。特に戦争が起きると軍が国家内でより大きな影響力を得ることを彼はよく理解していて、その軍に対抗するための存在としてワグネルは重要だったと見られます。

ロシアの民間軍事会社は三七社あるとも言われますが、ワグネルほどの強力な陸上戦力と航空戦力を兼ね備えた組織も他にありませんでした。ウクライナ戦争でも、主に東部バフムトにおいてワグネル部隊はどの部隊より多くの犠牲を出し、成果を上げていました。

他の武装集団、例えばプーチンの配下にあるチェチェン共和国ラムザン・カディロフ首長の部隊（カディロフツィ）などは、ほぼあてになりませんでした。チェチェンの戦士からなる部隊ですが、何かとSNSでのアピールを気にするばかりで、「TikTokファイター」と揶揄（やゆ）されていたからです。

いつも最前線ではなく、すでにロシア軍が支配下においた安全地帯にいるとも言われていて、戦場で有意な戦果を上げたとは見なされていません。プリゴジンの乱のときも「裏切り者は葬り去る！」と勇ましくテレグラムに投稿しましたが、動画が撮影されていたのは、反乱がすでに終わった後でした。カディロフとしては自分の権力の源泉である兵士を失うわけにはいかず、戦いには及び腰で能力にも限界があったのでしょう。

戦争は物量である～ウクライナ戦争の教訓その1

ウクライナ戦争が三年目に入る中で、様々な教訓が浮かび上がってきました。それは、現代の戦争を考える上で重要な内容でもあり、日本のような民主主義国家にとっては不都合な真実も含まれています。一つずつ見ていきます。

一つ目は、やはり戦争では物量が重要だったということです。

国内の反乱という混乱を経験しながらも、ロシア軍は戦場で戦い続けています。ただ、それは莫大(ばくだい)な犠牲を払いながらの戦いです。二〇二三年末に明らかになった機密指定が解除されたアメリカの情報機関の報告書では、ロシアは二二年二月の開戦から、三六万人の兵力を投入し、既に三一万五〇〇〇人が死傷したと分析しています。開戦時から投入した兵力の実に八七％を失った計算です。二四年の五月時点では五〇万人近くが死傷したとの推定もあります。

ウクライナ戦争の初戦で目立ったのは、これだけの大損害を出したロシア軍の弱さでした。兵站(へいたん)が不十分なままでの進軍、指揮命令系統の混乱、さらに兵士の低い士気という問題を抱えたロシア軍の地上部隊は、膨大な犠牲を出しながらも戦い続けました。兵士の命を軽んじる無謀な突撃も何度も繰り返してきました。

しかし、失敗や判断ミスを繰り返しながらも、それを戦場で修正しながら戦い続けるのがロシア軍の伝統であり、動員された追加兵力と圧倒的な物量が、その弱く非効率な軍を支えていました。

ウクライナ軍はＮＡＴＯ諸国から供与された最新兵器で戦い、一方のロシア軍は品質では劣る旧世代型の兵器の大量投入で戦っています。いわば「質」と「量」の戦いですが、この戦争

が各国の軍人に教えたのは、戦争においてはやはり「量」が重要だったということです。湾岸戦争以来、現代の戦争では何かとハイテク兵器に注目が集まりましたが、やはり戦争は大量の武器と弾薬を消費することが改めて認識されたのです。

戦争が二年目に入った時点で、ウクライナ軍は一日に約五〇〇〇発以上の砲弾を消費していたと見られます。この量は平時における欧州の小国の一年分の発注量に等しく、ウクライナに大量の弾薬を送っているNATO諸国では、自分たちの弾薬の在庫が逼迫する事態に直面しました。一方のロシアは、その四倍の一日二万発を消費していたと見積もられています。逆に言えば、ロシアにはそれだけの弾薬備蓄と生産能力があったということです。

イギリス国防省は、ロシア陸軍は開戦から二四年一月時点までに二六〇〇両以上の主力戦車を失ったと見ています。しかし同時に、一カ月あたり少なくとも一〇〇両の戦車を生産し損害を埋め合わせることができている可能性があるとして、地上部隊の攻撃能力は維持されていると結論づけています。また別の分析では、射程が三五〇キロの長距離ミサイルも月に一一五―一三〇発程度生産していると見られ、ウクライナ戦争前よりもミサイル生産能力は増強されている可能性があります。

この戦争は、特に攻撃や防御のためのミサイルをどれだけ多く保有し、どれだけ多く生産できるかが決定的に重要であることを世界に見せつけました。ウクライナは長い間、慢性的なミサイル不足に悩まされることになりました。

ウクライナへの最大の武器供給国はアメリカですが、ウクライナに大量の兵器を提供した結果、国防産業でプライマリーサプライヤーと呼ばれる大手五社（ロッキード・マーティン、ノースロップ・グラマン、ボーイング、ジェネラル・ダイナミクス、RTX）の生産体制は逼迫しました。

弾薬だけでなく、当然、兵器の生産体制も重要であり、戦争が長期化するにつれ、こうした物量面でのロシアのウクライナに対する優位が明らかになっていきました。ウクライナはアメリカ議会が二〇二四年四月に九兆四〇〇〇億円の新たな軍事支援策を可決する頃までに、非常に厳しい戦いを強いられるようになっていました。

明らかになった現実は、時間が経つにつれ、ロシアの長期消耗戦という伝統的な戦略が力を発揮したということです。かつてナチス・ドイツと戦った独ソ戦において、ソ連軍は膨大な犠牲を出しながらも長期消耗戦を戦い抜き、電撃戦で短期的な勝利を目指したドイツ軍を打ち破っています。ウクライナ戦争は、ロシアが長く苦しい戦争に慣れた国家であることを各国に思い出させています。

一方のウクライナ軍としては、限られた武器・弾薬をどう効果的に使うかが重要になっていました。戦争ではもはや物量や兵器のレベルだけではなく、戦場に効率的に流通させるシステムやソフトウェアが重要であることも浮き彫りになりました。

ウクライナ軍はLOGFAS（Logistics Functional Area Services）データベースというNATOの兵站管理システムを導入しています。これにより、具体的にどの兵器が戦場のどこで稼働し、修理が必要なのはどれかを把握して、兵器をある程度は効率的に運用できているようです。また、ドローン兵器の開発や、通常は船から発射される対艦ミサイルを車輛（しゃりょう）から発射するように改良するなど、兵器のクリエイティブな使い方も模索しています。しかし、それでも二〇二四年春頃までウクライナ軍の劣勢は補えませんでした。

このように、戦争においては「物量」そして兵站＝ロジスティクスが重要であることが改めて認識された結果、日本でも有事の際に自衛隊の弾薬備蓄が数日程度しか持たない可能性がある点が問題視されるようになっています。

やはり戦争は物量であり、兵站なのです。そして弾薬の生産にはお金がかかります。平時から必要な量の弾薬を備蓄し、兵器を揃えるには巨額の財政資金が必要になります。民主主義国家にとっては、不都合な真実が露見したと言えるでしょう。

選りすぐりのハイテク兵器と、標的に正確に命中する誘導弾があれば、戦闘準備はひとまず十分だというのは妄想だったようです。実際の戦場では、弾は足りず、なかなか命中せず、攻撃すべき敵は想定より遥かに多かったのです。

民主主義は弱点になる～ウクライナ戦争の教訓その2

二つ目の不都合な真実は、民主主義は戦争を戦う上で〝弱点〟になるということです。民主的な決定、あるいは多くの国の合意を得ながら進める決定は、刻々と変化する戦争においては不利だということです。

ウクライナを支援するＮＡＴＯ諸国は民主主義国家の集まりです。意思決定には議会や世論への配慮が必要で、物事を決めるのには時間がかかります。また、野党の反発などを考慮し政府の意思決定は慎重になる場合があります。実際、最大の支援国であるアメリカの議会がウクライナへの軍事支援予算の可決に何カ月もの時間を要したことが、二〇二三年から二四年にかけてのウクライナの劣勢につながりました。

全体としても、NATOからのウクライナへの武器支援はあまりに遅く、かつ「小出し」、つまり「逐次的」になりました。ウクライナがNATOに強い不満を抱いたのがこの点です。

まずは**ミサイル**です。思い返せば、戦争が始まった当初、欧米はウクライナへの中・長距離ミサイルの提供を拒否していました。ロシア領への攻撃につながり、戦争をエスカレートさせることが懸念されたのです。しかし、ウクライナが戦場で不利と分かると、早々に方針は撤回され、ハイマースなど中・長距離攻撃が可能なミサイルシステムが供与されました。当初、供与されたハイマース弾頭の射程は八〇キロでしたが、新たに一六五キロの射程を持つミサイル弾頭ATACMSが、さらに同程度の射程距離を持つGLSDBも提供されました。

ロシア領への攻撃について言えば、当初NATOは、自分たちが提供したミサイルなどは使用しないようウクライナに要求していました。しかしロシアが自国領内から攻撃を行っている以上、この要求はウクライナにとって受け入れがたいものでした。そして結局、北東部のハルキウをめぐる戦闘でウクライナが劣勢に陥ると、NATOはこの方針も撤回し、提供した兵器によるロシア領への攻撃を認めています。戦争は着実にエスカレートし、民主主義国家が議論する地理的な制約など、戦争では通用しないことが明らかになったのです。

次は**戦車**です。ＮＡＴＯ諸国は、開戦当初は戦車の提供も拒否していました。やはり戦争のエスカレートを懸念したからです。しかし、ウクライナ地上軍が劣勢とみるや、ドイツのレオポルト戦車、イギリスのチャレンジャー戦車などが提供されていきました。アメリカの世界最新鋭、エイブラムズの提供も決まります。つまり一転して、ＮＡＴＯが誇る世界最強の最新戦車が次々に提供されていったのです。そもそもドイツなどは当初、武器の提供は拒否し、あくまで防弾具とヘルメットしか供与しなかったことを考えると、劇的な方針転換だったと言えます。

さらに**戦闘機**です。これも当初はＮＡＴＯ諸国が提供を拒否し、後に提供が決まった兵器です。開戦当初からウクライナ軍に圧倒的に不足していたのは航空戦力でした。多くの戦場でウクライナの地上部隊は上空からの支援を受けられず、苦戦していました。ウクライナ空軍が保有している旧ソ連製のMiG－二九は性能に限界があり、対空戦闘などでもロシア空軍のMiG三一やSu－三五などには対抗できませんでした。また古いレーダーではロシアの巡航ミサイルやドローンを迎撃できません。

このためウクライナはアメリカのＦ一六戦闘機や対戦車ヘリ＝ＡＨ六四アパッチの提供を強く求めてきました。Ｆ一六を求めた理由は、ＮＡＴＯ諸国が保有する機体の数が多く、手に入る可能性が高かったからです。Ｆ一六は全世界約二五カ国で運用され、ＮＡＴＯに加盟する欧州八カ国やトルコなどで七〇〇機ほど配備されていると見られています。またＦ一六は地上作戦を支援することができるなど幅広い役割をこなすことができます。

戦闘機の提供もNATOは長い間にわたり拒否していましたが、やがて議論が始まり、開戦から約一年後にポーランドがNATOとして初めてMiG－二九戦闘機をウクライナに提供します。そして結局は、アメリカ製のF一六戦闘機の提供が決まり、アメリカ国内などでパイロットの訓練が始められることになりました。

ウクライナからすれば、ミサイルも戦車も戦闘機も、「最終的に提供するのであれば、もっと早めに提供してほしかった」というのが本音でしょう。もっと早く結論が出ていれば、戦況は変えられたかもしれません。そして、もっと多くの国民が死なずに済んだかもしれません。そんな悔しさがあるでしょう。

特に**防空ミサイル**は、国民の命を守るためにも切実に必要な兵器でした。開戦以来、ウクライナは防空ミサイルの「東西問題」を抱えてきました。ウクライナとしては、リビウなど西部の各都市を守るために一定数が必要な一方、東部の最前線で戦う部隊を守るミサイルも同時に必要でしたが、数が圧倒的に足りなかったのです。戦争は戦場だけでなく、当然ながら民間人の防衛も考えなければならないという教訓でもあります。まさにこれが、ゼレンスキー大統領が西側にもっと多くのミサイルを要求し、今もなお追加のミサイルを要求している理由です。

また現代の最新兵器は、提供を受けても自国の兵士が使いこなせるようになるには時間が必要です。特にF一六のような「第四世代機」と呼ばれる戦闘機を使いこなすのは、ウクライナ空軍のパイロットでも簡単ではありません。最低でも六カ月以上の訓練は必要と見られ、飛ばすだけではなく、火器管制システムを学び、地上部隊と連携する戦術の学習も含めると、さらに長い期間が必要です。機体のメンテナンス、部品供給など、戦車よりも大きな手間もかかります。戦況が日々めまぐるしく動く以上、早いタイミングでの決定がないと、戦いには間に合いません。

結局、F一六戦闘機は二三年六月頃からのウクライナの反転攻勢作戦には全く間に合わず、引き続き航空支援が十分にない地上部隊が中心の作戦は失敗しました。また、アパッチなどの攻撃ヘリコプターは二〇二四年の夏の時点でも提供されていません。

それでも、前例のない規模の軍事支援がウクライナに行われてきたのも事実です。イギリスのベン・ウォレス国防相（当時）は、大量の武器を求めるウクライナに対して「我々はアマゾンではない」と反発しました。イギリスは大量の地雷除去車両を提供し、もう一台もイギリスには残っていないと苦言を呈しています。

また、ウクライナへの最新兵器の供給を「小出し」にしてきたNATO側にも言い分はあります。もし、ウクライナが求める全ての兵器を急いで一気に提供していたら「戦争がエスカレートして制御不可能になっていた、そうなればNATO軍とロシア軍との直接対決になるリスクがあった」という主張です。

NATOとしては、最大の仮想敵でかつ核保有国であるロシアとのエスカレーションは、世界大戦、さらには核戦争を誘発する可能性がある以上、許容できませんでした。このため軍事支援は徐々に進めるしか選択肢がなかったと言えます。

これに対し、ロシアは、プーチン大統領の決定がすぐに国家の意思決定となる、いわばワンマン経営の国家です。意思決定のスピードは速く、戦時においては独裁体制にある程度の優位性があったとも言えます。

人類はこのことに早くから気づいており、民主制をとっていた古代ギリシャでは、戦争が始まればひとまず議論はやめて、緊急時の措置として一人のリーダーに大きな権限を与えていました。古代ローマも、戦時には独裁官ディクタトルを置いて、緊急事態に対応していました。

もちろん現代の民主主義国家では、臨時の措置といっても独裁制を敷くことはできません。第二次世界大戦当時のドイツのように独裁者が暴走するリスクも大きいからです。

ただ、ロシアとの戦争をエスカレートさせるというＮＡＴＯの懸念は、今となっては過大であり、むしろ侵略国家に付け入る隙を与えたという意見がＮＡＴＯ側にもあります。アメリカ外交問題評議会のリチャード・ハース会長（当時）はＮＡＴＯの対応は「心配が過ぎる」と苦言を呈しています。ウクライナへの最大の兵器供与国であるアメリカでも提供のペースはもっと速くすべきだったとの意見が出ています。

最低限言えるのは、戦時において民主的なプロセスと味方の敗北と敵の勝利を防ぐためのスピーディーな意思決定をどう両立させていくのか、日本を含め多くの民主主義国の大きな課題になることが改めて分かったということです。そして、戦争はやはりエスカレートするものであり、制御していくのは極めて難しいということです。

非人道的な兵器も必要とされる〜ウクライナ戦争の教訓その3

大勢の人間が、互いに、そして一斉に殺し合うのが戦争です。ある種の〝綺麗事〟や手続き論では全く追いつけない現実が出てくるのも、ウクライナ戦争が示した現実です。先ほどの戦力の逐次投入という問題と重なりますが、その一つがクラスター弾の提供です。ウクライナが長い間NATOに提供を求めていたものの、なかなか提供されなかった兵器です。アメリカは二〇二三年七月、最終的にクラスター弾の提供を決断し、ウクライナ軍は戦場での使用を始めました。

クラスター弾とは、正式にはDPICM（Dual-Purpose Improved Conventional Munition：多目的改善型通常弾薬）**と呼ばれるもので、複数の爆弾が炸裂し、サッカー場ぐらいの広さの場所に爆弾がちらばり、そこにいた人は無差別に殺害される非人道的な兵器です。**多少、目標を外したとしても、つまり命中精度が低かったとしても、広い範囲にわたって敵を殲滅することができます。しかも不発弾が数十年にわたって残り、戦争が終わった後も地域住民を殺傷するリスクが残ります。

不発率はアメリカ製で二・四％、ロシア製で三〇〜四〇％などというアメリカのデータがありますが、製造から使用までの期間にもよるので一概には言えません。非人道的な無差別攻撃兵器として強く批判され、「オスロ条約」（クラスター弾に関する条約・二〇〇八年）によって爆弾の使用・製造・保有・移動全てが禁止されています。この条約は日本を含む一一二カ国が締結しています。

この条約に入っていないアメリカが、ウクライナへの提供を決めたことについて、条約加盟国であるイギリスを含め多くの国が反対しました。ただ、イギリス軍は一九八二年のフォークランド紛争でアルゼンチン軍相手にクラスター弾を使用しています。なお、アメリカと同じく大量に保有している中国も条約に非加盟ですが、アメリカの提供を批判しています。

このように国際的な批判もある兵器ですが、それでもウクライナは必要だと判断しました。既にロシア軍が戦場で使用しており、対抗する必要性に迫られていました（クラスター弾の使用についてロシア政府は否定していますが、外部団体やウクライナは使用していると認定しています）。**ウクライナとしては、たとえ自軍の兵士を傷つけることになっても、この先、何十年も国民が不発弾に苦しめられることになっても仕方がないと判断したのです。**

すでにロシアに国土の二割を蹂躙（じゅうりん）され、ウクライナの広大な土地はロシアの地雷原に変えられてしまっています。これだけ厳しい状況で兵器の種類にこだわっている余裕はなく、このままではロシアの進軍は止められないという判断があったと見られます。また戦術的にもロシア軍陸上部隊の陣形に戦場で対抗する上では、クラスター弾が有効という判断もあったようです。

戦場でロシアと戦うという現実を直視すれば、クラスター弾は自国に必要だという認識は、実はエストニア、ラトビア、ポーランド、フィンランドなどにも共有されています。これらの国々はいずれもオスロ条約には加盟していません。かつてのソ連軍の脅威に直面し、あるいはソ連に侵略された国々です。こうした国々は過去の経験から、クラスター弾のような兵器でも使わなければロシア軍には対抗できないと理解しています。ロシア兵を殺すためには、いざとなったら非人道的な兵器も必要だと腹を決めているのです。

ウクライナの戦いを支えているのは、西側の最新のミサイルや戦車であり、クラスター弾なのかもしれません。そこからは戦争の残酷な現実が垣間見えます。

そのウクライナは確かに苦戦していますが、今回の戦争を通じて、現代ロシアから、軍事力で領土の一部を奪還した世界唯一の国家となりました。

他国から支援を獲得するためには、自ら血を流して勝ち続ける必要がある
～ウクライナ戦争の教訓その4

そして四番目です。**ウクライナ戦争で改めて気付かされたのは、戦争において他国から支援を受けるためには、当然、自らが血を流して戦わなければならず、支援を受け続けるには、ある程度は勝利を上げなければならないということです。**

NATO諸国がウクライナに武器や弾薬、そしてお金を支援する理由は、政治的にはロシアの侵略と勢力圏の拡大を防ぐためです。ただ、感情的な文脈では、ウクライナ人たちが自ら血を流して戦っているからであり、自分たちの支援が勝利に貢献していることが実感できるからです。

ウクライナが勝てば、支援国の政府は納税者に説明しやすくなります。しかし、いつまでたっても勝てない、あるいは負け始めれば、国民の税金を使って支援を続ける説明は難しくなるで

しょう。納税者は「支援は意味がない」と考えるかもしれないからです。

戦争二年目ごろからNATO諸国の「援助疲れ」が指摘されてきました。コロナ危機から経済がようやく立ち直り、さらにインフレが続き、国民の生活が楽ではない中で支援をしてきたからです。ただ、それに加え「ウクライナが勝っていない」、あるいは「もう勝てないのではないか」という疑念も影響しています。「勝てないならば停戦すべきではないか、妥協すべきではないか」というわけです。ウクライナにとってNATOの支援は生命線でもありますが、支援を得続けるためには戦場である程度は善戦し、つまり一定の結果を出していく必要があるでしょう。

ちなみに、日本もウクライナに対して一兆円以上の援助を行っています。同国のシュミハリ首相によると、財政支援では世界で四番目の支援国です。

なぜ日本が遠く離れた国の戦争にここまで巨額の税金を投じるのでしょうか。一つには日本独自の理由があります。仮に将来、台湾をめぐる戦争が起こった場合、欧米の政治的、経済的支援は極めて重要になるからです。つまり日本がウクライナ戦争にコミットする理由は、将来の台湾戦争において、欧米から何らかの支援を得るためでもあります。他国が危機に陥ったときに支援しない国が、自らの危機で他国から支援してもらえるはずがありません。だから、日本は合計で国家予算の一%近くを使ってウクライナを支援し、その実績をアピールしなければならない立場だと言えます。

そして、将来的に万が一、日本が戦争で支援が必要になった場合には、日本自身が努力している、あるいは自らの力で戦っている姿勢を示さなくてはならないでしょう。理由はどうあれ、自ら犠牲を払わない国に本気の支援は来ないからです。

人道支援などを除けば、国際社会は国益に基づく相互主義の世界です。他国を支援するから、他国から支援してもらえます。日本は他国や国際機関を一方的に支援することが多かったせいか、大震災でもなければ「支援される」という意識が小さいと言えます。そうした「いずれ我が身が危険にさらされた時はどう他国に頼るか」という戦略的な目線を改めて持つ必要があるかもしれません。

ちなみに一九九〇年に中東のイラクがクウェートに侵攻した際、クウェートは自力でほぼ戦いませんでした。にもかかわらず、欧米の多国籍軍がイラク軍を撃退しました。ただそれは、クウェートが欧米経済にとって死活的に重要な〝石油〟という資源を握っていたからであり、アメリカが中東に大きな国益を有していたからです。

なおウクライナ戦争では、先ほど述べた通り、ドイツが当初はウクライナにヘルメットや防弾チョッキしか送らず、嘲笑（ちょうしょう）と非難を浴びましたが、日本も台湾をめぐる戦争が起こった場合、同様の非難を浴びる可能性はゼロではないでしょう。

今回のウクライナ戦争でも、まず日本がウクライナに送ったのは同じくヘルメットと防弾チョッキでした。ドイツとは異なりウクライナとは距離が離れていたこともあり、日本は非難を浴びませんでした。

おそらく台湾への支援は米軍の後方支援が中心になる可能性が高いでしょう。台湾に支援ができるとしても、同様にヘルメットや人道支援物資が中心になると見られます。日本には、防衛装備品移転三原則という縛りがあり、そもそも紛争地域に武器は送れません。台湾を国家として承認していないこともありますが、台湾への武器支援はできないのです。しかし、台湾の人々や国際社会はそういう事情をほぼ知りません。

核抑止は機能する～ウクライナ戦争の教訓その5

そして、ウクライナ戦争で世界が思い知らされた最も大きな教訓は、プーチンによる「核の脅し」が効いたということです。つまり「核抑止」が現代の戦争で機能したということです。これは日本のような被爆国としては、不快な事実かもしれません。

アメリカ主導のNATO軍がウクライナを直接的に支援しない、あるいは軍事支援に及び腰だったり、武器の提供が「小出し」だったりしたのは、究極的にはロシアが核兵器を持っているからです。もしロシア軍を追い詰めてしまえば、プーチンは実際に核兵器を使いかねないと恐れたのです。端的に言えば、NATOはプーチンによる核の脅しに屈したのです。

先ほど、「NATOは通常兵器による戦争が核戦争にエスカレートするのを心配して、あるいは心配しすぎて、ウクライナへの支援が遅れた」という趣旨のことを書きましたが、二〇二四年二月、このNATOの懸念を多少なりとも裏付ける報道が出てきました。英フィナンシャル・タイムズによって確認されたロシア軍の機密ファイルによれば、ロシアは戦闘の早い段階で戦術核兵器を使う軍事演習を実施していたことが分かったのです。

二〇〇八年から一四年に作成された二九の機密ファイルには、ロシアが核兵器を使用する原則を議論するための軍幹部向けのプレゼン資料が含まれていました。

この中で、ロシアが核兵器を使用する可能性がある状況として、ロシア国内への直接的な軍事侵攻、国境を防衛する部隊の敗北、また、通常兵器によるロシアへの差し迫った攻撃がある場合などが挙げられていました。さらに細かく、戦略核原子力潜水艦の二〇％を失った場合、攻撃型原潜の三〇％を失った場合、三隻以上の巡洋艦を失った場合、三つの空軍基地を失った場合、沿岸の司令部への同時攻撃なども記載されていました。専門家によると、この資料で示された内容は現在も有効である可能性が高いとのことでした。

いずれも通常兵器による攻撃が核兵器による報復につながることを示していて、三隻の巡洋艦が撃沈されるだけで、核攻撃を始める可能性があるというのは衝撃的でした。稼働中のロシアの戦略核原潜は一一隻なので、二〜三隻が撃沈されれば核攻撃が始まることになります。

もともとロシアは、「エスカレーション抑止のための核使用」戦略を採用していると言われてきました。戦闘がエスカレートして自軍が劣勢になるのを防ぐため、先に核兵器を使って相手に大きな打撃を与えるというものです。その具体的なハードルが実際にここまで低いというのは、世界に驚きを与えました。世界最強の通常戦力を持つＮＡＴＯ軍が本気で攻撃すれば、ロシアの複数の巡洋艦や原子力潜水艦を撃沈したり、三つの空軍基地に同時に大きな損害を与えたりすることは容易でしょう。しかし、その後には核報復が待っているというわけです。

もちろん、これはロシアの情報当局や軍が意図的にリークした可能性も否定はできません。こうした情報をＮＡＴＯ側が得て、より慎重に行動するようになれば自国の核抑止をより有効に機能させることができるからです。

とはいえ、意図的なリークだとしても、決して無視はできず、むしろ「やはりロシアは本気なのか」と考えざるを得ない内容でした。核兵器の使用は、自軍の劣勢を跳ね返すためのものだと位置づけられ、ロシアの領土やロシア国民への被害は顧みられていません。核兵器の威力の恐ろしさと愚かさをロシア人が本当に理解しているのか、疑念すら覚えます。逆に言えば、それだけロシアが戦場で敗北することに「怯え」ているのかもしれません。これを常軌を逸していると言う人も当然いるでしょう。

もちろん機密ファイルは軍幹部向けであり、最終的に核兵器が使用されるかどうかはプーチン大統領の決断次第です。また、通常兵器による戦闘が激しくなってロシア軍を追い詰めれば、ロシアが戦術核兵器を使うリスクが現実的に高いことは、実は既にアメリカも知っていたと見られます。

なぜなら、ＮＡＴＯの盟主であるアメリカも、核の先制使用を含む様々な核攻撃オプションを持っていて、実際に過去に何度も先制核使用を検討した過去があるからです。つまり、かつて自分たちもロシアのように考えていたからです。

アメリカは一九五〇年からの朝鮮戦争でも、一九五八年の台湾海峡危機でも、実際に中国への先制核使用を検討しています。そして、バイデン政権は二〇二二年一〇月に公表した核戦略の指針で、核の「先制不使用宣言」、つまり「自分たちが先に核兵器を使うことはないという宣

言」を採用しないことを決めました。同盟国を守る抑止力が弱るというのが主な理由です。

一方、信じるかどうかは別として、中国は核の「先制不使用」を宣言しており、建前上は米中関係ではアメリカによる中国への先制核攻撃があり得る状態となっています。

なお、この流出したロシアの機密ファイルには、中国との戦争シミュレーションも含まれていました。中露は現在、「無制限の協力関係」を高らかに宣言していますが、かねてロシアの中国に対する不信感は根強かったことが分かりました。

話が少し広がってしまいましたが、つまりウクライナ戦争の結果、世界は戦争において核抑止が機能することを思い知らされました。NATOが手出しできないのはロシアの核兵器が無視できないからであり、核保有国のロシアは、他の核保有国から邪魔されず、比較的自由に戦争を戦うことができているという不快な現実が改めて突きつけられたのです。

基本的にウクライナ戦争が長期化しても、特にロシアが比較的優位に戦いを進めている間は、核兵器が使用される可能性は極めて低いでしょう。しかし、核使用のハードルが低い核保有国が紛争当事者である以上、核使用という破滅的な結果をもたらすリスクは常に残り続けます。

ベラルーシへの核共有戦略

しかもプーチンは、自らの核兵器をNATOの勢力圏のより近くに配備しました。二〇二三年二月からの同盟国ベラルーシへの核配備です。具体的には、戦術核弾頭を搭載できるイスカンデル戦術ミサイルシステムがベラルーシに引き渡され、ベラルーシ空軍の戦闘機に核兵器の搭載が可能となる改修が行われました。その後、ロシア軍は戦術核の使用を想定した軍事演習を実施しています。ロシアとしては、ウクライナを支援するNATO諸国の鼻先に核兵器を配備して圧力をかける脅しの一環です。

ただ、ロシア政府は、これは〝ニュークリア・シェアリング（核共有）〟であり、「NATOと同じことをしている」と言っています。

NATOの「核共有」について説明すると、アメリカが持つ戦術核兵器はドイツ、オランダ、イタリア、ベルギー、トルコに配備されていますが、有事の際はアメリカが、保管する国家と協議の上、その国家の戦闘機（F－一六、トーネード、F三五）などに搭載して使用する枠組みです。**英仏は合計五〇〇発以上の核を保有していますが、アメリカの核もこの「核共有」の枠組みで上記五カ国に約一五〇発は配備されていると考えられています。あくまで核兵器はアメリカの所有物であり、安全解除コードを持つアメリカが決断しなければ使用はできません。**

今回のベラルーシに配備されたロシアの核兵器は、あくまでロシアのものであり、使用するかどうかは、基本的にロシアの決断次第です。よってロシアが言うように、NATOの核共有と確かに近いと言えます。

ロシアがベラルーシに核を配備したのは、NATOにフィンランドとスウェーデンの加盟が決まったことに対抗する狙いがありました。スウェーデンとフィンランドの加盟により、ロシアの眼の前にあるバルト海が「NATOの海」になったからです。スウェーデンは戦闘機などを製造する力を持つ伝統的な北欧の軍事大国であり、フィンランドは第二次大戦における冬戦争でソ連軍を大いに苦しめた隣国です。特にフィンランドの加盟は、ロシアがNATOの軍事力と一三〇〇キロの国境で接することを意味します。

こうした中で、ロシアは核による脅しをより有効にしたのです。これは東京大学先端科学技術研究センターの小泉悠(こいずみゆう)さんも指摘していることです。小泉さんは、「戦術核兵器を戦闘に使用するのではなく、政治的な脅しの道具として使うのであれば、ベラルーシへの配備には一定の合理性がある」と指摘しています。

どういう意味かというと、ベラルーシへの核配備のせいで、アメリカやNATOはよりロシアの核使用を真剣に考えなくてはならなくなったのです。ロシアが自国領内から核攻撃を実行するのと、ベラルーシ領内から実行するのでは、全く異なる意味を持つからです。小泉さんの議論をもとに、なるべく分かりやすく説明してみます。

もしロシア領内から核兵器がウクライナかNATO加盟国に向けて使用される場合、アメリカとNATOは通常戦力か核戦力で報復するでしょう。報復のターゲットはロシア領土です。具体的には核ミサイルを発射したロシア領内のミサイル基地か、核ミサイルを空中から発射した作戦機が帰還したロシア領内の空軍基地になるでしょう。まずは通常兵器による報復が優先されるでしょうが、核報復もあり得ます。いずれにせよ、アメリカの報復攻撃によって自国領土を攻撃されたロシアが、さらにアメリカかNATO諸国に核兵器で再報復すれば、全面核戦争が勃発します。

こうした最悪のシナリオが予見できるため、アメリカやNATOは、「互いが破滅するのだから、ロシアは核攻撃を実行することはない」と推測するでしょう。つまりロシアが核兵器で脅しても、説得力が低いものになるのです。結果として核兵器は使用されず、いわゆる相互核抑止が機能した状態となります。

しかし、核兵器がベラルーシの軍事基地から使用される場合はちがいます。アメリカはまず核兵器が発射されたベラルーシ領内の軍事基地を通常戦力か核兵器で壊滅させるでしょう。この場合、ロシア領土はアメリカの報復の最優先目標にはなっていません。アメリカがまず攻撃するのは発射元のベラルーシです。こうなればロシアとアメリカが互いを直接攻撃する事態は避けられます。つまり、アメリカとロシアとの全面核戦争はひとまず避けられる可能性が出てくるのです。

ただ、この場合に最も重要なのは、アメリカやNATOが「全面核戦争が避けられて、互いが破滅しないのであれば、ロシアは本気で核を使うかもしれない」と推測することです。正確には、そう推測せざるをえなくなります。そうなれば、ロシアによる核の脅しは十分に説得力があるものとなります。つまり、核兵器が現実に使われる可能性が高まり、相互核抑止が機能しなくなる恐れがあるのです。

このように、ロシアは「現実的なシナリオ」をNATOに突きつけることで、核の脅しをNATOに信じこませようとしているのです。これが「核の脅しをより有効にした」という意味です。もしロシアの思惑通り、NATOがロシアの核使用をよりリアルな脅威だと考えれば、論理的には、NATOはウクライナ支援を抑制するか、強気には出にくくなります。ロシアの狙いはこれでしょう。異常な考え方に思えますが、いずれにせよNATOにとっては非常にイヤな展開です。自分たちも限定的な核使用なども検討せざるを得なくなるからです。

もちろん、本当にこうなるかは分かりません。あくまで論理的に仮定した場合の話です。

そして、もうひとつ無視できない影響もあります。ベラルーシに核兵器が配備される中、隣国のポーランドは、アメリカの核兵器を自国領土内に配備する「核共有」を求めました。これまでポーランドのような旧東側陣営（ソ連陣営）の国にアメリカの核兵器が配備された前例はなく、もし実施されれば史上初となります。今のところ、アメリカには応じる考えはありませんが、いずれにせよ、互いを狙う核兵器の物理的な距離がどんどん近くなるのは、大きな懸念材料だと言えます。

破壊力があまりに大きく、放射能汚染という二次被害を引き起こす核兵器は「使えない兵器」だったはずです。しかしウクライナ戦争で人類は、それをなお「使える兵器」であるかのように取り扱っているのです。次章では、この核兵器をめぐる論理について考えてみたいと思います。

アメリカの原爆実験によるキノコ雲　©SCIENCE PHOTO LIBRARY／amanaimages

第七章

世界の終末を阻止した人々
——核攻撃の論理

一％のリスクと九九％の平和

ジュリアス・ロバート・オッペンハイマーが一九四五年七月一六日に核爆弾を作り上げて以来、人類は自らを簡単に滅ぼす力を持つようになりました。

核爆弾はオッペンハイマーが開発に成功してからわずか三週間後の八月六日には広島への核攻撃に使用され、そのわずか三日後には長崎に使用されました。これらの核攻撃により、年末までに両都市で合計二一万人を超える人々が死亡し、その後も一〇万人を遥かに超える人々が、人類の誰も経験したことのない放射線被爆に苦しめられました。

実は八月九日の第一目標は長崎ではなく福岡県の小倉でした。しかし上空の視界が悪かったため目標は長崎に変更されたのです。個人的な話になってしまいますが、私の祖母は当時小倉にいたので、もし小倉上空の視界が良かったら、私は生まれていなかったでしょう。

アメリカは自国の兵士に甚大な犠牲を出すことが予想された日本本土への上陸作戦を回避するため、つまり戦争を早く終わらせるために核攻撃を選択しました。実際、長崎への核攻撃から一週間後の八月一五日に第二次世界大戦は終わりました。

人類史上、戦時における核攻撃はこの二回のみです。しかし、アメリカ、ソ連、中国、イギリス、フランス、インド、パキスタン、北朝鮮などの核保有国が行った二〇〇〇回以上の核実験により、多くの現地住民が放射能による健康被害を受け、広大な海や大地が放射能で汚染されました。

アメリカは人類史上最多の一〇〇〇回を超える核実験を行っていますが、そのアメリカの核実験により太平洋のマーシャル諸島の住民が、フランスの核実験ではポリネシアの人々とアルジェリアのサハラ砂漠周辺の人々が、イギリスの核実験ではオーストラリアの先住民アボリジニーの人々が被爆しました。中国やソ連の核実験でも実験場周辺の人々に多大な健康被害が出ていると見られます。

核攻撃の論理は「大戦争を避けるため、いざとなったら核攻撃を行う素振りを見せ続けるが、最終的には攻撃しなくてすむ」というものです。「核抑止」といって、核兵器が大戦争を防ぐという考え方です。つまり核兵器は、使わないために保有するという矛盾に満ちた兵器なのです。非常に強引に言えば、「核抑止」とは一％の核戦争リスクを引き受けることで九九％の平和を享受するようなものです。

この論理は、言い方を変えれば、国家が持てる科学技術の総力を挙げて核兵器を作り、ミサイルやその他の運搬手段を整えて準備するものの、最終的には「それを使用することはあまりに愚かしい」と考えて使わない、というプロセスを繰り返すものです。

キューバ危機の〝舞台裏〟で世界の破滅を防いだ軍人

このため核兵器の使用は、現代に生きる私たちにとっては、ほぼ考えられないこと、起こり得ない事態だと考えられています。

しかし、歴史を紐解けば、実は核保有国は過去に何度も核使用の寸前まで追い込まれていたことが分かっています。

つまり核攻撃の論理がもたらすプロセスは、大きな危険をともなうことが理解されつつあるのです。国家間の軍事的な衝突だけではなく、システムのエラー、誤認による核戦争が起こる危機はこれまで何度もあったのです。そして同時に、人類の終末を阻止してきた〝無名〟の人々がいたことも分かっています。

まず、よく知られる史実の舞台裏で重要な役割を果たした無名の人物から紹介します。

核戦争を回避した例として最も知られているのは一九六二年のキューバ危機でしょう。ソ連がアメリカの目と鼻の先にあるキューバに核ミサイルを配備したことで、アメリカ軍は臨戦態勢に入り、米ソは核戦争の瀬戸際まで追い詰められます。アメリカはキューバを海上封鎖しましたが、トルコに配備した核ミサイルを後で撤去するという妥協を決めます。ソ連のフルシチョフ書記長もこのアメリカの妥協に応じ、最終的にキューバの核を撤去したことで核戦争は避けられました。

当時のアメリカの軍部はキューバへの空爆を主張し、もしケネディ大統領がそれに反対せず空爆を実行していれば、キューバから核ミサイルで反撃された可能性が高かったことが分かっています。このため、軍部の強硬派を抑えて〝世界の終末〟を防いだケネディ大統領の英断が称賛されることとなり、逆にキューバにミサイルを配備したソ連のフルシチョフ書記長は世界を危険にさらした人物と見なされることがあります。

もちろん、ケネディの決断が世界を救ったことは事実です。ただ、当時のソ連はアメリカに対し核戦力では劣勢で、トルコや欧州に配備されたアメリカの核ミサイルによって、常に先制核攻撃の脅威にさらされていました。つまり、「核の均衡」が崩れた状況だったのです。

フルシチョフは、この崩れた均衡を取り戻すためにキューバに核ミサイルを送り、これが常軌を逸した決断と見なされたわけですが、彼にもソ連の国民を守る役割がありました。また、既にキューバ危機の前から、米ソは数万発の核兵器を互いに向けてにらみ合う状態にありました。

もちろん、フルシチョフが世界を危機にさらしたのは事実でしょう。**ただ実際のところ、フルシチョフは結果的にトルコにあったアメリカの核ミサイル撤去を勝ち取っていて、ソ連の安全保障環境は危機の前より改善しています。**

このキューバ危機の「結果」はあまり語られることがありません。それはケネディの〝美談〟があまりに有名であり、フルシチョフが世界を滅亡の危機にさらして政治的な果実を得たという不快な真実に目を向けたくないからかもしれません。いずれにせよ、核兵器をめぐる駆け引きは、いつの時代も人類全ての安全に関係する重大事態です。

そして、このキューバ危機ではアメリカのケネディ大統領の決断に称賛が集まりがちですが、ソ連の側にも、核戦争が起こるのを現場で寸前に防いだ軍人がいたことはあまり知られていません。ソ連海軍の潜水艦で任務に就いていたバシリー・アルヒーポフ副艦長です。

当時、キューバにソ連の核ミサイルが運ばれて、アメリカ海軍の軍艦はキューバを海上封鎖しましたが、その際に、キューバの沖合でソ連の潜水艦がアメリカ海軍の駆逐艦と空母に包囲される事態が起こりました。

アメリカの駆逐艦は海中で爆発する爆雷をいくつも投下してソ連の潜水艦を浮上させようとしました。すると、このときソ連の潜水艦の艦長は「アメリカが爆雷で攻撃してくるということは、米ソの戦争が始まった可能性がある」と考えてしまいました。しかし、艦長はもし戦争が始まれば核を搭載した魚雷での反撃を準備しなければなりません。念のため、モスクワに反撃すべきか指示を求めようとしましたが、通信ができず、最終的な判断はこの一隻の潜水艦に委ねられました。艦長は発射を主張しましたが、アルヒーポフ副艦長が強く反対し、核魚雷は発射されなかったと言われています。

彼はソ連の「無名の英雄」とされています。もし、核魚雷が発射されていたら、これはアメリカへの核攻撃となるので、アメリカはキューバかソ連本土への報復核攻撃を実行していた可能性があります。キューバ危機の最悪の帰結である第三次世界大戦が勃発していてもおかしくなかったでしょう。

この事例は、通常戦力による戦闘がエスカレートした結果としての核危機だったとも言えます。誰もが意図しない偶発的な事態でもあり、誤認による核危機でもありました。ホワイトハウスのケネディ大統領や、マクナマラ国防長官も、こうした現場レベルの予期せぬ事態の発生を強く懸念していましたが、それは実際に起きていたのです。

午前三時の電話〜システムの誤作動という核戦争リスク

ソ連には、システムの誤作動による偶発的な核戦争を防いだ軍人もいます。ソ連空軍のスタニスラウ・ペトロフ中佐で、彼が一九八三年にモスクワ郊外の防空司令部で勤務しているとき、アメリカから核ミサイルが発射されたとの警報が司令部に鳴り響きます。

数週間前、ソ連空軍は民間機の大韓航空機を自国領空で撃墜していて、米ソにはかつてない緊張が高まっていました。

ペトロフ中佐としては、アメリカが核ミサイルを発射した以上、クレムリンの共産党首脳部に連絡し、報復の核ミサイルを打つ指示を出さなければなりません。

しかし、ペトロフは、システムが誤作動した可能性があるとして、規則を逸脱して共産党首脳部には報告しませんでした。報告すれば報復の核攻撃の指示が出ていた可能性がありましたが、実際はペトロフが予期した通り、システムの誤作動でした。これにより、ソ連が誤認によって核戦争を引き起こす事態は避けられたのです。ペトロフの果たした役割をめぐっては諸説あるようですが、誤認による核戦争が阻止された事例と見なされています。

システムの誤作動で核戦争を引き起こしかねない事態に陥ったのは、ソ連だけではありません。アメリカも同じです。上述した危機のほぼ四年前にあたる一九七九年一一月九日、アメリカで「午前三時の電話」という恐怖の出来事があったことが知られています。

九日の午前三時、アメリカのカーター政権で国家安全保障問題担当の大統領補佐官を務めていたズビグニュー・ブレジンスキーは自宅のベッドで寝ていました。その彼のもとに突然、NORAD（北米防空司令部）から緊急連絡が入ります。二五〇発のソ連の核ミサイルがアメリカに向け発射され、本土への着弾が差し迫っているという連絡でした。ブレジンスキーが念のため確認を命じたところ、発射されたミサイルは二〇〇〇発以上だという、さらに悪い情報が入ってきます。

ブレジンスキーは大統領に全面核報復を促す電話をしようとします。ただ、その際には、まず妻を起こさないように注意したといいます。あと三〇分もたてば、首都ワシントンも核爆発で一瞬にして消え去り、世界は滅ぶことが分かっていたため、妻には寝たまま苦しまずに人生を終えてほしかったからです。

しかし彼がカーター大統領に電話しようとしたまさにそのとき、コンピューターのミスだという連絡が入り、報復の核攻撃は実行されませんでした。ただその後も、この原因がコンピューターのミスなのか人為的なミスなのか正確なところは明確になっていません。

こうした事例は、決して過去の出来事ではありません。アメリカでは二〇一八年一月にも、人為的なミスによりハワイで核攻撃警報が作動し、多くの住民がパニックに陥る事態がありました。

核のボタンを持った大統領がこうした警報を信じた場合、人為的なミスやシステムの誤作動が核戦争を引き起こす要因となってしまいます。システムへのハッキングなどで「核攻撃の誤認」という世界最悪の勘違いが起こるリスクは現代でも存在するのです。

核ミサイルの発射をめぐるシステムは幾重にも守られていますが、過去も現在も〝エラー〟や〝誤認〟が世界を何度も滅ぼしかけたことを知っておくことは重要でしょう。

なおソ連には、かつてアメリカからの核攻撃によって、モスクワが壊滅した場合に自動的に核報復を行うデッドハンド＝「死の手」というシステムが存在したことが知られています。クレムリンの中枢が破壊され、報復の指令が困難になった場合に自動的に全面核報復を行うシステムです。今は、その稼働が確認されているわけではありませんが、専門家の間では、稼働している可能性は否定できないとの見方もあります。

核使用は大統領一人の決断で可能

現在、世界において核兵器を使用する権限を持つのは各国の政治指導者です。「核のボタン」を押せるのはアメリカやロシアであれば大統領です。そしてアメリカ合衆国大統領は、たった一人の判断で核ミサイルの発射をいつでも決断できます。法的な制約など何もありません。副大統領や国防長官、統合参謀本部議長、または議会の承認など全く必要なく、即座に発射できるのです。

もちろん大統領も国防長官や補佐官、そして軍のトップに相談はするでしょう。しかし彼らの同意は全く必要ありません。敵の核ミサイルが発射された後、即座に決断しなければ、反撃は間に合わなくなるからです。

こうした実態はアメリカ国民にも完全には知られていないようです。アメリカ国民の四四％が、核ミサイルの発射は「議会の承認が必要」だと思っているという調査結果もあります。しかし実際はちがいます。

そして、アメリカ大統領は世界の数十億人を殺害するという人類史上誰もしたことのない決断を、わずか一〇分程度の短時間で下さなくてはなりません。本当に核攻撃を受けているのか、それともシステムエラーなのかも、同じく一〇分程度で確認しなければならないのです。

しかも、アメリカの核ミサイルは、一度発射されれば、後から取り消すことはできません。敵対国のハッキングで核ミサイルの起爆システムが無力化されることが懸念され、発射後は起爆を解除できない設計になっているからです。つまり、決断は文字通り「取り返しがつかない」のです。

このように、核攻撃について大統領一人が絶大な権限を持ち、後から決定を取り消せない状態にあることについては、アメリカ国内でも懸念する声があります。戦争など何も起こっていなくても、大統領はすぐに核攻撃を実行できるからです。

つまり、ウクライナに戦闘機や戦車を送るために議会を何カ月もかけて説得しなければならない一方、核ミサイルの発射だけは一人で即座にできるのです。これは核の論理において簡単には理解しがたい問題でもあり、アメリカ国内でも見直しを求める声があります。大統領という個人の人格にも大きく依存することになり、仮に大統領が精神的に不安定だったとしても攻撃できるからです。

かつてニクソン大統領には酒を飲みすぎる傾向がありました。一九六九年にアメリカ軍の偵察機が日本海で北朝鮮軍に撃墜され、三一人の兵士が死亡したとき、酒に酔ったと見られるニクソン大統領は北朝鮮への報復核攻撃を軍に命令しました。しかしヘンリー・キッシンジャー大統領補佐官が介入し、ニクソンの酔いが覚める朝まで何もしないよう軍に指示したため核攻撃は実行されませんでした。

また、一九七三年の第四次中東戦争の際、ジェームズ・シュレシンジャー国防長官は、ニクソンのアルコール依存を懸念し、大統領から核使用の指示があったとしても、まずは自分がキッシンジャーに確認するように、軍に指示していたとされています。

こうした核発射が個人に依存する意思決定のシステムも、偶発的な核戦争のリスク要因の一つであり続けています。

なおアメリカでは二〇一七年、一部の精神科医らのグループが、当時から事実と異なる発言を繰り返していたドナルド・トランプ大統領はサイコパス傾向など複数の精神的な問題を抱えており、核ミサイルの発射権限を持っているのは危険だと警告する本を出版しています。戦闘機のパイロットなどを含め、アメリカ軍の関係者には精神的・身体的な健康状態について厳しい審査が義務付けられていますが、軍の最高司令官であるアメリカ大統領にはそうした義務はありません。そのため、政治から独立した精神科医や臨床心理士らが、大統領を年に一回診察して、職責を全うできるか検査すべきだとの提言もこの本の中で出されています。

核による報復は「誰のため」か

これまで見てきた通り、アメリカ合衆国大統領は、ロシアや中国から先制核攻撃を受けた場合、あるいは受けていることが明確になった場合、報復の核攻撃を即座に決断することになっています。

「核のボタン」を押すという決定が大統領など一人の人間に帰属しているのと同様に、この報復核攻撃を行うという決断に、何とも言えない違和感を感じる人もいるでしょう。それは、核攻撃を受けた方が、先に攻撃した方を道連れにして敵味方の国民あるいは人類の大部分を死滅させる道だからです。

報復の核攻撃を実行する理由は何なのでしょうか。敵の愚かな決断に罰を与えるため、敵の世界支配を防ぐため、同盟国を守るためでしょうか。報復すれば世界が滅ぶのであれば、馬鹿馬鹿しい理由にも思えてきますが、これが〝現実的な政治決断〟となっています。

もちろん報復の核攻撃は、核抑止を機能させるという意味では必要な行動です。しかし、〝必要な行動〟が同時に全員を滅ぼす〝究極的に愚かな決断〟でもあることが、核をめぐる論理の難しさ、あるいは大きな矛盾を象徴しています。

中国とソ連も核戦争の危機に

軍事的な緊張のエスカレーションが核戦争の危機に発展してしまった例としては、先ほど述べた米ソのキューバ危機が有名ですが、中国とソ連でも同じような危機が起こっています。実は中国とソ連も核戦争の手前まで追い込まれた過去があるのです。

キッシンジャーがニクソンの核攻撃を阻止したのと同じ一九六九年、当時のソ連と中国は国境にあるダマンスキー島をめぐる領土紛争を抱えていました。中国人民解放軍はソ連軍に待ち伏せ攻撃をかけるなどして両国は戦闘状態に陥ります。大砲や空軍も投入され、この軍事衝突はエスカレートし、ソ連は核による威嚇も行いました。中国も一九六四年に核実験を成功させていたので、この時点で核保有国間の戦争となっていました。

さらに中国はソ連の核の脅しを現実的なものと受け止め、毛沢東は全面核戦争も覚悟したとされています。実際のところ、ソ連は本気で核兵器を使うつもりはありませんでしたが、中国は真剣に受け止めたのです。特にソ連が、和平交渉のために代表団を北京に送ると伝えてきた時には、中国はソ連が代表団を乗せる飛行機に実は核兵器を積んで、北京を攻撃するのではないかとすら考えていたといいます。中国は懸念を強め、水爆実験を実施して核戦力の警戒レベルを引き上げました。これも偶発的な発射のリスクを高めるものだったと専門家は分析しています。最終的に中ソはどちらも核を使用せず、危機は収束しました。

もしウクライナ戦争で核が使われたら

では、現在のウクライナ戦争において、核の脅しを続けるロシアが万が一、核兵器を使ったらどうなるのでしょうか。通常、こうした〝あり得ない〟想定が描かれることはほぼありません。しかし前章で述べた通り、ロシアの核使用のハードルは予想よりも低かったことが判明したこともあり、あえて考えてみることにします。

前章では、ベラルーシからの核使用とロシアからの核使用の想定について分けて書きましたが、今回はウクライナ領内に展開するロシア軍が使用した場合も含め、どこからかはあえて不明瞭にした上で、ウクライナ領内で核爆発が起こった状況を想定してみます。

もしロシア軍が戦術核兵器を使う場合、まずプーチン大統領の許可のもとで、前線付近の地上部隊か空軍に戦術核兵器が配られるでしょう。配備が完了するとプーチン大統領の決定、あるいはそれに基づいた現場指揮官の指示で使用され得る状況が出来上がります。ロシア軍は核兵器を使用しながら戦闘を遂行する訓練を繰り返してきた軍隊でもあります。

仮にロシアの核使用により、ウクライナ領内で核爆発が起こったとします。核爆発の直後は、それがロシアの核兵器なのか、それ以外の国の核兵器なのかは、すぐに判断できないかもしれません。まず情報の大混乱がやってくるでしょう。

核爆発の衝撃はあまりに大きく、周辺一帯が消し飛ぶので、何が起こったのか誰もわからないという無秩序な混乱がおそらくやってきます。「実はNATOが核を使用した」という出所不明の情報が出回る可能性もあるでしょう。ロシアが「自分たちは使用していない」と関与を否定する可能性もあります。

核爆発の映像は直ちに世界に拡散するでしょう。しかし核ミサイルを発射した軍艦、潜水艦あるいは戦闘機、地上の発射装置、または発射されてから爆発するまでを収めた映像などが出てくるのか、出たとしても本物であると検証が可能な映像なのか、フェイク動画ではないのか、様々な憶測が飛び交うでしょう。一九四五年の八月にエノラ・ゲイが広島に原爆を投下する様子は映像に記録され、世界中で何度も見られてきました。しかし、あのような分かりやすい映像が出回るのかは全く見通せません。

仮にロシア側が核使用を否定したとしても、もちろんアメリカ軍はロシアの核戦力の動きを常時モニターしていて、衛星画像や通信記録、爆発残留物の性質などを収集して証拠として提示するでしょう。

しかし、ロシアは「そんなものは偽物だ」と主張するかもしれません。ロシアのショイグ国防相（当時）は、「ウクライナ」が放射性物質の入った「汚い爆弾、ダーティーボムを使うかもしれない」と過去に述べています。ロシアが戦術核を使用する場合、これは「ウクライナ」の仕業だと主張するため事前に偽装工作を行う可能性も否定できません。

なお、二〇一四年にウクライナ東部上空でマレーシア航空が地対空ミサイルによって撃墜された際には、ミサイルを撃った親ロシア派武装勢力もロシア軍も関与を否定しました。しかしそのときは監視カメラの映像やSNSの情報など膨大な量の公開情報を調べるオープンソースインテリジェンスが駆使されて、ロシア側の犯行が特定されています。

証拠も含め広範囲を破壊し尽くす核兵器に対し、このオープンソースインテリジェンスがどこまで立ち向かえるかは未知数です。

二〇二三年六月にウクライナ南部ヘルソン州でカホフカ水力発電所のダムが破壊され、約四万人が被災する事態が起こりました。ウクライナ側が受けた被害が大きかったため、ロシア軍の犯行という見方が有力ですが、最終的には誰がやったのか明確には分かっていません。

基本的にダムの破壊は戦争犯罪ですが、そうした重大事態ですら、戦争という混乱状況にあっては真相も特定できず、犯人を罰することもできませんでした。核爆発がもたらす混乱と破壊はダムの決壊を大きく超えるものです。かつてないレベルの混乱が押し寄せるでしょう。

このロシアの核使用に対して、もしNATOが通常戦力で激しく反撃したら、その場合も、ロシアのさらなる核使用を誘発する可能性が出てきます。「偶発的な核使用」のリスクです。NATO軍の戦闘機や地上部隊にとって、ロシア軍の戦術核部隊は最優先の攻撃目標になると見られます。ロシアの現場の戦術核部隊がNATOの戦闘機かミサイルで攻撃される場合、自らも命の危険にさらされるロシア軍の指揮官は、手元の核兵器が破壊される前に発射すべきと考えるかもしれません。既に核兵器は一度使用されているので、さらなる使用への心理的なハードルは低いでしょう。

また、NATO軍がロシアの戦術核部隊を偶然に攻撃した場合であっても、ロシア軍の指揮官はこれを核兵器への攻撃と見なすでしょう。「通常戦力による局地的な攻撃だから通常兵器で対処すべきだ」などと冷静には考えないかもしれません。逆に、「全面核戦争が始まった」と誤認するリスクも生まれます。

いずれの場合も、自分の部隊が壊滅する前に「やるべきことをやる」と核を発射するリスクは高まると見られます。大規模な戦闘が始まり混乱する戦場において、どこまで司令官や指揮官たちの合理的な判断が働くのかは疑問です。ウクライナの戦場にアルヒーポフ副艦長やペトロフ中佐のような冷静な軍人が常にいるわけではありません。

米中衝突と核戦争リスク

通常兵器による戦闘が核戦争へとエスカレートしてしまうリスク、あるいは互いの誤認によって、意図せざる結果となってしまうリスクは、アメリカと中国の間でも懸念されています。当然、日本にとってもこれは国家の生存に関わる大きな脅威です。かりに米中が軍事衝突に陥れば、それは核保有国の対決なので、偶発的なエスカレーションがもたらす結果は甚大です。

特に中国は地上配備型のミサイルなど、通常兵器と核戦力を混在させて配備していると見られています。アメリカ軍にとって、核戦力だけをピンポイントで叩(たた)くことは難しいでしょう。こうした状況も通常兵器への攻撃が自動的に核兵器への攻撃を引き起こし、それが偶発的な核使用につながるリスクを生むことになります。また弾道ミサイルも、ひとたび発射されると、それが通常弾頭なのか核弾頭なのか、着弾するまで判別は困難です。

中国の通常戦力を攻撃するためのアメリカの軍事行動は、たとえ意図しなくても中国の核戦力を脅かします。先ほどのロシア軍の戦術核部隊の指揮官の例のように、中国人民解放軍の指揮官も「自分の核戦力が無力化される前に核を使用する」という決断に追い込まれるかもしれません。

キューバ危機の潜水艦の事例をもとに考えると、仮に中国の核ミサイル搭載型潜水艦が中国沿岸部にある通信インフラを使用していて、それらが米軍の攻撃で破壊されれば、北京の共産党指導部と連絡がとれなくなるリスクもあると専門家の間で指摘されています。

また中国の核ミサイル搭載潜水艦には攻撃型潜水艦が護衛についていますが、アメリカ海軍が両者の区別がはっきりしないまま、核搭載の潜水艦を攻撃する可能性もあります。北京の指導部との通信ができず、自分たちが攻撃を受ければ、キューバ危機の際と同じように、中国の潜水艦の艦長は「自国がアメリカとの全面核戦争に突入した」と考える可能性があります。この場合は自分たちの判断で核を使用するかどうかについて、極限の選択を迫られるかもしれません。

中国は「核の先制不使用」、つまり核攻撃されるまでは核を使用しない方針を掲げており、中央軍事委員会のみが核使用を決定できることになっています。委員会の主席は習近平なので、最終的には習近平一人の決断になると思われます。ただ中国の核使用をめぐる意思決定が戦時にどう機能するのか、「先制不使用」が本当に厳守されるのかについては、不透明な部分も大きいと言えます。

中国の指導部としても、自らの潜水艦部隊と連絡が取れなくなった場合には、「自国の核戦力がすぐにでも無力化されるかもしれない。あるいは既に無力化されたかもしれない」と考える可能性はあります。このときに中国の指導者たちが感じる恐怖は、〝即座の核使用〟への心理的な誘因になるでしょう。なぜなら、自分たちの核戦略が失われれば、敵であるアメリカにとってもはや核発射をためらうハードルはなくなるからです。アメリカが攻撃してくる前に核攻撃を決断しなければなりません。

こうした〝恐怖〟の文脈でミサイル防衛の持つ思わぬ危険性も考えることができます。ミサイル防衛はアメリカでも「あくまで防衛目的」だと強調されることがありますが、軍事的には純粋に防衛的ということはあり得ません。なぜならミサイル防衛は敵対国にとっては「自軍の核ミサイルを無力化するための兵器」であり、核戦力が無力化された後に起こるのは敵の核攻撃だと理解されているからです。

国際政治の分析枠組みである「意図」と「能力」を分けて考える際、そうした結論になるのは合理的です。アメリカが防衛的な「意図」しかないと主張しても、実際に中露の核兵器が無力化できるとなれば、その後にアメリカの核攻撃「能力」だけが残るからです。そういう能力の観点からすれば、ミサイル防衛の持つ〝攻撃性〟が存在するのは事実です。

ここまで過去の事例や、核戦争をめぐる思考実験について解説してきました。しかし、いざ現実に事が起これば、いろんな仮定も想定も全て吹き飛ばすのが戦争というものです。

もちろん、これらのシナリオはどれも発現可能性が極めて低いものばかりです。当事者たちは過去の経験から、可能性を低く抑えているとも言えます。そして実際に、過去のどの戦場でも、核は一発も使用されていません。

人類は、過去の核危機から教訓を引き出してきました。米ソの軍事演習が核攻撃を誘発しかけたため、現在ではNATOもロシアも大規模な軍事演習を行うときは、互いに通知することが事実上のルールになっています。ウクライナ戦争が始まった後でさえ、NATO軍もロシア軍も互いに事前に通知して演習を行っています。

NATOは二〇二二年一〇月、核兵器の搭載が可能な戦闘機なども参加した核抑止のための演習「ステッドファスト・ヌーン」を実施しました。これはウクライナ戦争の前から実施が決まっていた演習で、戦争を理由に実施されたわけではありません。戦争中に軍事演習を行えば、緊張を高めるとの批判もあります。しかし、既にロシアの核抑止により直接参戦を阻まれていたNATOにとって、ここで演習を中止すれば「ロシアの脅しに屈した」との見方をさらに強めるため中止はできませんでした。ロシアに誤ったメッセージを与えるリスクを考慮し、予定通りの実施となったのです。

一方のロシアも「ステッドファスト・ヌーン」の直後に戦略核部隊の大規模演習「グロム」をNATOに通知した上で実施しました。ロシアのグロムは、直前の通知であり挑発的で危険なものだったとも言われます。ただ世界にも、ロシアにもまだ正気は残っています。軍事演習をめぐるルールは守られており、核戦争は今も起こっていません。

二〇二四年までは、人類は幾多のリスクを乗り越えて核戦争と滅亡を回避してきました。愚かな殺し合いは続いていますが、世界の終末を招くほどの正気は失っていません。少なくとも、今のところは冷静な判断を失っていません。

しかし来月も来年も、そして未来永劫（えいごう）、核保有国の指導者たちが冷静でいつづけるかは分かりません。少なくとも核保有国が「先制不使用」についての議論を始めるべきとの意見も強まっています。

日本政府はアメリカの核の傘によって安全が守られていると考えており、アメリカの「核の先制不使用」には反対の立場を取っていると見られます。そして、アメリカは核の「先制不使用」政策を採用していません。あくまで核の先制使用を否定しない方針は、米中の核抑止を機能させる一方、逆に核戦争リスクを高めるものでもあります。

米中戦争のリスクが高まっている以上、個人的には両国が「核の先制不使用」で合意するのは望ましいことだと思います。ただそれが、通常戦力による戦争リスクをより高める可能性があることは忘れるべきではないでしょう。先ほど「核抑止」とは、強引に言えば、一％の核戦争リスクを引き受けることで九九％の平和を享受するようなものだと書きました。同じく強引に言えば、「核の先制不使用」を採用することは、核戦争リスクを限りなく0％に近づける一方、二〇％の通常戦争リスクを引き受けて80％の平和で我慢するようなものです。

日本は通常戦略による戦争のリスクについて、さらに現実感を持って備える必要が出てきます。今後、台湾をめぐる米中衝突のリスクが高まるとすれば、この「核の先制不使用」の是非について、日本人も真剣に考える時期が来ていると言えそうです。

市民集会で演説するインドのナレンドラ・モディ首相
©Debajyoti Chakraborty／NurPhoto／共同通信イメージズ

第八章

西側のストーリーと対峙する
——“新超大国”インドの論理

〝中国を超えて〟台頭する

本章のテーマは、新たな大国として世界で存在感を増す「インドの論理」です。インドにはこれまで見てきた中国やイスラエル、ロシアなど、どの国の論理とも一致しない独自の考え方があります。

人口は世界最大ですが、中国のように「自らが世界の中心にあってしかるべき」という自己中心的な帝国の論理は持っていません。また、イスラエルのように尖った生存本能や戦闘的姿勢もなく、ロシアのような怯えと恐怖心を抱えているわけでもありません。そして、アメリカやヨーロッパのように「自分たちが常に正しい」という独善的な立ち位置から他国に説教する態度もありません。

インドの論理はある意味で世界を俯瞰し、一歩引いた目線で見ているかのようです。

一方で、常に実利主義的であり、節操がないようにも見えます。冷戦期にアメリカからは食料支援を、ソ連からは武器支援を引き出してきました。米ソという超大国に対し中道主義をとることで実利を得てきたのです。もちろん国家は全て国益を追求するので、その意味では全ての国が実利主義です。ただ、インドは人口や経済規模の大きさが際立ってきたため、余計にその実利主義、悪く言えば節操のなさが目立つようになりました。

アメリカ、中国に次ぐ〝超大国〟として国際社会で台頭するインドが、今後の世界秩序のカギを握ると見られています。そしてインドは歴史的に欧米先進国から搾取されてきた途上国、新興国を代表する〝グローバルサウスのリーダー〟として自らを再定義し始めています。

第一章で、過去二〇〇〇年ほどをふり返ったとき、中国が世界ＧＤＰの三分の一か四分の一を占める超大国だったと書きましたが、実はローマ帝国時代には、インドの経済規模は中国を超えて世界最大でした。紀元一〇〇〇年頃においてもインドの方が中国を超える経済規模を持っており、その意味で、インドも世界史における超大国だったのです。そして今、中国に遅れながらも、その地位を再び取り戻そうとしているのです。

現在のインドは、いったい何を考えているのでしょうか。どんな論理を持ち、どのように世界や日本を見ているのでしょうか。

二〇二三年四月、国連が公表したデータによると、インドの人口は一四億二八六〇万人を超え、一四億二五七〇万人の中国を抜いて世界最大になりました。しかも年齢の中央値が二八歳と若く、少子高齢化に直面する中国とは対照的に経済に大きな活力があります。

インドのＧＤＰは現在は世界五位ですが、数年以内に日本とドイツを抜いて世界三位になると見られます。無人探査機の月面着陸を成功させた世界で四番目の国家となり、技術力の高さも注目を集めています。高度なロケット技術、つまりミサイル開発に応用できる高い技術を持ち、国際政治でも存在感を持つようになりました。何よりインドは核保有国です。

スイスのダボスで開かれた二〇二三年、そして二四年の世界経済フォーラムの年次総会、通称「ダボス会議」で最も大きな存在感を見せたのもインドでした。会議期間中、インドのテック企業などがダボスの町中にいくつも展示ブースを構え、インドへの投資を呼びかけ、ナレンドラ・モディ首相の大きな写真がダボスの建物の壁に貼られていました。

特に二〇二三年以降、世界第二位の経済大国である中国の苦境が深刻になったこともあり、よりいっそう、インドに注目が集まっています。欧米と日本はインドを自分たちの陣営に取り込むことが中国と対峙(たいじ)する上で重要になると考えています。

インドも自分たちが世界から注目されていることを十分に分かっています。中国の経済的苦境も知っています。中国とは国境紛争を抱えており、何度か戦った過去があります。そんなインドの企業関係者や政府関係者とダボス会議で話をすると、「自分たちには自由と民主主義があり、決して権威主義ではない。巨大な国内市場もある。優れた人材が豊富だ。そして英語が使える」と自負を持って語ります。中国のことは決して名指しはしませんが、これを解釈すると次のような意味になります。

〝自分たちは中国のような世界から嫌われる権威主義国家ではない。しかし自分たちには中国にとって代われるぐらいの巨大市場がある。理系人材の優秀さでは中国を超えられる。国際会議では中国の指導者のように中国語ではなく英語でスピーチができる〟

中国をライバル視し、その苦境を自分たちの飛躍のために活用しようとしているのが印象的でした。そのぐらいアグレッシブです。

もちろん、インドと中国には大きな差があります。テクノロジーの水準でも軍事力でもインドは中国に及びません。また、インドで外国企業がビジネスを進めるのはまだ簡単ではありません。インドに進出する日本企業は約一四〇〇社にとどまり、中国の約一万三〇〇〇社に比べ一〇分の一程度しかありません。外資規制は緩和されつつありますが、それでも大規模なビジネスを展開する際には、現地の財閥系企業や大企業と組まなければ、市場に参入することが難しい場面も多くあります。ビジネスの円滑化のために不透明なお金のやりとりが交わされる場面もあるようです。

何より人々の貧富の差が激しく、インド憲法が禁止するカーストに基づく差別は今もあります。同じくカーストに基づく非常に細かい職業区分も残っており、世界から見れば極端に非効率な労働市場も存在します。女性に対する性暴力も深刻です。

また、二〇二四年の総選挙は有権者数が約九億七〇〇〇万人と、世界最大の民主主義国の選挙として注目されましたが、野党に対する当局の捜査や摘発が相次ぎ、選挙戦を有利に進めたいモディ政権による不当な弾圧だと内外で批判が噴出しました。六月に出た選挙結果では、モディ首相率いる与党連合が過半数を獲得したものの、与党は苦戦を強いられ、議席を大きく減らしました。

モディ政権になってからインドの民主主義は後退したとも言われ、アメリカでは「結局のところインドは自由民主主義の価値を共有していない」との懐疑論も根強くあります。ちなみに、私たちテレビ東京のような外国メディアがインド国内で取材を行う際は、面倒な手続きが必要です。欧米のような報道の自由があるとも言えません。

ただ、そんなインドが〝次の超大国〟として台頭していて、現時点で世界最大の民主国家で

あるのは事実です。欧米の金融機関は今後数十年間で、インドの爆発的な経済成長を予測しています。今後インドと関係を深める上でも、自分たちの味方に引き入れる上でも、まず、インドの考え方を知ることが重要になってきます。

インドの国家としての考え方、戦略については、インド外交の司令塔の話に耳を傾けてみましょう。モディ首相の側近であるスブラマニヤム・ジャイシャンカル外相が書いた『インド外交の流儀』（笠井亮平訳、白水社）はその意味で必読の書だと言えます。本章ではこの本を中心に読み解きます。

ジャイシャンカルは元駐米大使、駐中国大使そして外務次官などを歴任したインド外交のスーパーエリートで、日本にも駐在経験があり配偶者は日本人です。日本史への理解も深く『インド外交の流儀』では「関ヶ原の戦い」「赤穂浪士の討ち入り」なども引き合いに出し、「日本はもっと世界に存在感を示し発言力を取り戻すべきだ」という主張も展開しています。この本を読んで分かるのは、自分たちは欧米とも中国とも異なる独自の目線を持った国家であり、今の日本に期待しているという点です。

そしてジャイシャンカルは、自信に満ち、自己主張の強いインドの外交姿勢を強く打ち出してきた人物として知られます。これは従来のインド外交の伝統とは異なり、彼はいわばインド外交を変えた人物と言ってもいいでしょう。インド政府の方針から見て好ましくない他国の外交官やジャーナリストなどに「公然と食ってかかる人物」という報道もあります。他国から見ると、手強い外交官でもあるようです。

ジャイシャンカルの本の冒頭の方に、「問題は、インドが今後も台頭し続けられるかではない――そのベクトルは当然のごとく保証されている。問われているのは、不確実性が高まる時代において、いかにしてそれを最適なかたちで実現するかなのだ」とあります。自分たちはこれから台頭するが、それは当然のことだ、と非常に強い自信が見てとれます。

中道路線から脱却するのか？

しかし、インドといえば、ウクライナ戦争をめぐってロシアを非難する国連決議を棄権して欧米を苛立たせました。もちろんロシアの侵略を擁護はしませんでしたが、欧米とは一線を画しました。こうしたインドの中道主義は過去からの長い伝統です。

冷戦期、アメリカはインドを西側陣営に取り込むため、一九五〇年代からは食料支援などを行ってきました。しかしインドは一九七一年にパキスタンとの対立が深まると、ソ連と友好条約を結び、アメリカを激怒させました。ソ連は長期間、インドに武器を供給し続けます。

冷戦が終わると、アメリカはクリントン政権、ブッシュ政権など歴代の大統領がインドの民主主義を称賛し、オバマ政権は国連安保理の常任理事国入りを目指すインドの努力を支持しています。にもかかわらず、インドはアメリカに大きく接近することはありませんでした。ある研究では二〇一四年から二〇一九年までの国連総会では、インドとアメリカの投票行動が一致したのはわずか二〇%だと指摘されています。

やはりインドは実利に基づいて行動し、特定の同盟関係にしばられず、あくまで「中道路線」を貫くのが大方針なのです。長年にわたり経済的に未熟で貧しかったため、国の発展のためには多くの国と仲良くする必要があったのです。ジャイシャンカルもそうした誰とでも仲良くする行為、つまり「ヘッジをかける」行為は現実的な選択肢だと割り切っています。

「ヘッジをかけることはデリケートな行為だ。だが、多極世界においてはそれから逃れるわけにはいかない」

一九七一年のソ連との友好条約は、インドからすれば敵対するパキスタンに対抗する狙いがあり、当然ながら国益を考えてのことでした。アメリカと距離を置く一方、ソ連や後を継いだロシアとも決して同盟関係にはなっていません。先ほども述べたように、日米オーストラリアとの戦略対話、クアッドのメンバーですが、同時に中国とロシアが参加する経済・軍事協力枠組みである上海協力機構のメンバーでもあります。経済的にも政治的にも、米中どちらの陣営にも中途半端にコミットしています。

そして、現在でもインドは実利主義を貫いています。ロシア産の原油を大量に購入し、防衛装備の六〇％をロシアに依存していて、スホイやMigなどのロシア製戦闘機やT－七二戦車なども運用しています。もともとインドは国内での武器生産能力が低く、戦車や戦闘機、さらにはアサルト・ライフルなどの基本的な装備ですら輸入に頼る世界最大の武器輸入国です。

最近は巨大財閥のアダニグループなどが国内での武器生産を強化していますが、まだまだ不十分のようです。ロシア製兵器に加えて、イギリスとフランスが共同開発したジャギュア攻撃機やフランスのラファール、ミラージュ戦闘機も運用しています。また、海軍の潜水艦はドイツ製です。とにかく優れた武器であれば国を問わず購入しています。

ちなみにロシアとの関係で言えば、日本も実利主義に基づきサハリンから天然ガス・原油の輸入を継続しているので、この点はインドを批判できる立場ではありません。

インドにとって最大の貿易相手国はアメリカです。最近はモディ首相が訪米し連邦議会で演説するなど、アメリカへの接近が目立っています。

一方、二〇二〇年に中国との国境付近で中国軍とインド軍が衝突した影響で、中国との関係は悪化しています。現在もZTEやファーウェイがインド国内で5Gサービスを提供することは認めていません。さらに鉄道や電力プロジェクトでの中国企業の入札を取り消し、国家安全保障を理由にTikTokなどの中国製アプリの利用も禁止しています。

インドも大国となる以上、今後は中道路線を変えなければならないという自覚はあるようです。これからも過去のような中道主義・実利主義的態度をいたずらに続けているようでは、もはや国際社会から信頼を得られないことは分かっているのです。ジャイシャンカルも次のように述べています。

「過去への回帰はわれわれの限界を際立たせる一方で、信頼を損なってしまう」

インドが中道主義を転換し、国際社会でより大きな責任を引き受けるには時間がかかるでしょう。しかし、今後は少しずつ自己意識を変えていく可能性があります。

アメリカへの〝冷めた〟見方

ではそんな自己意識を変え、アメリカに接近しつつあるインドは、アメリカと中国の対立をどう見ているのでしょうか。ジャイシャンカルの本には、インドが抱く世界観について面白い記述がいくつかあります。

「(過去)二〇年にわたり、中国は戦いをすることなく勝利を収め続ける一方、アメリカは勝利を収めることなく戦い続けてきた」

これは中国の経済的な台頭と、アフガニスタンやイラクでのアメリカの事実上の敗北、軍事的な撤退を指していると見られます。

二〇〇一年の同時多発テロ以降、アメリカは八兆ドル、日本円で一〇〇〇兆円を大きく超える巨額の国費を投入し、対テロ戦争、イラク戦争を戦ってきました。しかし、イラクでは開戦の理由だった大量破壊兵器は見つからず、占領後の治安の悪化に苦しんだ結果、統治が不安定なまま撤退に追い込まれました。その結果、過激な武装勢力であるイスラム国の台頭を許すこととなり、中東秩序の混乱を引き起こしました。またアフガニスタンからも、一度は撃退したはずのタリバンに追い出される格好で無様に撤退し、タリバン政権の復活を許しました。

このように戦略的な敗北を重ね続けたアメリカが、アフガニスタンや中東に気を取られているのを中国は見逃しませんでした。アメリカが構築した自由貿易のメカニズムを通じて、着実に経済成長を遂げ、軍事力を増大させてきたのです。

その後、〝知らぬ間〟に台頭した中国に怒ったアメリカのトランプ政権が貿易面で保護主義を強め、その後のバイデン政権もインフレ抑制法の名の下に、さらに加速させました。

もはやアメリカは自由貿易に後ろ向きとなり、中国の方が前向きにすら見える状況です。インドは、アメリカという覇権国が、自ら築き上げた自由貿易体制、経済のグローバル化を支えた価値観を破壊する様子を冷めた目で見ているのです。

その上で、今の世界はアメリカ一極支配がもはや崩れ、再び多極化しており、そこでは、成長する新興国やアフリカ諸国などグローバルサウスのリーダーを自認する自分たちが有利だと考えています。ジャイシャンカルは「インドのような国は、より高い地位の獲得を視野にいれることが可能になる」と言い切ります。

世界を支配する〝西洋のストーリー〟と対峙する

このように、アメリカ一極支配が終わり、多極化する中ではインドは有利だという議論を見ると、あたかも欧米の衰退をインドが見通しているようにも感じます。

しかし、ジャイシャンカルは欧米が衰退していくという議論には決して与しません。何より、西側が世界を支配できたのは国力もさることながら、彼らがつくったルールとストーリーの力であり、それは今後も強力であると理解しているからです。

確かに現在の国際政治において、西洋が支配的な地位にある理由は、西洋が確立した国際法や通商合意などの制度的な枠組み、つまりルールが存在するからです。そして、自由民主主義や人権という価値観、つまり西側が育てた価値こそが重要だとするストーリーが、そのルールを支えています。

なぜインドは〝西洋のストーリーの強さ〟を十分に理解しているのでしょうか。それにはインドが一九世紀から二〇世紀の一〇〇年近くに渡り、当時の世界を支配したイギリスの植民地だったことが影響しています。イギリスという支配者が単に軍事力や経済力だけで自分たちや世界を支配したわけではないと、身を以て知っているのです。

イギリスの支配を受けたインドは、その貿易体制に組み入れられイギリスが決めたルールで搾取され続けた当事者でした。西洋が推進した貿易制度や価値観などから成る「西洋の利益に

資するストーリー」の強さを十分すぎるほど体験してきたのです。

このためジャイシャンカルは「西洋――アメリカは言うに及ばず、ヨーロッパも――を軽視するのはとてつもなく愚かな行為だ」、さらに「近い将来に西洋が没落すると宣言するのは、控え目にいっても時期尚早だ」として欧米を過小評価することを戒めます。彼は西側世界の軍事力はまだ世界で圧倒的だという現実も冷静に見ています。

「過去二五年間で闘われた戦争について考えてみてほしい。ユーゴスラビア、アフガニスタン、イラク、リビア、それにシリアである。原因や結果が何であれ、全てのケースで西洋は武力を行使し、著しく改良されたテクノロジーとその適用を実践し、政治圧力をかけるという明確な姿勢を実行に移してきた」

近年の欧米の衰退、中国の台頭についてのニュースばかり見ていると、こうした視点はつい見落としがちになります。ウクライナ戦争で欧米は消耗しましたが、依然として軍事的に世界最強であるというのはその通りです。また近現代において最も強力な火力を用いて互いに殺し合ってきたのは常に欧米でした。

インドの〝本音〟

では、インドはアメリカの覇権に挑む中国をどう見ているのでしょうか。インドと中国は東西に約三五〇〇キロの国境で接し、過去に何度も領土紛争を戦ってきました。この約三五〇〇キロという距離は、北海道から沖縄まで日本列島がすっぽりと入るほどの広大な距離です。また、インドは中国に代わるグローバル企業の生産拠点としての地位も少しずつ固めつつあり、経済的にもライバル関係にあります。

一方、アメリカは中国に対抗するためにインドを取り込もうとしています。特に中国が台湾を支配し太平洋に進出しようとする中で、インドとの関係強化はアメリカにとって喫緊の課題になっています。台湾有事を念頭に、アメリカ、日本、オーストラリアは実際にインドをクアッドの枠組みに招き入れ、中国包囲網の重要なパートナーにしようとしています。

しかし、この試みは決して簡単ではありません。関係が悪化したとはいえ、公式にはインドも中国との関係や協力を重視しています。先ほど述べた通り、中国とロシアが主導する国際枠組みである上海協力機構のメンバーでもあります。中国と国境紛争を抱えているものの、実はインドは台湾ではなく中国の国連代表権を一貫して支持してきました。ジャイシャンカルもインドと中国の関係について、「疑いなく今の時代の中でもっとも重要な関係の一つだ」と言っています。

インドの元政府高官はもっと率直です。ニルパマ・ラオ元駐米インド大使の米外交専門誌『フォーリン・アフェアーズ』への寄稿にはこうあります。

「ワシントンは、インドのクアッド関与を同盟だと勘違いしてはならない。ニューデリーが北京に対するワシントンのバランサーとして機能することはない。インドは米中対立では中立を維持している」

つまりインドは台湾問題という将来の危機に巻き込まれるつもりはないと断言しています。二〇二二年八月、アメリカのナンシー・ペロシ下院議長（大統領継承順位二位）が台湾を訪問した件についてもラオ元大使は、「扇動的な訪問」だと批判します。

ウクライナ戦争をめぐり、インドはロシアへの経済制裁に加わっていませんが、これを欧米が批判していることも、ラオ元大使は許せなかったようです。この批判はインドの本音を分かりやすく表しているので、少し長くなりますが引用します。

「ロシアがウクライナで人権を侵害しているという点では、ヨーロッパやワシントンの主張は正しいかもしれない。だが、欧米諸国も、ベトナムからイラクに至るまで、同様に暴力的で不当、非民主的な介入を実施してきた。したがってニューデリーは、ロシアを孤立させることを呼びかける欧米の求めには応じない」

「ニューデリーがモスクワを非難しないとしても、ロシアの侵略を支持しているわけではない。モスクワは、主権と領土保全の原則、国際人道法、内政不干渉の原則に明らかに違反している。だが、これらのルールに違反しているのはロシアだけではない。アメリカも主権の尊重、内政不干渉へのコミットメントからみて問題のある行動をとっている」

これは先ほど述べた「西洋のストーリー」への痛烈な反論でもあります。

ラオ元大使が批判するように、確かにアメリカによる過去の戦争は問題だらけだったと言えます。一九六〇年代に激しくなったベトナム戦争は殺戮（さつりく）と環境破壊をもたらし、既に指摘したように二〇〇三年からのイラク戦争は虚偽の根拠に基づいていただけでなく、中東の秩序を混乱させて終わりました。

「内政不干渉へのコミットメントからみて問題のある行動」について補足すれば、アメリカは冷戦期にCIAなどを使った他国への特殊工作を通じ、多くの政権を転覆させてきました。今はアメリカの敵対国家であるイランでも、もともとは民主的に成立していたモサデク政権を一九五三年にクーデターで転覆し、独裁者パーレビー国王を権力の座に据えたのはアメリカでした。今のイランのイスラム独裁体制は、このアメリカが支援した独裁体制を打倒して生まれたものです。チリで民主政権を転覆し、ピノチェトという軍事独裁政権を誕生させて数多くの拷問や処刑を事実上容認したのもアメリカでした。

欧米はウクライナ戦争をめぐるインドの中道主義・実利主義を批判しますが、インドからす

ると「おまえたちにそんなことを言う資格はない」というのが本音なのです。

欧米はウクライナを自国のものにして世界地図を書き換えようとするロシアを強く批判していますが、欧米も過去に全く同じことをやってきたと考えているのです。常に西洋世界は世界を侵略し、いつの時代も自分たちに都合よく地図を書き換えてきた、というわけです。その上でラオ元大使は、「それでもインドは、過去におけるワシントンの問題行動に対して、制裁や怒りをもって対処したことはなく、アメリカによる他国の侵略に反対はしても、ワシントンとの関係は維持した」と述べています。

つまり、インドの方が〝大人〟であり、自分たちは問題行動ばかり起こしてきたアメリカとも冷静に付き合ってきたのだから、誰に何と言われようと、ウクライナ戦争をめぐって自分たちが文句を言われる筋合いはないということです。どの国にも実利主義をとる権利があり、インドだけが「実利主義だ」と批判されるのは不合理だという率直な反論です。

インドから見れば、今も欧米は平和を唱えながら自らの都合で軍事力を行使し、民主主義の価値を他国に説教しながらも、一方で独裁政権と付き合っているのです。つまり、欧米も結局は実利主義だろうという反発が根底にあります。

民主主義を掲げるアメリカは独裁国家であるサウジアラビアなどのアラブ諸国と親密であり、結局は道義的な観点ではなく、あくまでリアルな国益にもとづいて外交を展開しているのが実態です。にもかかわらず、欧米が自由や民主主義の価値を声高に主張し「世界の良心の擁護者」のように振る舞うのは偽善的だということです。

欧米の被害者としての過去

このように欧米への非難と軽蔑（けいべつ）を奥底に抱くインドですが、決して欧米と敵対しているわけではありません。過去の植民地支配について、今でも怒っているわけでもありません。**西洋や日本への怒りを国をまとめる〝負のエネルギー〟に変えてきたのが中国ですが、インドはそうではないのです。ジャイシャンカルの本には中国とインドを対比する面白い記述があります。**

「中国人は自分たちの現在の立場を正当化するために、一世紀にわたる屈辱の歴史を持ち出してくることがよくある。だが、もし異議申し立てをする資格があるとすれば、それは二世紀――一世紀ではなく――にわたりヨーロッパによる蹂躙（じゅうりん）と略奪を経験したインドであるべきだろう。当時の経済大国を襲ったこの略奪は、いまだ幅広く理解されているとは言えない」

先ほどの〝本音〟のように、普段はあまり見えてこないインドの被害者としての自己意識がにじみ出た文章です。ジャイシャンカルが語っているように、中国は欧米と日本による植民地支配の苦しみを事あるごとに強調します。習近平はその〝屈辱の歴史〟に完全にピリオドを打ち、「中華民族の偉大な復興」を成し遂げると主張していますが、そのために民族が被った過去の負の体験を語り、また国民の不満から目をそらすためにも自分たちが西洋や日本の被害者だったことや、その痛みを強調しています。

しかしインドから見れば、長く苦しい西洋の侵略と植民地支配の真の被害者は、中国ではなく自分たちなのです。それでも、インドは植民地支配から来る反西洋感情を大衆の動員に使ってきませんでした。つまり、歴史的な負の感情を利用してこなかったのです。

現代の大勢のインド人は過去の歴史にそれほど怒ってはいません。時間の経過もありますが、何よりこれが中国とは決定的に違う点であり、欧米とも前向きな関係を築く土台になっています。過去の負の感情を国内統治に利用してきた中国よりも、遥（はる）かに前向きな考え方だと言えます。

その一方で、「欧米の被害者としての過去」を〝他の国をまとめる力〟として使う戦略は持っています。グローバルサウスのリーダーとして振る舞うために使っているのです。

グローバルサウスは主に南半球に多い成長著しい途上国や新興国のことですが、多くがかつて西洋の植民地支配に苦しんできました。そしてインドと同様、今も中国やロシアを敵に回してアメリカの陣営に過度に組み込まれることを嫌がっています。自国の経済的な利害を考えた時に、アメリカ、中国、ロシアの競争と対立に巻き込まれたくないのです。

グローバルサウス諸国の最大の目的は、経済と国力の発展であり、その国益のためにプラスになるよう実利主義的に行動するだけです。まさにインドの立場と同じです。そして、インドが同じように西洋に苦しめられた過去も共有しているため、インドはグローバルサウスに支持基盤を持つようになっていて、それを最大限に活用しようとしています。

インドも含めてグローバルサウスの一部はウクライナ戦争でロシアが完全に叩きのめされるのも好ましくないと考えています。あくまで世界がアメリカ、中国、ロシア、インドなど多極構造になってパワーが拡散することが良いと考えているのです。なぜかと言えば、圧倒的なパワーを持つ超大国に物事を押し付けられる恐れが少なくなるからです。

日本や西側諸国には、多極化した世界は不安定化すると考える傾向があります。冷戦後、アメリカの一極支配のもとで世界の安定を享受してきたからであり、冷戦期という二極化した世界でも、豊かな国の間ではひとまずは平和と繁栄は維持されていたからです。特にアメリカの同盟国である日本としてはアメリカ一極支配が好ましい部分も多いと言えます。アメリカと仲良くさえしていれば、物事は概ねうまくいくからです。

しかし、インドを含むグローバルサウスはそもそも冷戦における米ソ二極体制のもとでの「平和」や「安定」は単なるまやかしにすぎなかったと考えています。米ソという二つの超大国による核戦争は回避されましたが、ベトナムなどでは代理戦争が起こり、植民地支配が終わったアフリカでも長く残酷な内戦が続きました。核を持つ二大国が、単にギリギリのところで世界を滅ぼさなかっただけのことです。また植民地時代の経済関係に起因する格差や搾取構造も残されたままでした。

しかし今、グローバルサウスが望んだ通り、現実に中国やインドの台頭で世界は多くのプレーヤーがひしめく「多極化」世界に向かっています。その中で、グローバルサウスのまとめ役であるインドはますます大きな役割を果たそうとしているのです。

ではインドは、具体的にどういう戦術や戦略を用いていくのでしょうか。その基本的な部分を見ていきます。

カウティリャ的政治

重要なキーワードがインドにおける「カウティリャ的政治」という言葉です。カウティリャとは紀元前四―三世紀の古代インドの戦略家であり、インド初の統一王朝＝マウリヤ朝の始祖であるチャンドラグプタ王の側近であり宰相も務めた人物です。

カウティリャは策略を含む権謀術数や徹底した現実主義に基づき、インド統治の考え方の基礎をつくった人物とされています。この「カウティリャ的政治」こそがインドの実利主義や中道主義の根幹にある考え方になっていると見られます。究極的にそれは「策略」と「裏切り」でもあります。ジャイシャンカルは本の中で、日本史を引き合いに出してその意味を説明しています。

「日本の関ヶ原の戦い、インドのプラッシーの戦いといった、より現代に近い世界における運命の決戦で結果を左右したのは、結局のところ裏切りなのだ。ただし、策略が名誉の名のもとに正当化されることもある。日本の『赤穂浪士』の物語はその好例と言えるだろう」

戦いにおいては最終的に策謀・裏切りが決定的なファクターだったと、ある種のリアリズムに触れているのです。

多くの日本人が知っている通り、関ヶ原の戦いでは西軍の石田三成側だった小早川秀秋が裏切ったことが一つの原因となって東軍の徳川方が勝利しました。名誉のもとに正当化される策略とは、赤穂浪士における大石内蔵助の昼行灯を指すのでしょう。そしてプラッシーの戦いというのは、インドにおけるイギリス東インド会社の軍とフランスの後押しを受けたベンガル太守軍の戦いですが、ベンガル太守軍の司令官の裏切りでイギリス側が勝利しています。ここでも「裏切り」が、重要な要素になっています。

もちろんジャイシャンカルはこうした権力のリアリズムだけではダメであり、国家は道義的な正統性を有することが必要だと主張しています。

ただ、このカウティリャ的政治がインドの戦略の根底にあるとすれば、現在のアメリカへの接近や中道主義・実利主義からの転換に向かうようなインドの姿勢も、やはり十分に計算された国益に基づいた行動であり、場合によっては単なる見せかけなのかもしれません。

結局のところインドは中国に対抗するため、アメリカと共通の利益を見出し、一時的にアメリカと接近しているに過ぎない可能性はあるでしょう。つまり、結局インドは中道主義、実利

主義のまま変わらないということです。

また、アメリカが称賛してきたインドの民主主義についても、既に指摘した通り、疑義が生まれています。特に二〇二四年の総選挙での野党への弾圧ともとれるモディ政権の動きは、インドが「異論を認めない」政治体制であるという印象を各国に抱かせました。

また二〇二三年カナダでカナダ国籍を持つシーク教徒が殺害された事件をめぐっては、カナダはインドの工作員が関与したと発表し両国の緊張は高まりました。殺害された人物はインドからの分離独立を主張するグループの主要メンバーで、モディ政権と敵対していました。

一連の動きは、いずれもインドのイメージを悪化させ、開かれた自由民主主義という価値を本当に共有できるのか疑問を投げかけるものでした。こうしたイメージの悪化により、インドはやはり信用できない、やはり自由や民主主義などの重要な価値を共有できない国だという見方が出ているのも事実です。

インドが日本に期待すること

一方でそのインドが日本に期待を寄せているのは事実のようです。今のインドから見れば、日本はいま変わろうとしているように見えるようです。具体的には安倍（あべ）政権以降の日本の防衛力の強化、安全保障戦略の強化に注目しています。

ジャイシャンカルも日本とインドの協力は非常に大きなポテンシャルがあると述べていて、日

本との関係強化についてはインド政府内でも広く認識されており、与野党関係なく前向きであるとも指摘しています。これは政権が変わる度に日本への態度を変える韓国とは大きく異なる点であり、日本にとってはプラスだと言えます。

そもそも歴史的にも、インドにとって日本は注目すべき存在でした。特に日露戦争の日本の勝利を多くのインド人が〝アジア復興の幕開け〟と捉えました。インド独立の父と言われるスバース・チャンドラ・ボースは一九四三年日本政府の援助を受けてイギリスと戦った人物で、インド人にとって日本は独立を支援してくれた国だという位置づけになっています。彼の遺骨は東京杉並区の蓮光寺に眠っていますが、インド独立運動を戦った人物としてはもうひとりのボースである、ラース・ビハーリー・ボースも有名です。彼は日本で逃亡生活を送っていた時期があり、日本人と結婚していて、いずれも日本とゆかりが深いと言えます。

なお、ジャイシャンカルは第二次大戦後の東京裁判について次のように書いています。

「東京裁判に対しインドは独自のスタンスで臨み、ラダビノード・パル判事の名前は今でも多くの場所で取り上げられている」

パル判事は東京裁判で「平和に対する罪」と「人道に対する罪」は事後法であって、国際法上、日本の戦犯に対して有罪とはできないと、判事の中でただ一人「無罪」を言い渡した人物です。もっともこの記述は日本の保守派へのリップサービスの意味もあると思います。

パル判事はあくまで法的に無罪としただけで、決して日本に道義的責任がないとは主張していません。日本の戦時指導者に対しては痛烈に批判しているとも指摘されています。チャンドラ・ボースもそうですが、インドは確かにイギリスやフランスの侵略、植民地支配と戦いました。**しかし日本に対しては、アジアの国として期待もしましたが、同時に欧米と同様の侵略行為や植民地支配に対しては当然、批判的な目線を持っていました。これは忘れるべきではないでしょう。**

もっとも、インドが日本のことを独立の支援者と見ていたこと、また、パル判事が他の戦勝国の判事と一線を画したこと、そしてインド政府が戦後のサンフランシスコ平和条約に参加せず、日本への賠償請求権を全て放棄したのは事実です。こうしたことは両国関係にはプラスに作用しています。

国際社会におけるインドの役割は大きくなっています。日本が中国と対峙する上でも、新たな大国として台頭するインドとの関係をいっそう強化することは必須(ひっす)の課題です。ただ、日本はインドに対して安易な期待はすべきではないでしょう。台湾をめぐる戦争が起きたとしても、インドが日米台の連合に対してプラスの動きをするという期待もできません。あくまでインドとは、冷静かつ実利的な観点から付き合っていくべきだと思います。

ジャイシャンカルは中国の台頭で東アジアの安全保障環境が変わる中、日本に次のように求めています。

「日本側は、それまでの安全地帯から踏み出して、アジアの現実と折り合いをつける必要がある」

「安全地帯」が何を指すかは明確ではありませんが、今の東アジアにおける国際政治の現実に向き合うべきだと言っているのは確実でしょう。中国という軍事大国が台頭し実際の脅威となる中で、これまでの平和主義から、より現実に目を向けた外交・安全保障政策をとるべきだと言っているのだと思います。日本もインドに注目していますが、そのインドは、まさにこういう目線で日本が変わるのか、中国の台頭という現実にどう折り合いをつけるかに注目しているのです。

ではその日本はどう今後の世界と折り合いをつけ、いかなる論理で生きていこうとするのでしょうか。次の終章で考えてみたいと思います。

米国連邦議会上下両院合同会議で演説する岸田文雄首相　©Middle East Images／ABACA／共同通信イメージズ

終章

世界に通用するナラティブとは

——日本という“未完の論理”

世界の論理から日本は何を学ぶか

ここまで、米中が戦争に突入するリスクを抱えた世界と、その世界を動かす各国、各地域の内在的な論理を見てきました。

米中戦争の論理に加え、たとえ平和を犠牲にしても、台湾統一を成し遂げようとする中国、それと向き合う台湾、それぞれの論理。世界から強い非難を浴びても戦い続けるイスラエルの論理と、奪われた故郷を取り戻すために決して抵抗をやめないパレスチナ及びハマスの論理の激しい対立。また、屈折した世界観から侵略戦争を続けるロシアの論理。そして、過去も現在も日本が当事者であり続けている核攻撃の論理。最後に、自分たちの台頭は約束されたものだと自信を深めるインドの論理でした。

それぞれの国家や集団が持つこれらの論理は、現在と今後の国際秩序の根底をかたち作るものである一方、時に殺し合いを正当化し、最悪の場合には〝次の戦争〟の原因にもなり得るものでした。

では、私たちの日本は、いかなる「論理」で二一世紀を乗り切っていくのでしょうか。

現代の国際政治で最大のリスクである米中衝突の最前線に位置しているのは日本列島と台湾です。米中の衝突は、台湾を征服しようとする中国の論理と、太平洋の覇権を守ろうとするアメリカの論理の衝突でもあります。

複数の専門家が危惧(きぐ)するように、万が一、戦端が開かれれば、戦火は日本の国土にも及ぶ可能性があります。考えたくない事態ですが、日本人の命が失われる恐れもあるでしょう。

そして、もし台湾が中国の支配下に入れば、日本の防衛や経済安全保障にとって大きな打撃となります。日本に資源や物資を運ぶ民間船舶の多くが、中国の支配海域を通過することになり、中国は日本に様々な圧力をかけやすくなるでしょう。その場合、中国政府は「過去に日本は中国を侵略した」という事実をこれまで通り繰り返し持ち出し、敵対的な行動をとる口実にし続けるでしょう。

そして、中国による台湾統一は、日本に友好的であり、日本と同じ自由や民主主義という価値観を共有する台湾という政治共同体の「死」を意味します。

中国による台湾統一を抑止と外交によって防ぐためあらゆる努力をするのは当然ですが、中国が現在の平和よりも、この統一を優先する論理を持っている以上、戦争は現実的に起こり得るものとして備えていく必要があるでしょう。

一方で、日本はアメリカとも向き合う必要があります。もしアメリカが中国との戦争に突入する場合、日本を最大限に利用しようとするでしょう。

日本が中国から攻撃された場合、つまり日中が戦争状態になった場合、日米安保条約では、アメリカには日本を防衛する義務があります。**しかし、アメリカも台湾をめぐって中国との戦争に突入している場合、アメリカは日本の防衛よりも台湾の防衛を優先する可能性が高いでしょう。中国の目標はあくまで台湾だからです。アメリカは、その中国への攻撃を優先するかもし**

れません。少なくとも、アメリカは日本の都市ではなく、まず自国の空母打撃群などの艦隊と米軍基地の防衛を最優先にするでしょう。その上で、日本政府や自衛隊に、最大限の協力を要求してくると考えられます。

二〇二四年、日本はアメリカから最大四〇〇発のトマホーク巡航ミサイルを購入する契約を結びましたが、台湾を防衛する米艦隊を援護するため、中国の艦隊をそのトマホークで攻撃するよう求めてくるかもしれません。

結局のところ、日本は独力で自国を守らなければならず、同時にアメリカ軍と共同作戦を展開することになります。日本の安全保障のために、これは必要な行動でもあります。当然、様々な難しい決断を迫られる国家的な危機となりますが、「危機に巻き込まれる」という受け身の発想ではなく、日本がより主体的に考えて行動する必要が出てくるでしょう。

ウクライナ戦争が教えるように、そもそも自国が行動しなければ他国からの支援など当てにはできません。そして、その際には行動の軸となる「論理」が必要となります。

台湾に近い先島（さきしま）諸島などが中国から攻撃された場合、内閣総理大臣は、住民を避難させるだけでなく、現地の自衛隊の部隊を撤退させるか、あるいは残って戦わせるのかを決断しなければなりません。それは家族を持つ自衛隊員の命をめぐる決断です。同時にそれは、北方領土の経験から、一度、他国に占領された島が戻ってこないことを理解した上で、領土をまたも放棄するかどうかの決断になるかもしれません。

しかし、こうした演習や思考訓練を日本の政治家や閣僚は受けたことがありません。戦争を避けるための戦略が必須なのは言うまでもありませんが、戦争が起こった場合の準備はほとんどできていないのです。重大事態にどう対応するかという自らの論理について、日本が国民的な議論を避け続けてきたからです。

近年、日本にとって最も大きかった戦争の危機は、一九九三年から九四年にかけての朝鮮半島核危機でした。当時、核兵器の開発を加速させていた北朝鮮に対し、アメリカは先制攻撃を真剣に検討し、最悪の場合、北朝鮮との戦争が選択肢に入っていました。

アメリカ軍の対北朝鮮戦争計画である「作戦計画５０２７」には、米韓連合軍による平壌（ピョンヤン）の制圧と、朝鮮の再統一という選択肢も含まれていましたが、こうした計画に基づき、水面下で戦争の準備が進んでいました。

当時アメリカ軍は、朝鮮半島で戦争が勃発（ぼっぱつ）すれば、最初の九〇日間だけで米軍兵士の死傷者が五万二〇〇〇人、韓国軍の死傷者が四九万人に上り、北朝鮮側でも市民も含めた大量の死傷者が出るとの見通しを持っていました。米軍の最高幹部はこの絶望的な見通しについて、当時のビル・クリントン大統領に公式に説明しています。

最終的に、クリントンが外交的解決を優先し、戦争は回避されます。ジミー・カーター元米大統領が訪朝するなどして、北朝鮮は平和利用目的の原子炉の提供を受ける見返りに核開発を諦（あきら）めるとの合意が成立したのです。

アメリカの攻撃を免れた北朝鮮は、その後、結局は核開発を成功させますが、当時もし戦争が勃発していれば、日本にとって重大な試練になっていたと見られます。実際にアメリカ軍の後方支援のため何ができるのか、当時、アメリカ政府から日本政府に二〇〇〇項目近い支援要請が届き、日本は検討を迫られました。

しかし、当時の日本は、戦後はじめて自民党政権が崩壊し、新たな政党が複数立ち上がるなど、政治が大きく混乱していました。このため国家の安全に関わる重大事態が起こっていることに関心を払う人は少なく、日本人が国際政治の現実を直視することはありませんでした。そもそも、戦争の危機が迫っていたことは、当時の総理大臣をはじめとした一部の政府高官を除き、ほとんどの日本人は知りませんでした。国民には情報が伝わらず、また日本政府に届けられる情報も、多くがアメリカ経由のものでした。アメリカから知らされて初めて、日本政府は事の重大さに気付く状態だったのです。

この重大事態を受け、その後、日本は日米防衛協力のための指針いわゆるガイドラインを見直し、一九九七年に周辺事態法を成立させるなど、自衛隊とアメリカ軍の協力を円滑にする仕組みを整えてきました。

こうした実務的な準備は少しずつ進んだものの、そもそも、危機に備えるためには、戦略を組み立てるための前提となる情報＝インテリジェンスが不可欠です。まずは世界で何が起こっているかという〝現実〟を知ることです。自分たちにとっての潜在的な脅威や、有利になる機会の存在を知ることなしには、いかなる論理も構築することはできません。

その意味では、建国以来、情報＝インテリジェンスの重要性を十二分に理解してきたイスラエルの論理から学ぶべき点は多いでしょう。

日本の〝最後の戦争〟から学ぶ

実は歴史を振り返ると、日本は重大な場面でこの情報＝インテリジェンスを軽視し、世界の現実を見ようとせず、結果として国家存亡の危機に直面した過去があります。それが、現時点で日本にとっての〝最後の戦争〟になった第二次世界大戦です。

この大戦争は、日本にとって史上最大の国家的大惨事であり、教訓を得るには十分すぎるほど多くの敗北と犠牲を生んだ戦いでした。

このため、最後にこの日本にとって〝最後の戦争〟を振り返ることで、日本の論理の前提となる情報と戦略の重要性について少し考えてみたいと思います。

情報＝インテリジェンス分野の戦いにおいては、日本は戦前から多くの場面で劣勢にありました。アメリカは一九二一年からのワシントン軍縮会議で、日本の通信を傍受・解読し、日本政府の交渉方針を事前に知っていたとされます。

軍縮会議は、それぞれの国が保有できる軍艦の数などを決める会議で、国家の戦力を左右する非常に重要な会議です。その現場でアメリカに情報が筒抜けだったということは、日本が第二次世界大戦のずいぶん前から、既に情報戦で不利だったことが分かります。

さらに戦争が始まってからも、日本の暗号通信は早い段階でアメリカに解読されており、物量で圧倒的に優位だったアメリカ軍に、さらなる情報面での優位性を与えることになりました。

ただ、戦前の日本も世界各地で軍事的に活発なインテリジェンス活動を展開していました。軍と共に特務機関と呼ばれる工作機関が大陸中国など各地で活動し、帝国海軍の情報部門は各国の海軍艦艇の位置情報を分析していました。

人工衛星などがない時代、特に各国の軍艦がどの海域を航行しているかは貴重なインテリジェンス情報でした。海軍はイギリス軍のパイロットだったフレデリック・ジョセフ・ラットランドに資金を渡し、イギリスの軍事技術の情報を提供させ、空母の開発を支援させています。ラットランドは後に英国で逮捕されています。

また陸軍は中野学校と呼ばれる諜報員の養成所を設立しています。

第二次大戦前の日露戦争においては、陸軍の明石元二郎（あかしもとじろう）の活動が有名です。明石はヨーロッパの駐在武官から陸軍大将まで上り詰める人物ですが、日本の敵国だったロシアのペテルブルク（現サンクトペテルブルク）で反体制勢力を援助し、ロシアを内側から混乱させるのに一定の役割を果たしたともされています。彼は皇帝ニコライ二世に対する請願のための平和的デモに資金を提供したとの説があります。一九〇五年一月、このデモに対し警官隊が発砲したため、デモは「血の日曜日事件」として世界に知られることになり、ロシアは世界的な評判を落とすことになります。もっとも明石の活動の実態については歴史家の間でどこまで本当か疑問視されているようですが、一九〇四年からロシアと戦争状態（日露戦争）にあった日本にとって、こうしたロシア国内の混乱は有利に働いたと見られます。

そして日本が関わった情報戦の中で、最大の〝成功〟とされるのは一九四一年のハワイの真

珠湾への攻撃です。日本海軍は大規模な空母機動部隊を正確な位置を秘匿したまま北海道の東側からハワイの北側の海まで長距離移動させ、空母艦載機を中心としたハワイへの大規模攻撃を実施しました。アメリカ海軍の戦艦四隻を撃沈し、他にも多数の艦艇に大きな損害を与え、一八八機の航空機を破壊しています。ほぼ完璧(かんぺき)な奇襲作戦の成功例であり、アメリカの情報機関は日本の艦隊の動きにほぼ気づかなかったと見られています。

真珠湾攻撃をめぐる情報戦については、対日戦争を望んでいたとされるアメリカのルーズベルト大統領の思惑も含めて様々な見方がありますが、日本軍が空母を除くアメリカの艦隊に大打撃を与えたことは事実です。日本の情報機関の歴史などに詳しいマサチューセッツ工科大学のリチャード・サミュエルズ教授も、真珠湾攻撃は「確実にアメリカの最大のインテリジェンスの失敗であり、日本の最も際立ったインテリジェンスの成功であった」と評価しています。

しかし、この真珠湾攻撃の〝大成功〟は日本にとって破滅への序章でしかありませんでした。日本は最終的にアメリカとの戦争に徹底的に敗北します。二回の核攻撃を受け、国土は荒廃し、海外の支配地域も全て失いました。周辺国の人々を苦しめ、何より約三一〇万人の自国民が死に追いやられました。日本にとって、歴史上最大の国家的大敗北であり、当時の政治指導者たちには、自らの政策決定で大勢の国民を死に追いやったという非常に大きな結果責任があります。

なぜ日本の政治指導者は道を誤り戦争に負けたのでしょうか。

一つの理由は真珠湾攻撃の持つ大きな二面性にあります。確かに真珠湾攻撃はインテリジェンスの「戦術的な成功」だったのですが、同時にそれは「戦略的な失敗」だったということで

す。しかも致命的な失敗でした。

確かに、真珠湾というアメリカ海軍の拠点を破壊する戦術的な成功、あるいは短期的な成功はおさめました。しかし、国家として最終的に戦争に勝てるかどうかという、戦略的な観点をもたないまま戦いに突入してしまったのは致命的でした。つまり、「勝てない戦争」を始めたのです。言い換えれば、アメリカという〝決して勝てない敵〟を本気で怒らせてしまったということです。

真珠湾攻撃の前年の一九四〇年、攻撃作戦を指揮することになる山本五十六連合艦隊司令長官が、近衛文麿首相にアメリカとの戦争について次のように語ったことはよく知られています。「それは是非やれと云われれば、初め半年か一年の間は随分暴れてご覧に入れる。しかしながら、二年三年となれば、全く確信は持てぬ」。山本は職業軍人としての務めを全うしようとしたのかもしれませんが、アメリカとの戦いは戦争のプロから見ても、文字通り「全く確信が持てない戦争」でした。その後、首相となる東條英機陸相に至っては「人間たまには清水の舞台から目をつぶって飛び降りることも必要だ」などと述べています。そこには大局を考えた戦略も何もありませんでした。

そして、当時の国民も、真珠湾攻撃の〝大成功〟というお祝いムードにのり、好戦的な姿勢を強め、愚かなことに、勝てる見込みのない戦争に積極的に加担していきました。

もちろん日本がアメリカに勝つのが極めて困難であることは、山本五十六ら軍部や政治指導層も理解していました。アメリカでの諜報活動も行われており、現地の日本大使館も情報収集・

分析を行っていました。

日本の情報収集については当時、駐在武官だった情報将校の新庄健吉の活動がよく知られています。新庄は三井物産の社員を装ってニューヨークで情報収集をしていましたが、アメリカの産業力、武器生産能力などを調べた結果、それは日本の一〇倍から二〇倍の大きさであり、もし日本がアメリカと戦えば、ひどく打ち負かされるとの結論に達していました。新庄の報告は公開情報でも推定可能ではあったものの、日本の政府機関もこうした情報は把握していたのです。

しかし、こうした情報は軍部によって無視され、日本の開戦の決断を妨げることはありませんでした。


真珠湾攻撃のインテリジェンス面での成功を評価したサミュエルズも、全体としての日本の情報軽視、戦略無しの姿勢を重大な問題と捉え、最終的に「アメリカに対する攻撃は日本の最大かつ最も犠牲の多い戦略的失敗であることが明らかになった」と極めて辛辣です。アメリカを敵に回して戦えば、国力では結局勝てず、必ず負けるというインテリジェンス、つまり情報と分析が、徹底的に無視されていたからです。


戦争が激しくなってからも、日本の情報軽視の姿勢は際立っていました。陸軍はアメリカと開戦する前から中国と大陸での戦争を戦っていましたが、中国大陸の陸軍将校らから上がってくる情報は日々の戦果を誇張していました。ヨーロッパの同盟国であるドイツとイタリアから入ってくる情報も「両国は勝利する」という過度に楽観的なものが多くありました。

このため日本は「自分たちの側は常に勝っている」という一種の自己欺瞞に陥ったのです。楽観論に反する情報も当然入っていましたが、ほぼ全て無視されました。スウェーデンの駐在武官で優れた情報将校でもあった小野寺信陸軍大佐は「ドイツは既に欧州で劣勢であり、そのドイツと組んでアメリカとの戦争に突入してはならない」という趣旨の警告を何度も送りましたが、全て黙殺されました。

さらにアメリカとの本格的な海戦が始まると、真珠湾での〝成功体験〟を追い風に受けた日本海軍も戦果を誇張し始めます。当時の海軍によれば、アメリカの空母レキシントンを六回、空母サラトガを四回沈めたことになっていました。実際、アメリカ海軍の空母サラトガは何度も日本海軍の攻撃を受けましたが沈んでいません。レキシントンは四二年の珊瑚海海戦で沈没しましたが、当然のことながら沈没したのは一回だけです。

インテリジェンス史研究の第一人者である日本大学の小谷賢教授の指摘では、昭和天皇は戦果を報告した海軍軍令部総長である及川古志郎に対し、「サラトガが沈んだのは今回でたしか四回目だったと思うが」と言ったとされています。

海軍は、空母四隻を一気に失ったミッドウェー海戦での大敗北も最初は隠蔽しようとします。敗北の報告は一部の軍高官だけに伝えられ、しばらく全体で共有されることはありませんでした。ミッドウェーでの大敗北を東條英機首相が知ったのも海戦の一カ月後だったとされています。

このように、太平洋戦争では日本は情報と戦略を軽視し、戦略も持たずに戦いを始め、国家の存亡が危ぶまれるほどの大損害を受けました。

先ほど述べた通り、この戦争が現時点では日本にとって〝最後の戦争〟です。これを本当の意味での最後の戦争にするための努力は非常に重要です。

では、戦後の日本が戦前とは異なり、世界の現実を直視できる国家に変わっているのかと言えば、一九九四年の朝鮮半島核危機をめぐる日本の対応をみる限り、それは明らかに「ノー」でした。日本は相変わらず、世界の現実に対して「見ざる」「聞かざる」のままであるように思えます。

確かに、朝鮮半島核危機の後、先ほど述べたように、日米防衛協力のための指針＝ガイドラインは見直されました。二〇二二年には「国家安全保障戦略」「国家防衛戦略」「防衛力整備計画」と呼ばれる防衛三文書が閣議決定され、戦時における国家としての具体的な論理構成も整えてきました。北朝鮮、ロシア、中国の脅威を認識し、アメリカとの同盟関係の強化や、抑止力としての防衛力を整えていくことが明確にされてきました。これは着実な進歩と言えるでしょう。

しかし、それでも万が一「次の戦争」が起こったとき、実際問題として日本が十分に具体的な軍事的、行政的な対応ができるかどうかについては、なお課題が山積みで政府も自治体も大きな混乱に直面する恐れがあります。この点は前著『ウクライナ戦争は世界をどう変えたか』の〝台湾戦争シナリオ〟で指摘した通りです。

また、政府の中では議論が整理されてきた一方、国民がどの程度のリアリティを持ってこの問題を考えられるのか、日本人や自衛隊員に犠牲者が出た時、世論がある程度の冷静さを保てるかなども、依然として不透明です。国家の非常事態を想定した議論であり、日本人がこうした問題を本気で考えてきたとは言えません。それだけ日本が平和であることの裏返しではありますが、ウクライナ戦争の例を見ればわかるとおり、国家の置かれた環境は短期間で劇的に変わりうるものです。

政府の側も、国として十分な情報収集・分析能力を持った情報機関を育ててきたかと言えば、それも十分ではありません。日本には、防衛省情報本部、内閣情報調査室、公安調査庁、警察庁の公安警察、外務省の国際テロ情報収集ユニットなどがありますが、高いレベルの海外情報はなおアメリカ頼みの側面も強く、各組織の能力には限界があります。先ほどのサミュエルズ教授は、現状のままでは朝鮮半島有事や台湾有事が起こった場合、「日本のインテリジェンスが早々に落第することが想像できる」と厳しく指摘しています。

日本の情報機関の職員は海外の情報機関員のような諜報活動を海外で行うことはできません。偽名のパスポートの所持は認められておらず、海外での秘密工作の権限なども法的に与えられていないからです。海外のように国家のために情報収集にあたるスパイも、公式には存在しないことになっている以上、他国との「スパイ交換」も行うことができません。こうした点は、国家の生き残りをかけてモサドなど世界屈指の情報機関を育ててきたイスラエルなどとは大きな差があります。

日本の〝ナラティブ・パワー〟の弱さ

さらに現在の日本にとっては、情報の収集だけでなく、情報の発信も大きな課題となっています。具体的には自分たちが伝えるべき論理を世界に向けて発信する能力です。

もとより規範・道義的に高い立場で相手に接することは、国際政治では外交の基本戦略でもあります。自国の道義的な立ち位置をきちんと世界に説明する力、特に、自分たちの正しさを分かりやすく物語＝ナラティブ（Narrative）として示すことは決定的に重要です。

ナラティブとは物語や話術、語り口という意味です。なぜ日本にとってもこれが重要かというと、日本が発信するこのナラティブが、賛同する国や勢力を増やし、国際世論の形成で日本を有利な立場に導くからです。

二〇二二年二月、ウクライナ戦争の初期において、ボロディミル・ゼレンスキー大統領が「自分は首都キーウに留（とど）まって徹底抗戦を続ける」と宣言したことは、〝侵略者に抵抗する勇敢なリーダー〟という彼のナラティブを強化し、多くの国家がウクライナを支援するという結果につながりました。

また二〇二四年五月、台湾の頼清徳新総統は就任演説で「民主主義」という言葉を何度も何度も繰り返し、「私たちは人権を改善し続け、民主主義と自由の価値を世界に示し続けています」と述べています。これは〝中国の脅威に直面する台湾は世界にとって重要な民主主義の砦であり、防衛されなければならない〟というナラティブを全面的に押し出した演説でした。このナラティブこそが、アメリカを始めとした世界に自分たちを守ってもらうためには不可欠だという判断があったからです。

日本の民間シンクタンクは、自国に有利な物語＝ナラティブを語る力という意味で、こうした力を「ナラティブ・パワー」と呼び、日本には、世界に向けて説得力のあるナラティブを発信できる政治指導者や言論人が極めて少ないことに警鐘を鳴らしています。

実際、世界における経済・政治のパワーエリートが集う「ダボス会議」や各種の国際会議において、世界からその言説が注目を浴びる日本人はほぼいません。これは、日本に伝えるべき「論理」があったとしても、それが世界に理解されにくい現実を生み出しています。

もっとも、日本も世界に向けたナラティブを発信しています。二〇二四年四月一一日の岸田（きしだ）総理のアメリカ議会での演説がそれでした。

これは「日本がアメリカの重要な同盟国であり、今後もそうあり続ける」というナラティブを伝える演説でした。日本国内では、とにかく「検討中」を繰り返すばかりで、人にメッセージを伝えることが全く得意ではない岸田総理ですが、アメリカでの演説では少しだけ違ったようです。

演説の一部を抜粋します。

「議長、副大統領、連邦議会議員の皆様、御来賓の方々、皆様、ありがとうございます。日本の国会では、これほど素敵な拍手を受けることはまずありません。

そして、ギャラリーにいる妻の裕子(ゆうこ)を御紹介します。私が裕子と結婚したという一事をもって、私の決断全てが正しいものであると、皆様に信用いただけるのではないでしょうか。

（中略）

皆様、米国の最も親しい友人、トモダチとして、日本国民は、自由の存続を確かなものにするために米国と共にあります。それは、日米両国の国民にとどまらず、全ての人々のためにであります。

私は、これを米国への強い愛着から述べているのではありません。私は理想主義者であると同時に、現実主義者です。自由、民主主義、法の支配を守る。これは、日本の国益です。

日本国民は、これらの価値に完全にコミットしています。人権が抑圧された社会、政治的な自己決定権が否定された社会、デジタル技術で毎日が監視下にある社会を、私は我々の子供たちに残したくありません。

皆様も同じく感じておられますよね。これらの価値を守ることは、日米両国、そして世界中の未来世代のための大義であり、利益でもあるのです。

（中略）

皆様、日本は既に、米国と肩を組んで共に立ち上がっています。米国は独りではありま

せん。日本は米国と共にあります」（議場から拍手）

岸田総理が日本の公的な場で、ジョークを用いて演説を始めたり、家族を紹介することはほぼありません。この冒頭の部分はアメリカの聞き手にあわせたものでした。そして、自分はアメリカに媚びているのではなく、現実主義者として日本の国益を考えているという主張が続きます。「デジタル技術で毎日が監視下にある社会」は名指しこそしませんが、中国が念頭にあります。そして〝日本は中国と対決するアメリカと常に共に行動する〟という重要なメッセージ＝ナラティブが届けられています。

全体として、この演説は日本が中国と対峙する中で、アメリカを自らの側に引きつけておくための演説でした。演説は全て英語で行われ、同時通訳による反応の「時差」がなかった点などは、現地で好意的な印象を与えました。私も日本で岸田総理が発する、人に伝わりにくいメッセージに比べれば、ずいぶんと伝わる内容だったと感じました。

もちろん、この演説への評価は分かれるでしょう。アメリカの言いなりだとの批判もあるでしょう。ただ、現時点で日本国民が選挙で投票した結果、あるいは投票しなかった結果として、総理大臣が選ばれ、上記のような現在の日本の論理とナラティブが形成されているという事実があるだけです。はっきり言えば、これが現在の日本のナラティブ・パワーの限界でもあります。

過去を振り返ると、世界を舞台にしたナラティブの戦いにおいて、日本は常に敗北を繰り返

してきたとも言えます。

例えば、日本が国際的に批判を浴びることが多い捕鯨がそうでした。二〇一四年三月、国際司法裁判所は日本が南極海で実施している調査捕鯨について、国際法違反だとして中止を命じました。

このとき国際法の専門家を含め、日本の関係者は「絶対に勝つ」と勝利を確信していたため、非常に大きな衝撃を受けることになりました。日本側は自らの主張が科学的にも法的にも十分に正当性のあるものだと考えていたからです。

しかし、裁判官の過半数が反捕鯨国の判事であったことや、日本側の書面や口頭弁論での失点があったという指摘に加え、何より「クジラを殺すことは、もはや過去のように認められるべきではない」という欧米を中心に広がっていたナラティブの力を日本が見誤ったことも一つの敗因だったと思われます。日本は法的、科学的な正しさが勝つと思ったのですが、実際はこのナラティブが影響力を持つ中で、日本の主張はより厳しい精査にさらされたのです。日本には、こうした世界の現実が見えておらず、法的な枠組みの中での画一的な対応に終始して敗北しました。

また、特に第二次大戦をめぐる日本の過去への向き合い方も、世界にとって常に分かりにくいものでした。日本の歴代総理大臣は何度も中国や韓国に対し、過去への反省や謝罪を繰り返しました。しかし、中国や韓国はことあるごとに〝自分たちは日本の犠牲者である〟というナラティブを世界に拡散し続け、日本の主張は長い間、世界に理解されてきませんでした。

そうした中韓の態度が大きな影響を与えたのは事実ですが、日本がそれに対抗できる十分なナラティブ戦略、あるいはコミュニケーション戦略を取っていたのかと言われれば、決して十分ではなかったと言えるでしょう。

戦後補償においても、実際に国際法的には解決済みだったこともあり、「それで終わった話だ」として、やはり国際法的な枠組みでの官僚的な対応や画一的な援助外交に終始しました。実際の国際政治においては、ナラティブの影響を受けた人々の感情、つまり国際世論が大きな力を持つという視点が欠けており、それ以上の戦略的な対応がなされなかったのです。

また、一九九〇年からの湾岸戦争で日本が一兆七〇〇〇億円もの支援をしたにもかかわらず、国際社会からほぼ無視されたことにも、日本の伝える力＝ナラティブ・パワーの弱さが見て取れる事例でした。

日本人は本来、自分のナラティブが正しいことを密かに広める「根回し」が得意です。しかし、世界ではこれが全くできないのです。法的、行政的あるいは科学的な対応のみで、相手の感情に配慮したナラティブ、あるいはストーリーを組み立てて、それを相手が理解できる言語で発信することができていません。これは、日本の主張が「世界から正しいと認識されているか否か」の問題であり、日本の漫画やアニメが世界で支持されているのとは、まったく別の次元の話です。

二〇二四年の岸田総理のアメリカ議会演説の執筆者たちは、こうした点をある程度は理解した上で、世界標準に近い原稿を書いたようです。それでも、日本のナラティブ戦略は全体としてはまだまだ未熟なものと言わざるをえません。

互いに相いれぬ論理がぶつかり合う国際政治の現場は、国家や民族など人間集団のナラティブが絶えず激突する〝戦場〟でもあります。国際会議で各国の大統領や首相が演説するときには、誰もが「自分たちのナラティブが正しい」と主張し合っています。

もはやナラティブは兵器化され、それぞれの論理の「正しさをめぐる戦い」に投入されています。つまり世界中の国家や人間集団は、かつてのプロパガンダをより洗練させ、メディアやSNSを含めた情報空間で苛烈（かれつ）な戦いを繰り広げているのです。

そもそも欧米は、自由と民主主義を推進してきたという自らの大きなナラティブを持っています。それは国際会議での欧米の正当性と存在感を主張する土台となっており、時に彼らの過去の残酷な植民地支配の歴史や、国益剝（む）き出しの外交を都合よく覆い隠す役割をも果たしています。

このナラティブの戦いにおいて、やはりイスラエルは成功してきたと言えるでしょう。世界の多くの人々がホロコーストの悲劇を知っており、『アンネの日記』は世界各国で読まれています。ユダヤ人は世界で最も有名な悲劇の民族です。

もともと欧米世界は自由や民主主義など、他国が否定しにくい論理を基礎としたナラティブを作るのが得意です。特に欧米がアジアやアフリカを批判するときに顕著です。そして、イスラエルは、そうした欧米世界のナラティブを支配するアメリカに大きな影響力を行使している点が決定的な強みになっています。

イスラエルが誇る世界トップクラスの情報機関はアメリカの情報機関と密に連携し、国際政治における重要な情報を互いに交換しています。ユダヤ人経営者の多いニューヨークの金融街＝ウォール街の豊富なマネーは政治献金やロビー活動を通じてアメリカ議会や政府への働きかけにも使われており、ハリウッド映画などを通じたソフトパワーの発信も非常に強力です。

多くのユダヤ人を救ったドイツ人実業家を描いた「シンドラーのリスト」が圧倒的な評価を浴びる一方、ハリウッド映画でイスラエル批判が題材になることはほぼありません。モサド工作員の暗殺作戦を描いた「ミュンヘン」は、テロリストあるいはイスラム武装組織との戦いの虚しさを伝えるものでしたが、決してイスラエル批判の映画ではありません。

このように、イスラエルのナラティブ戦略が地球上で最も発信力を持つ国家であるアメリカで効果を発揮した結果、そのナラティブは世界で群を抜く力を持つことになりました。国際法に違反するパレスチナの占領を長年にわたって続け、パレスチナ人への非人道的な行為を続けても、世界でイスラエルを支持する声が厳然と存在し続けてきたという事実から、その力は明らかです。

欧米では、イスラエルを批判する人は〝反ユダヤ主義者〟というレッテルを貼られ、ナチスと同じ扱いをされるリスクが絶えずあります。このため主流派の学者やジャーナリストは、イスラエル批判を避ける傾向がありました。反ユダヤ主義は欧米ではタブーだからです。ドイツが現在のイスラエルの行動を強く非難しないのも、過去のナチスの反ユダヤ主義とホロコーストへの贖罪意識があるからです。

そして、こうしたイスラエル批判者に特に厳しい目が向けられるのがアメリカ社会でもあり、この点もイスラエルには有利に働いています。こうした環境を作り上げているのがイスラエルのナラティブ・パワーです。

もちろんイスラエルのナラティブにも正当性があり、人類がホロコーストの悲劇を決して繰り返してはならないのは自明です。

また、アメリカ国内には、人口の二・五％にあたる約七〇〇万人ものユダヤ系移民とその子孫の存在があり、彼らがイスラエルをアメリカ国内から支える構図があるため、他の国と単純に比較することもできません。

一方で現在は、ガザへの容赦ない攻撃や人権無視の姿勢に対し、アメリカ国内も含め、世界ではかつてないレベルでイスラエルへの批判が強まっています。いわば、イスラエルのナラティブがこれまで覆い隠してきたパレスチナへの非人道的な抑圧という現実に、世界の人々が気づき、強く反発し始めた状況です。

私も現在のイスラエルが行っていることは強く非難されて然るべきと考えています。また、この状況で日本がイスラエルに学ぶことがあると言いにくいのも本音です。

しかし、そうした善悪の価値判断は別として、あくまで自らの力による生存権の確保を突き詰めるイスラエルの論理から日本が学ぶべき点は、やはり多いと考えます。つまり情報の重要性を理解し、常に収集と分析に努め、そして自らの論理をナラティブとして世界に発信する力です。

容赦ない各国の「論理」が跋扈する世界において、新たな危機が起こったとき、日本は独自の確固たる論理を持って対応できるのでしょうか。それを世界が理解するナラティブとして発信できるのでしょうか。さらには、戦争を防ぎ、同時に次の戦争に備えることはできるのでしょうか。最初に述べた通り、戦争は天災ではなく人災です。天災は人間には制御できませんが、人間が引き起こす戦争は論理的には制御が可能なはずです。

日本はイスラエルと同じく、アメリカの同盟国です。そして、アメリカは政治的に分裂状態にあります。現在のバイデン大統領とトランプ前大統領の対立に、その分裂は象徴されていますが、トランプは大統領在任中、在韓米軍の撤退を模索し、北朝鮮や中国への抑止を放棄する考えを示した人物でもあります。

このため、二〇二四年一一月のアメリカ大統領選は日本をめぐる安全保障上の抑止力が維持されるか、減退するリスクにさらされるかの分水嶺（ぶんすいれい）となり得るでしょう。

日本としては、岸田総理大臣が米議会で語ったように、**次の大統領が誰になったとしても、まずはアメリカを引き続き自国の安全のために寄り添わせ続けるための論理とナラティブが一層必要になるでしょう。その上で、自由で民主的かつ穏健な平和国家として世界に不可欠な存在だという自らのナラティブを世界に発信しなければなりません。同時に、かつてのような戦争のリスクや安全保障の現実について「見ざる」「聞かざる」という態度を改め、自国が生存していく覚悟を、本当に示せるかどうかが問われるでしょう。**

いずれにせよ、この日本という〝未完の論理〟を構築するかどうか、構築できるかどうかは、最後は私たち日本人の判断です。

謝辞

本書の出版にあたり、日々、番組作りに一緒に取り組んでいるＷＢＳ（ワールドビジネスサテライト）のスタッフに日頃の感謝を伝えたいと思います。チーフ・プロデューサーの山本充さん、プロデューサーの尹浩然さん、メインキャスターの大江麻理子さん、相内優香さん、フィールドキャスターの田中瞳さん、長部稀さん、解説キャスターの原田亮介さん、山川龍雄さん、そして後藤達也さん、日々のオンエアを仕切るデスクの橋本泰樹さん、吉田真樹子さん、内田広大さん、篠原裕明さん、中村航さん、宇井五郎さん、鵜飼祥さん、秋山理保子さん、私と一緒に取材現場に出て最終的にＶＴＲに仕上げるディレクターのみなさん、南澤昭一さん、中地功さん、散らかった私の机が隣にあるため迷惑をかけてばかりの安藤淳さん、久木和人さん、増田洋一さん、星佑紀さん、水上陽香さん、安達洋之さん、田中雅之さん、泉順子さん、西崎悠河さん、最近も長い取材ＶＴＲを面白くつないでくれた轟拓人さん、野村博佳さん、柏木大治さん、藤田拓也さん、加藤優貴さん、林智博さん、水中での取材を担当する村上航大さん、松山成昭さん、辻雄友さん、藤野慎也さん、窪田ゆきさん、後藤貢さん、白井享佳さん、舌間正光さん、志水保友さん、山田知世さん、高関者郁佳さん、ナレーターの佐藤アサトさん、佐竹海莉さん、熊崎友香さん、山崎岳彦さん、スタジオ演出を支えるフロアディレクターの袴塚彩美さん、柴田康光さん、大山藍さん、桃原秀寿さん、鈴木茉沙美さん、荻野泰志さん、アシスタントプロデューサーとして番組を支えている田尾瑠美子さん、杉山明日香さん、VP担当の三宅達貴さん、新人ディレクターの張宇新さん、堀口叶夢さん、藤薫子さん、酒井春樹さん、WBSの生放送を支えている学生アルバイトの綾部健真さん、三浦仁香さん、野田智彩さん、菅野統哉さん、石野花華さん、前川菜々さん、居蔵遥さん、加藤萌さん、山﨑真由子さん、但馬爽さん、林玄大さん、鵜坂俊輔さん、島田泰豪さん、松坂彩音さん、大橋駿介さん、前田明夏さん、戸倉大貴さん、小原悠月さん、小黒禎さん、瀬川椋稀さん、有吉真大さん、袴田凜音さん、山﨑彩加さん、今村銀乃丞さん、小寺未来さん、青盛能定さん。中国での取材をサポートしてくれた菅野陽平上海支局長、坂井田淳北京支局長、杉原啓佑さん、原稿チェックのサポートを頂いた国際部の庄子淳さん。テレ東BIZ編集部の斉藤一也さん、吉田知可さん、編集長の小林史憲さん、井上雅晴さん、池田貴史さん、柳川邦生さん、河﨑太郎さん、橋爪みなみさん、橋本幸治さん、沢田早弥香さん、比留間千滉さん、萩原由佳さん、三宅明香さん　権田智子さん。会社の同期の家住さやかさん、鈴木拓也さん、杠政寛さん、魚田英孝さん、遠藤哲二郎さん、久保田優さん、退社後も映像に関わる仕事を続けている高橋弘樹さん、亀井京子さん。そして国際法をめぐる記述で助言を頂いた早稲田大学アジア太平洋研究科准教授の瀬田真さん、そのほか、大勢の人々に日々助けて頂いたおかげで本書が出来上がりました。

この場をかりて御礼申し上げます。ありがとうございました。

豊島　晋作

日本人にどうしても伝えたい
教養としての国際政治
戦争というリスクを見通す力をつける

2024年7月20日　初版発行
2024年9月10日　再版発行

著者　豊島晋作
発行者　山下直久
発行　株式会社KADOKAWA
〒102-8177　東京都千代田区富士見2-13-3
電話　0570-002-301（ナビダイヤル）
印刷所　TOPPANクロレ株式会社
製本所　TOPPANクロレ株式会社

本書の無断複製（コピー、スキャン、デジタル化等）並びに無断複製物の譲渡及び配信は、著作権法上での例外を除き禁じられています。
また、本書を代行業者等の第三者に依頼して複製する行為は、
たとえ個人や家庭内での利用であっても一切認められておりません。

●お問い合わせ
https://www.kadokawa.co.jp/（「お問い合わせ」へお進みください）
※内容によっては、お答えできない場合があります。
※サポートは日本国内のみとさせていただきます。
※Japanese text only

定価はカバーに表示してあります。

©TV TOKYO 2024 Printed in Japan
ISBN 978-4-04-606658-9 C0030

豊島晋作（とよしま　しんさく）

1981年福岡県生まれ。テレビ東京報道局所属の報道記者、ディレクター、ニュースキャスター。現在、WBS（ワールドビジネスサテライト）メインキャスター。2005年3月東京大学大学院法学政治学研究科修了。同年4月テレビ東京入社。政治担当記者として首相官邸や与野党を取材した後、11年春からWBSディレクター、マーケットキャスターを担当。16年から19年までロンドン支局長兼モスクワ支局長として欧州、アフリカなどを取材。ウクライナ戦争や日本及び世界経済の動きなどを解説した「豊島晋作のテレ東ワールドポリティクス」「豊島晋作のテレ東経済ニュースアカデミー」などの動画はYouTubeだけで総再生回数1億6000万を超え、大きな反響を呼んでいる。著書に『ウクライナ戦争は世界をどう変えたか 「独裁者の論理」と試される「日本の論理」』（KADOKAWA）がある。

主要参考文献

はじめに

- World War II in Europe: An Encyclopedia, David T. Zabecki, Routledge,2015
- Man, the State, and War: A Theoretical Analysis, Kenneth N. Waltz,Columbia Univ Press, 2001
- Understanding International Conflicts: An Introduction to Theory and History, Joseph S. Nye,Longman Pub Group,1999
- The Anarchical Society, Hedley Bull ,Palgrave Macmillan, 2012
- IPC ACUTE FOOD INSECURITY ANALYSIS, IPC Global Initiative - Special Brief, THE GAZA STRIP, The Integrated Food Security Phase Classification,2024 〈https://www.ipcinfo.org/fileadmin/user_upload/ipcinfo/docs/IPC_Gaza_Strip_Acute_Food_Insecurity_Feb_July2024_Special_Brief.pdf〉
- Mercenaries in Medieval and Renaissance Europe, Hunt Janin, Ursula Carlson, McFarland,2013
- Status Of World Nuclear Forces,2024,Federation of American Scientists 〈https://fas.org/initiative/status-world-nuclear-forces/〉

第 1 章

- The Dangerous Decade　A Foreign Policy for a World in Crisis, Richard Haass, Foreign Affairs,September/October 2022
- The Downside of Imperial CollapseWhen Empires or Great Powers Fall, Chaos and War Rise, Robert D. Kaplan, Foreign Affairs,October 4, 2022
- The Hundred-Year Marathon: China's Secret Strategy to Replace America as the Global Superpower,Michael Pillsbury, St. Martin's Griffin, 2016
- The China Trap U.S. Foreign Policy and the Perilous Logic of Zero-Sum Competition,Jessica Chen Weiss, Foreign Affairs,September/October 2022
- Beijing's Nuclear Option Why a U.S.-Chinese War Could Spiral Out of Control, Caitlin Talmadge, Foreign Affairs,November/December 2018
- 『米中戦争前夜　新旧大国を衝突させる歴史の法則と回避のシナリオ』グレアム・アリソン著、藤原朝子訳、ダイヤモンド社、2017年
- 『最古の戦争史に学ぶ人が戦争に向かう原理　人はなぜ戦争を選ぶのか』トゥキュディデス著、ジョハンナ・ハニンク編、太田雄一朗訳、文響社、2022年
- T-Day: The Battle for Taiwan - Reuters Investigate, Reuters, 2021 〈https://www.reuters.com/investigates/special-report/taiwan-china-wargames/〉
- Taiwan president oversees drills on warship, lauds determination for defence,Reuters,July 2022 〈https://www.reuters.com/world/asia-pacific/taiwan-president-oversees-drills-warship-lauds-determination-defence-2022-07-26/〉

- Nancy Pelosi's visit lends urgency to Taiwan war games, Financial Times,July 2022 〈https://www.ft.com/content/1e79e212-d869-4530-80ec-d0caa2290e03〉
- Prospect of a Nancy Pelosi trip to Taiwan jolts Washington as well as Beijing,South China Morning Post, July 2022 〈https://www.scmp.com/news/china/article/3187128/prospect-nancy-pelosi-trip-taiwan-jolts-washington-well-beijing〉
- CIA Chief Says China Has Doubts About Its Ability to Invade Taiwan, Dustin Volz,The Wall Street Journal, Feb 2023,
- 『デンジャー・ゾーン　迫る中国との衝突』ハル・ブランズ、マイケル・ベックリー著、奥山真司訳、飛鳥新社、2023年
- 「米国にとっての「航行の自由」(Freedom of Navigation) − FON 報告書の分析を中心に−」石原 敬浩、海幹校戦略研究 2016 年 11 月（特別号）〈https://www.mod.go.jp/msdf/navcol/assets/pdf/ssg2016_11_04.pdf〉
- 『拒否戦略　中国覇権阻止への米国の防衛戦略』エルブリッジ・A・コルビー著、塚本勝也、押手順一訳、日本経済新聞出版、2023年
- 『2050年の世界　見えない未来の考え方』ヘイミシュ・マクレイ著、遠藤真美訳、日本経済新聞出版、2023年

第２章

- 『中国の領土紛争　武力行使と妥協の論理』テイラー・フレイヴェル著、松田康博監訳、勁草書房、2019年
- 『China2049　秘密裏に遂行される「世界覇権100年戦略」』マイケル・ピルズベリー著、野中香方子訳、日経BP社、2015年
- 『中国「軍事強国」への夢』劉明福著、峯村健司監訳、加藤嘉一訳、文春新書、2023年
- 『台湾有事と日本の危機　習近平の「新型統一戦争」シナリオ』峯村健司、PHP新書、2024年
- 『中国の大戦略　覇権奪取へのロング・ゲーム』ラッシュ・ドーシ著、村井浩紀訳、日本経済新聞出版、2023年
- 『文藝春秋』2024年４月号、文藝春秋
- 『習近平　国政運営を語る　第三巻』外文出版社有限責任公司、2021年
- 『習近平　国政運営を語る　第四巻』外文出版社有限責任公司、2023年
- 「中国の対機雷戦能力は日本・米国を超えたのか」河上康博、国際情報ネットワーク分析 IINA笹川平和財団〈https://www.spf.org/iina/articles/kawakami_06.html〉
- 「米国の原子力軍艦の安全性に関するファクト・シート」外務省、平成18年11月〈https://www.mofa.go.jp/mofaj/area/usa/hosho/kubo_jyoho_02.html〉
- The civil war from a southern standpoint, William Robertson Garrett, Robert Ambrose Halley, Ulan Press ,August 31, 2012
- China Launches 4th Type 075 LHD For The PLAN, Naval News, Dec 2023 〈https://www.navalnews.com/naval-news/2023/12/china-launches-4th-type-075-lhd-for-the-plan/〉
- Preligens Report: Detecting China's Aircraft Carriers, Naval News, Nov 2022 〈https://www.navalnews.com/naval-news/2022/11/preligens-report-detecting-chinas-aircraft-carriers/〉
- 「頼清徳政権の発足を受けた中国の対台湾政策の展望」地域研究部中国研究室研究員

後藤 洋平、NIDSコメンタリー、防衛研究所、2024年5月〈https://www.nids.mod.go.jp/publication/commentary/pdf/commentary327.pdf〉
- China launches third aircraft carrier, DefenseNews, Jun 17 2022〈https://www.defensenews.com/naval/2022/06/17/china-launches-third-aircraft-carrier/〉
- The Navy's $13 billion supercarrier still can't do the one thing it's absolutely required to do, Task & Purpose, Jan 2021〈https://taskandpurpose.com/news/navy-gerald-r-ford-aircraft-carrier-emals-problems/〉
- China hosts foreign naval officials amid South China Sea tensions, Laurie Chen, Reuters, April 2024 〈https://www.reuters.com/world/china/china-hosts-foreign-naval-officials-amid-south-china-sea-tensions-2024-04-21/〉
- China Launches First Aircraft Carrier Which Rivals U.S. Navy's, Naval News, June 2022〈https://www.navalnews.com/naval-news/2022/06/china-launches-first-aircraft-carrier-which-rivals-u-s-navys/〉

第３章

- US Navy chief warns China could invade Taiwan before 2024,Financial Times, October 2022〈https://www.ft.com/content/1740a320-5dcb-4424-bfea-c1f22ecb87f7〉
- Japan lawmaker in Taiwan says China threat needs more military spending, Reuters, December 2022 〈https://www.reuters.com/world/asia-pacific/japan-lawmaker-taiwan-says-china-threat-needs-more-military-spending-2022-12-11/〉
- Taiwan says it sees less Chinese interference ahead of elections, Reuters,November 23, 2022 〈https://www.reuters.com/world/asia-pacific/taiwan-says-it-sees-less-chinese-interference-ahead-elections-2022-11-23/〉
- Time Is Running Out to Defend Taiwan, Michèle Flournoy and Michael Brown, Foreign Affairs, September 14, 2022 〈https://www.foreignaffairs.com/china/time-running-out-defend-taiwan〉
- Pelosi Taiwan trip overrides Chinese military threats,By PHELIM KINE, Politico,08/01/2022 〈https://www.politico.com/news/2022/08/01/pelosi-taiwan-trip-overrides-chinese-military-threats-00049010〉
- The Nuclear Tipping Point: Why States Reconsider Their Nuclear Choices, Kurt M. Campbell, Robert J. Einhorn, Mitchell B. Reiss, Manas Publications,2004
- The Soviet Nuclear Weapon Legacy (SIPRI Research Reports), by Marco de Andreis (Author), Francesco Calogero (Author),Oxford University Press, 1995
- 『半導体有事』湯之上隆、文春新書、2023年
- 『半導体戦争　世界最重要テクノロジーをめぐる国家間の攻防』クリス・ミラー著、千葉敏生訳、ダイヤモンド社、2023年
- 『台湾有事のシナリオ　日本の安全保障を検証する』森本敏、小原凡司編著、ミネルヴァ書房、2022年
- 『自衛隊最高幹部が語る台湾有事』岩田清文、武居智久、尾上定正、兼原信克、新潮新書、2022年
- 「台湾における半導体産業について 台湾の関連政策と主要企業のサプライチェーン調

査」日本貿易振興機構（ジェトロ）海外調査部、2022年5月〈https://www.jetro.go.jp/ext_images/_Reports/01/c1353759e5d86029/20220008_ver3.pdf〉
・『なぜ中国は台湾を併合できないのか』福島香織、PHP研究所、2023年
・「核武装と非核の選択 ―拡大抑止が与える影響を中心に―」塚本 勝也、工藤 仁子、須江 秀司、防衛研究所紀要第11巻第2号、2009年1月
・Taiwan must get serious on defense, By Elbridge Colby, Taipei Times, Sat, May 11, 2024 page8〈https://www.taipeitimes.com/News/editorials/archives/2024/05/11/2003817679〉

第4章

・Sanhedrin 72b,The William Davidson Talmud (Koren - Steinsaltz)〈https://www.sefaria.org/Sanhedrin.72b.5?lang=bi〉
・Israeli-Palestinian Conflict By the Center for Preventive Action, Global Conflict Tracker, Updated May 10, 2024 〈https://www.cfr.org/global-conflict-tracker/conflict/israeli-palestinian-conflict〉
・『イスラエル諜報機関　暗殺作戦全史　上・下』ロネン・バーグマン著、小谷賢監訳、山田美明、長尾莉紗、飯塚久道訳、早川書房、2020年
・『イスラエル　人類史上最もやっかいな問題』ダニエル・ソカッチ著、鬼澤忍訳、NHK出版、2023年
・Benjamin Netanyahu, Official Site〈https://www.netanyahu.org.il/en/about〉
・Ariel Sharon,Jewish Virtual Library, A PROJECT OF ALICE〈https://www.jewishvirtuallibrary.org/ariel-sharon〉
・Yitzhak Rabin,Jewish Virtual Library, A PROJECT OF AICE〈https://www.jewishvirtuallibrary.org/yitzhak-rabin〉
・The legacy of Masada: How Jewish resistance has shaped Israeli military policy, Kehila news, 2017 〈https://news.kehila.org/the-legacy-of-masada-how-jewish-resistance-has-shaped-israeli-military-policy/〉
・When Moshe Dayan delivered the defining speech of Zionism,The Times of Israel〈https://www.timesofisrael.com/when-moshe-dayan-delivered-the-defining-speech-of-zionism/〉
・Statement to the Knesset by Prime Minister Meir, (October 16, 1972),Jewish Virtual Library, A PROJECT OF AICE〈https://www.jewishvirtuallibrary.org/statement-to-the-knesset-by-prime-minister-meir-october-16-1972〉
・Otto Skorzeny,Jewish Virtual Library, A PROJECT OF AICE〈https://www.jewishvirtuallibrary.org/otto-skorzeny〉
・How did Hitler's scar-faced henchman become an Irish farmer?, BBC News, 30 December 2014〈https://www.bbc.com/news/uk-northern-ireland-30571335〉
・U.S. Security Cooperation with Israel, FACT SHEET, U.S.Department of State〈https://www.state.gov/u-s-security-cooperation-with-israel/〉
・Israel's Prime Minister makes rare allusion to country's nuclear weapons arsenal,CNN,August 2, 2022 〈https://edition.cnn.com/2022/08/02/middleeast/israel-lapid-nuclear-remarks-intl/index.html〉
・Israel Counter-Terrorism: Targeted Killings of Terrorists (1956-Present),Jewish Virtual

Library, A PROJECT OF AICE 〈https://www.jewishvirtuallibrary.org/israeli-targeted-killings-of-terrorists〉

- MEIR DAGAN: THE SPY WHO LEARNED THE LIMITS OF POWER, SHAY HERSHKOVITZ,War On The Rocks, APRIL 14, 2016 〈https://warontherocks.com/2016/04/meir-dagan-the-spy-who-learned-the-limits-of-power/〉
- Former Mossad chief Meir Dagan dies at 71,The Times of Israel, 17 March 2016 〈https://www.timesofisrael.com/former-mossad-chief-meir-dagan-dies-at-71/〉
- 「国連パレスチナ分割決議案の可決とその政治的背景」佐藤 寛和、岡山大学大学院社会文化科学研究科紀要第41号（2016.3）〈https://ousar.lib.okayama-u.ac.jp/files/public/5/54201/20160528123755796387/hss_41_073_093.pdf〉
- 「PLOによるヨルダンとの同盟関係の模索・1982～1987年 インティファーダ前史としての外交戦略の展開」鈴木啓之、日本中東学会年報 2016年32巻1号〈https://www.jstage.jst.go.jp/article/ajames/32/1/32_37/_pdf〉

第５章

- 2023 Investment Climate Statements: West Bank and Gaza, U.S.DEPARTMENT of STATE 〈https://www.state.gov/reports/2023-investment-climate-statements/west-bank-and-gaza/〉
- Palestine and Israel: Mapping an annexation, What will the maps of Palestine and Israel look like if Israel illegally annexes the Jordan Valley on July 1?, ALJAZEERA 〈https://www.aljazeera.com/news/2020/6/26/palestine-and-israel-mapping-an-annexation〉
- 外務報道官談話　イスラエルによる入植地建設計画の推進について、平成29年7月14日、外務省〈https://www.mofa.go.jp/mofaj/press/danwa/page4_003135.html〉
- 安保理議長声明、イスラエル入植に「失望」　米国も同調、日本経済新聞、2023年2月21日〈https://www.nikkei.com/article/DGXZQOGN210490R20C23A2000000/〉
- The Occupation of Water, AMNESTY INTERNATIONAL, November 29,2017 〈https://www.amnesty.org/en/latest/campaigns/2017/11/the-occupation-of-water/〉
- The West Bank: What is it?, Alex Kliment,GZERO, November 06, 2023 〈https://www.gzeromedia.com/news/analysis/the-west-bank-what-is-it〉
- WEST BANK AND GAZA ASSESSMENT OF RESTRICTIONS ON PALESTINIAN WATER SECTOR DEVELOPMENT, Sector Note, The World Bank, April 2009 〈https://documents1.worldbank.org/curated/en/775491468139782240/pdf/476570SR0P11511nsReport18Apr2009111.pdf〉
- 「イスラエル・パレスチナの水紛争―技術発展および気候変動がもたらす影響―The Israeli-Palestinian Water Conflict―Impact of the Technology and Climate Change―」慶應義塾大学 錦田愛子、IFI-SDGs Unit Working Paper No.3、2021年3月〈https://ifi.u-tokyo.ac.jp/wp/wp-content/uploads/2021/05/sdgs_wp_2020_nishikida_jp.pdf〉
- War in Gaza exacts horrific toll on children, Middle East. Besieged enclave Physical and mentaldamage from Israel attacks will stay with the young for life, Financial Times, Nov 30, 2023 〈https://go.gale.com/ps/i.do?id=GALE%7CA774833517&sid=sitemap&v=2.1&it=r&p=AONE&sw=w&userGroupName=anon%7Edff8c362&aty=open-web-entry〉

- Hamas presents new charter accepting a Palestine based on 1967 borders, The Guardian, MAY 2017 〈https://www.theguardian.com/world/2017/may/01/hamas-new-charter-palestine-israel-1967-borders〉
- New Hamas policy document 'aims to soften image', BBC News, May 2017 〈https://www.bbc.com/news/world-middle-east-39744551〉
- 「イスラエル・アラブの文化創造力 ―アイロニーの系譜―」山本薫、ユダヤ・イスラエル研究 第29号（2015）〈https://www.jstage.jst.go.jp/article/yudayaisuraerukenkyu/29/0/29_35/_pdf〉
- 「論理の転換に見るハマースの「柔軟性」―― 2つの「ハマース憲章」から Hamas's "Flexibility" to have a Shift in Logic: Comparison of the Two "Hamas Charters"」山岡陽輝（YAMAOKA Haruki)、日本中東学会年報 第38-2号（2022）〈https://www.jstage.jst.go.jp/article/ajames/38/2/38_59/_pdf/-char/ja〉
- ハマース憲章全訳 パレスチナ抵抗運動の一側面へのアプローチ、鈴木啓之、Journal of Asian and African Studies, No82, 2011 〈https://core.ac.uk/download/pdf/41884014.pdf〉
- Hamas in 2017: The document in full, MIDDLE EAST EYE,By MEE staff 〈https://www.middleeasteye.net/news/hamas-2017-document-full〉
- As IDF advances in Gaza, Hamas chief Haniyeh claims to seek 'political negotiations', The Times of Israel,2 November 2023 〈https://www.timesofisrael.com/as-idf-advances-in-gaza-hamas-chief-haniyeh-claims-to-seek-political-negotiations/〉
- Humanitarian Factsheet on Area C of the West Bank JULY 2011,UNITED NATIONS Office for the Coordination of Humanitarian Affairs, DATA UPDATED THROUGH DECEMBER 2011 〈https://www.ochaopt.org/sites/default/files/ocha_opt_Area_C_Fact_Sheet_July_2011.pdf〉
- 『ガザとは何か　パレスチナを知るための緊急講義』岡真理、大和書房、2023年
- 『パレスチナ』ジョー・サッコ著、小野耕世訳、いそっぷ社、2023年
- 『アラブ・イスラエル紛争地図』マーティン・ギルバート著、小林和香子監訳、明石書店、2015年
- 『なるほどそうだったのか!!　パレスチナとイスラエル』高橋和夫、幻冬舎、2010年

第６章

- Ukraine's long-awaited southern counteroffensive begins with a bang in Crimea,POLITICO,AUGUST 10, 2022 〈https://www.politico.eu/article/ukraine-long-anticipate-southern-counteroffensive-begin-bang-crimea/〉
- Top NATO commander says Russian troop numbers insufficient for Kharkiv breakthrough, Reuters,May 17, 2024 〈https://www.reuters.com/world/europe/top-nato-commander-says-russian-troop-numbers-insufficient-kharkiv-breakthrough-2024-05-16/〉
- Russian Missiles and Drones Target Ukrainian Energy Sites, The Moscow Times,June 1, 2024 〈https://www.themoscowtimes.com/2024/06/01/russian-missiles-and-drones-target-ukrainian-energy-sites-a85293〉
- Battlegroup East disrupts attempts to reinforce Ukrainian army's frontline positions,Tass,2 JUN 2024 〈https://tass.com/politics/1796921〉

- Russian air defenses down 62 Ukrainian drones, 14 HIMARS rockets, three Hammer bombs,Tass, 1 JUN 2024 〈https://tass.com/defense/1796819〉
- Who is Andrei Belousov, Russia's new defence minister?, Financial Times,May 12, 2024 〈https://www.ft.com/content/3d23f367-97da-48cf-8a5a-74a3a0a5362f〉
- US general says Russian army has grown by 15 percent since pre-Ukraine war, The Hill,04/11/2024 〈https://thehill.com/policy/defense/4589095-russian-army-grown-ukraine-war-us-general/〉
- Russia's military seeks new recruits: crime suspects, Financial Times,May 22, 2024 〈https://www.ft.com/content/ade7862b-050f-43c2-857c-b76fb05c9ff6〉
- Nearly 10,000 Evacuated in Ukraine's Kharkiv Region: Governor,Kyiv Post,May 18, 2024 〈https://www.kyivpost.com/post/32871〉
- RUSSIAN OFFENSIVE CAMPAIGN ASSESSMENT, June 1, 2024, Institute for the Study of War 〈https://www.understandingwar.org/backgrounder/russian-offensive-campaign-assessment-june-1-2024〉
- RUSSIAN OFFENSIVE CAMPAIGN ASSESSMENT, MAY 31, 2024, Institute for the Study of War 〈https://www.understandingwar.org/sites/default/files/2024-05-31-PDF-Russian%20Offensive%20Campaign%20Assessment.pdf〉
- HOW DELAYS IN WESTERN AID GAVE RUSSIA THE INITIATIVE: FROM THE UKRAINIAN COUNTEROFFENSIVE TO KHARKIV、Riley Bailey and Frederick W. Kagan, May 22 2024 〈https://understandingwar.org/backgrounder/how-delays-western-aid-gave-russia-initiative-ukrainian-counteroffensive-kharkiv〉
- Andrei Belousov: Putin picks trusted technocrat to run defence ministry,The Guardian 〈https://www.theguardian.com/world/article/2024/may/14/andrei-belousov-putin-picks-trusted-technocrat-to-run-defence-ministry〉
- Russia arrests another of its top generals in 'corruption purge',Joe Barnes,The Telegraph,23 May 2024 〈https://www.telegraph.co.uk/world-news/2024/05/23/russia-arrests-another-of-its-top-generals-for-corruption/〉
- General Staff: Russia has lost 509,860 troops in Ukraine since Feb. 24, 2022, Chris York,The Kyiv Independent, June 2, 2024 〈https://kyivindependent.com/general-staff-russia-has-lost-509-860-troops-in-ukraine-since-feb-24-2022/〉
- 'Putin's patience snapped': Insiders marvel at Russia's military purge, Pjtor Saur and Andrew Roth, The Guardian 〈https://www.theguardian.com/world/article/2024/may/27/putin-patience-snapped-insiders-marvel-at-russia-military-purge〉
- 'War Has a Cost': The Journalists Tallying Russia's Dead Soldiers, The Moscow Times, March 2, 2023 〈https://www.themoscowtimes.com/2023/02/28/there-is-a-cost-to-war-the-journalists-tallying-russias-dead-soldiers-a80310〉
- 「運搬手段はイスカンデルＭとSu-25攻撃機　ベラルーシへの戦術核兵器配備計画　管理権はあくまでロシア。プーチンによる「核の脅し」の最新バージョンの実態」小泉悠、軍事研究2023年8月号
- Attaining goals of Russia's operation is top priority in settling situation — Kremlin,Tass, 28 FEB 2023 〈https://tass.com/politics/1582547〉

- CNAS Responds: One Year of War in Ukraine, Center for a New American Security, FEBRUARY 16, 2023 〈https://www.cnas.org/press/press-release/cnas-responds-one-year-of-war-in-ukraine〉
- One Year Later: Assessing Russia's War In Ukraine, Center for Strategic & International Studies, February 17, 2023 〈https://www.csis.org/analysis/one-year-later-assessing-russias-war-ukraine〉
- From Gatherer of Lands to Gravedigger: A Political Assessment of Putin's War on Ukraine, RAND, Feb 13, 2023 〈https://www.rand.org/blog/2023/02/from-gatherer-of-lands-to-gravedigger-a-political-assessment.html〉
- 「NATO 核共有制度について」防衛研究所地域研究部米欧ロシア研究室 主任研究官 新垣 拓、NIDS コメンタリー 第 211 号、2022 年 3 月 17 日〈https://www.nids.mod.go.jp/publication/commentary/pdf/commentary211.pdf〉
- How Putin blundered into Ukraine — then doubled down, Financial Times, Feb 23, 2023 〈https://www.ft.com/content/80002564-33e8-48fb-b734-44810afb7a49〉
- Putin's Last Stand, The Promise and Peril of Russian Defeat, Foreign Affairs, January/February 2023 〈https://www.foreignaffairs.com/russian-federation/putin-last-stand-russia-defeat〉
- Western actions prompt Russia, Belarus to expedite integration -Putin, Interfax,1 Jul 2022 〈https://interfax.com/newsroom/top-stories/80868/?sphrase_id=393540〉
- Putin doesn't trust Lukashenko's army to fight in Ukraine, Belarus' leader-in-exile says,POLITICO 〈https://www.politico.eu/article/putin-doesnt-trust-lukashenkos-army-belarus-leader-in-exile-says/〉
- Kherson Region Head Requests Kremlin Help with Evacuations, The Moscow Times, Oct. 13, 2022 〈https://www.themoscowtimes.com/2022/10/13/governor-of-kherson-region-requests-kremlin-help-with-evacuations-a79085〉
- U.S. Pushes Allies to Assemble Air Defenses for Ukraine, The Moscow Times, Oct. 14, 2022 〈https://www.themoscowtimes.com/2022/10/14/us-pushes-allies-to-assemble-patchwork-air-defenses-for-ukraine-a79087〉
- Belarus army would likely have little impact in Ukraine war, AP News, October 13, 2022 〈https://apnews.com/article/russia-ukraine-putin-estonia-moscow-belarus-ee8b2557d1c1cfc031261bc282a96e6b〉
- Attacks expose weaknesses of Ukraine's air defence, Financial Times, Oct 10, 2022 〈https://www.ft.com/content/bfd4d7f6-8545-441c-b535-35403bed30b2〉

第 7 章

- The Soviet False Alarm Incident and Able Archer 83, Center for Arms Control and Non-Proliferation, October 14, 2022 〈https://armscontrolcenter.org/the-soviet-false-alarm-incident-and-able-archer-83/〉
- The Dangerous Case of Donald Trump: 27 Psychiatrists and Mental Health Experts Assess a President, M.D. Lee, Bandy X., M.D Lifton, Robert Jay , M.D. Herman, Judith Lewis, Ph.D. Philip Zimbardo, Rosemary Sword, Thomas Dunne Books, 2017

- 『ドナルド・トランプの危険な兆候　精神科医たちは敢えて告発する』バンディー・リー編、村松太郎訳、岩波書店、2018年
- The 3 A.M. Phone Call, The National Security Archive - The George Washington University, National Security Archive Electronic Briefing Book No. 371,Posted - March 1, 2012 〈https://nsarchive2.gwu.edu/nukevault/ebb371/index.htm〉
- No indication Russian nuclear drills are 'cover activity' -Pentagon, Reuters,October 28, 2022 〈https://www.reuters.com/world/no-indication-russian-nuclear-drills-are-cover-activity-pentagon-2022-10-27/〉
- Mattis: No such thing as a 'tactical' nuclear weapon, but new cruise missile needed, DefenseNews, Feb 7, 2018 〈https://www.defensenews.com/space/2018/02/06/mattis-no-such-thing-as-a-tactical-nuclear-weapon-but-new-cruise-missile-needed/〉
- The 1983 Military Drill That Nearly Sparked Nuclear War With the Soviets, Smithonian Magazine,April 27, 2022 〈https://www.smithsonianmag.com/history/the-1983-military-drill-that-nearly-sparked-nuclear-war-with-the-soviets-180979980/〉
- Putin's tactical nuclear weapons could pack the same punch as atomic bombs dropped on Japan, CNN, September 27, 2022 〈https://edition.cnn.com/2022/09/26/europe/russia-ukraine-tactical-nuclear-weapons-explainer-intl-hnk-ml/index.html〉
- Stanislav Petrov, Soviet Officer Who Helped Avert Nuclear War, Is Dead at 77, The New York Times, Sept. 18, 2017 〈https://www.nytimes.com/2017/09/18/world/europe/stanislav-petrov-nuclear-war-dead.html〉
- 『核のボタン　新たな核開発競争とトルーマンからトランプまでの大統領権力』ウィリアム・ペリー、トム・コリーナ著、田井中雅人訳、吉田文彦監修、朝日新聞出版、2020年
- 『正しい核戦略とは何か　冷戦後アメリカの模索』ブラッド・ロバーツ著、村野将監訳、勁草書房、2022年
- Which countries have nuclear weapons?, ICAN 〈https://www.icanw.org/nuclear_arsenals?gclid=Cj0KCQjwkt6aBhDKARIsAAyeLJ2ZGz3iAmL7kbdKHNaZWZmQYrv_qKOips_Am10B6u7JfB1tiDQq9DAaAr03EALw_wcB〉
- G7 leaders warn Putin over use of nuclear weapons; Zelenskiy calls for international mission along Belarus border -as it happened, The Guardian 〈https://www.theguardian.com/world/live/2022/oct/11/russia-ukraine-war-putin-live-news-missile-strikes-g7-zelenskiy-crisis-talks-latest-updates〉
- Inside Ukraine's open-source war, Financial Times, Jul 21, 2022 〈https://www.ft.com/content/297d3300-1a65-4793-982b-1ba2372241a3〉

第８章

- 『インド外交の流儀　先行き不透明な世界に向けた戦略』S・ジャイシャンカル著、笠井亮平訳、白水社、2022年
- 「大国間競争とインドの立場 —— 対話促進者としてのポテンシャル」ニルパマ・ラオ，Foreign affairs report 2023.6
- India as It Is -Washington and New Delhi Share Interests, Not Values, Daniel Markey, Foreign affairs report July/August 2023

- Army eyes Rs 57,000cr project to make combat vehicles to replace T-72 tanks,Rajat Pandit, The Times of India, Feb 19, 2024 〈https://timesofindia.indiatimes.com/india/army-eyes-57000cr-project-to-make-combat-vehicles-to-replace-t-72-tanks/articleshow/107801757.cms〉
- India's Indo-Pacific strategy to counter China, Dr. Prashant Prabhakar Deshpande, The Times of India, August 14, 2023 〈https://timesofindia.indiatimes.com/blogs/truth-lies-and-politics/indias-indo-pacific-strategy-to-counter-china/〉
- China Fumes as India Backs US Ally in Heated Territorial Dispute,Newsweek, Mar 27, 2024 〈https://www.newsweek.com/india-china-philippines-south-china-sea-dispute-1884038〉
- Modi's Moment: How Narendra Modi is Changing India and the World, Newsweek, Apr 10, 2024 〈https://www.newsweek.com/2024/04/19/modis-moment-how-narendra-modi-changing-india-world-1888654.html〉
- A Conversation With External Affairs Minister Subrahmanyam Jaishankar of India,Council on Foreign Relations, September 26, 2023 〈https://www.cfr.org/event/conversation-external-affairs-minister-subrahmanyam-jaishankar-india〉
- China Bristles as India Moves 10,000 Soldiers to Guard Border,The Defense Post, MARCH 8, 2024 〈https://www.thedefensepost.com/2024/03/08/beijing-india-soldiers-china/#google_vignette〉
- India and China: Trading With the Enemy -Political and security tensions are on the rise, but so is the value of China-India trade. Shreya Upadhyay, The Diplomat, May 16, 2024 〈https://thediplomat.com/2024/05/india-and-china-trading-with-the-enemy/〉

終章

- 『特務（スペシャル・デューティー）　日本のインテリジェンス・コミュニティの歴史』リチャード・J・サミュエルズ著、小谷賢訳、日本経済新聞出版、2020年
- 『二つのコリア　国際政治の中の朝鮮半島』ドン・オーバードーファー著、菱木一美訳、共同通信社、2002年
- 『日本インテリジェンス史』小谷賢、中公新書、2022年
- 『日本軍のインテリジェンス　なぜ情報が活かされないのか』小谷賢、講談社選書メチエ、2007年
- 『失敗の本質　日本軍の組織論的研究 』戸部良一、寺本義也、鎌田伸一 、杉之尾孝生、村井友秀、野中郁次郎、中公文庫、1991年
- The 1994 North Korea Crisis: Military Force a Bad Idea Then (and a Worse One Now) By Ted Galen Carpenter, COMMENTARY, CATO Institute, APRIL 18, 2017〈https://www.cato.org/commentary/1994-north-korea-crisis-military-force-bad-idea-then-worse-one-now〉
- 米国連邦議会上下両院合同会議における岸田内閣総理大臣演説、首相官邸、令和6年4月11日〈https://www.kantei.go.jp/jp/101_kishida/statement/2024/0411enzetsu.html〉
- 『日本のナラティブ・パワー -「2025」とその先への戦略』提言報告書、PHP「日本のナラティブ・パワー」研究会、政策シンクタンクPHP総研、2023年２月